Hubertus Becker

# Wer erschossen wird, ist selber schuld!



RHEIN MOSEL VERLAG

RHEIN-MOSEL-VERLAG
Zell / Mosel
Brandenburg 17, D-56856 Zell / Mosel
Tel 06542 / 5151 Fax 06542 / 61158

ISBN 978-3-89801-460-1
Ausstattung: Stefanie Thur
Umschlaggestaltung: Stefanie Thur unter
Verwendung eines Fotos von Hubertus Becker
Autorenfoto: Arne Houben

Hubertus Becker

# Wer erschossen wird, ist selber schuld!

## True-Crime-Geschichten

Rhein-Mosel-Verlag

Während ich am Manuskript dieses Bandes schrieb, verstarb Käthe Lieder, eine couragierte Weggefährtin im Widerstand gegen die Willkür der bayerischen Justiz. Käthe hat sich, solange ich sie kannte, immer für die Belange der Gefangenen eingesetzt. Sie war eine Abolitionistin der ersten Stunde, die in den 80er Jahren die Strafvollzugspolitik der Grünen maßgeblich mitgeprägt hat.

Dir seien diese Erzählungen aus der anderen Welt gewidmet, Käthe!

## Inhalt

## Vorwort
### *von Prof. Dr. Helmut H. Koch*

Lieber Hubertus Becker,
im Jahr 1989, so erzählten Sie bisweilen, überraschte Sie eine briefliche Mitteilung, in der Sie für die Erzählung »Unterwegs in der grünen Minna. Alternatives Reisen in der BRD. Reiseimpressionen eines Gefangenen« mit dem Ingeborg-Drewitz-Literaturpreis für Gefangene ausgezeichnet worden seien. Sie waren natürlich hoch beglückt. Es wurde Ihnen bewusst, dass diese Mitteilung Ihr gesamtes Leben entscheidend prägen würde: Ich kann schreiben, habe das Zeug zum Schriftsteller. Diese Gabe werde ich nutzen.

So geschah es! Wenige Jahre später erhielten Sie den Ingeborg-Drewitz-Preis (IDP) zum zweiten Mal. Schirmherr der Preisverleihung 1999 war Martin Walser. Schon sehr früh (Anfang der siebziger Jahre) hatte er Kontakt mit Gefangenen, war entsetzt über deren Behandlung im deutschen Gefängnissystem, das er als einen Skandal bezeichnete. Es sei dringend erforderlich, die Öffentlichkeit darüber zu informieren. Dies könne am besten durch die Gefangenen selbst geschehen, die bürgerlichen Schriftsteller seien von jener Wirklichkeit zu weit entfernt. Walser selbst unterstützte drei langjährige Gefangene beim Abfassen ihrer Biografien.

Als ich Martin Walser um die Übernahme der Schirmherrschaft für den IDP bat (in Anspielung auf seine früheren Aktivitäten), antwortete er in einem knappen Fax, so wie es seine Art war: »Wie kann ich da nein sagen!« In seinem Geleitwort »Sich schreibend behaupten« in der Anthologie mit den prämierten Texten ging er auf die literarische Qualität dieser Texte ein, insbesondere auch auf Ihren Text »Persona non grata«.

»Die gefangenen Autoren schreiben gegen ihre Lage an, aber nicht dadurch, dass Sie einfach abbilden oder nacherzählen. Wenn auf knapp 5 Seiten 45 Haftjahre erzählt, ja ausgedrückt werden, so lakonisch wie herzzerreißend prägnant und auch noch poetisch, dann kann das wohl kaum durch eine Imitation der Wirklichkeit gelingen, sondern durch nichts als Einbildungskraft. »Persona non grata« überschreibt Harry Buttersooner (Hubertus Becker) 5 Seiten über die 45 Haftjahre, und so fängt er an:

»Olaf Perle hat viele Menschen getötet in seinem Leben. Die meisten im Krieg, aber das zählte nicht. Was zählte, war der Tod eines Studenten, der Olafs Mädchen während einer Feier zur Gründung der Bundesrepublik unter den Rock gefasst hatte.« Nach zwei Jahren Haft hat Olaf gelernt, »sich mit seinen vier Wänden zu unterhalten. Er fand heraus, dass jede Wand eigene Geschichten erzählte und ihr eigenes Gesicht hatte. Ohne solche Einbildungskraft bliebe wahrscheinlich nach 45 Jahren von einem Menschen nichts übrig, was noch diesen Namen verdiente.«

Des Weiteren machte M. Walser noch einige Anmerkungen zur Wirkung und Bedeutung der Gefangenenliteratur, auch der Ihrigen, die ich wegen ihrer grundsätzlichen Bedeutung zitieren möchte.

»Wenn jemand aus der Justiz diese oft genannten hart daherkommenden Texte liest und vielleicht sagt: Was hier über den Strafvollzug geschrieben wird, entspricht nicht der Strafvollzugspraxis, so geht es in den Gefängnissen nicht zu!, dann wäre ihm zu antworten: Aber, dass überhaupt solche Texte von Gefangenen geschrieben werden, das sagt viel über den Strafvollzug. Die Gefangenen schreiben nicht über den Strafvollzug, sondern gegen ihn. Sie müssen sich behaupten gegen die Bedingungen. Was ihnen dazu einfällt, ist zwar ganz und gar Gefangenenstoff, aber was sie aus diesem Stoff machen, ist meistens nicht mehr Bericht, sondern Entgegnung. Gut, oft ist es vielleicht Zusammenzählen dessen, was am meisten wehtut. Aber ebenso oft ist es der Versuch, sich im krassen Ausdruck gegen die krasse Situation zu behaupten. Sprachlich darüber zu stehen. Spüren, dass man, wenn man unter der Einwirkung der Knastbedingungen schreibt, über diese Bedingungen Herr wird. Und das wird man weniger durch Berichte über den Knast als durch den Ausdruck dessen, was der Knast aus einem gemacht hat. Der Leser spürt den Willen zur Form unter fast gar allen Umständen.«

Das Schreiben ist für Sie seitdem ein wichtiges Anliegen geblieben, Projekte ganz unterschiedlicher Art sind entstanden, wie eine mehrbändige Autobiografie ihres abenteuerlichen Lebens, eine eher theoretische Auseinandersetzung mit dem Gefängnissystem, kürzlich auch, von Ihnen herausgegeben, eine Anthologie mit Texten anderer Preisträger des Ingeborg-Drewitz-Preises, mit denen Sie noch immer in Kontakt stehen und die auch, wie Sie, nach Ihrer Gefängniszeit weiterschreiben. Insgesamt sind derweil neun Bücher entstanden.

Das Werk, das Sie jetzt vorlegen, ist auch wieder ein Band mit Geschichten aus dem Knast. Doch dieser Band ist anders als Ihre bisherigen, anders auch als die mir bekannten Erzählungen der traditionellen Gefangenenliteratur seit ihrer Entstehung in ihrer jetzigen Form. Es sind Erzählungen über Erzählungen. Genauer: Es sind Erzählungen über Begegnungen, in denen Gefangene, die aus ganz unterschiedlichen Gründen zumeist zu hoher Strafe verurteilt sind, das Bedürfnis haben, über sich zu berichten, über ihr Leben, ihre Taten, die Strafen. Schon die Art der Begegnungen, die Atmosphäre, die möglicherweise sich alsbald entwickelnde Sympathie bestimmen den Charakter der Gespräche, die erstaunliche, überraschende Offenheit zum Beispiel, in der die Gespräche zwischen Ihnen und Ihren Mitgefangenen stattfanden. Wie lässt sich diese erklären in einer Umgebung, die geprägt ist von mangelnder Kommunikation, eher sogar von Isolation, von Misstrauen, Zwietracht und Gewalt? Woher rührt das Vertrauen Ihnen gegenüber?

Darüber haben Sie sich selbst verschiedentlich Gedanken gemacht. Sie waren ja einer von ihnen, einer der reichlich was auf dem Kerbholz hatte und eine ordentliche Zahl von Jahren aufgebrummt bekommen hatte. Da Sie zumindest zeitweise wegen Geldwäsche verurteilt waren und die erfahrenen »Ganoven« davon ausgingen, dass sie irgendwo noch Geld gelagert und pekuniär gut bei Kasse schienen, trug dies alles zu einem gewissen Ansehen bei. Ein nicht unwichtiger Punkt war zudem, dass Sie in dem Ruf absoluter Diskretion standen. Dies gehört von jeher zum Ehrenkodex verlässlicher Ganoven, ist aber durchaus nicht für alle eine Selbstverständlichkeit.

Ein entscheidender Grund dürfte sein, dass die Gefangenen gespürt haben, dass sie als Menschen wahrgenommen werden, die eine Straftat begangen haben, und nicht a priori als verächtliche Objekte, die mit Hilfe von Bestrafung und durch Isolation in Zellen und hinter stacheldrahtbewehrten Mauern als »Abfall« der Gesellschaft (Heinrich Böll) verachtet und widerrechtlich von der Möglichkeit der »Resozialisierung« ferngehalten werden.

Pierre Bourdieu beschreibt in seinem epochalen Werk »Das Elend der Welt. Zeugnisse und Diagnosen alltäglichen Leidens an der Gesellschaft«, die fast unüberwindbare sprachliche und kulturelle Distanz zwischen Menschen bürgerlicher Kultur und Menschen am Rande der Gesellschaft. Er fragt sich und die Wissenschaft, ob sie überhaupt unter diesen Umständen in der Lage und berechtigt ist, zur Lage von Menschen aus subkulturellen Bevölkerungsschichten seriös zu forschen. Er fordert als Voraussetzung eine Intensivierung der zwischenmenschlichen Begegnungen, die er mit dem Philosophen Spinoza als »intellektuelle Liebe« bezeichnet. Bezogen auf Ihre Begegnungen könnte man sagen, dass Ihre Gespräche mit den Gefangenen als vergleichbar vertrauensvoll und von einer großen gegenseitigen Offenheit geprägt erscheinen. Dessen sind Sie sich bewusst: »Mir ging es nicht darum, diese verkorksten Menschen zu verurteilen, und weil sie das spürten, öffneten sie sich und ließen mich möglicherweise tiefer in ihre Seelen blicken als sie es einem forensischen Gutachter je gestattet hätten. Menschen, auch wenn sie Verbrechen begangen haben, wollen verstanden werden und nicht etwa begutachtet.«

Und mit einem Seitenblick auf die Allgemeine Erklärung der Menschenrechte (»Würde«) und der religiösen Tradition (»Kinder Gottes«) formulieren Sie sehr schön: »Zudem hatte ich auf meinen Reisen um die Welt gelernt, dass es tatsächlich diesen ideellen Wert der Würde gibt, an dem ich mich fortan immer wieder orientierte: Kein Mensch ist mehr wert als der andere! So fiel es mir dann auch im Knast leicht, mit jedem zu reden, jeden als Menschen mit seiner individuellen Biografie zu akzeptieren, egal ob ›Kinderschänder‹ oder ›Mordbube‹, ähnlich dem Pfarrer, der alle als ›Kinder Gottes‹ in die Kapelle einlässt.«

Sie schildern auch, dass eine solche Haltung nicht ohne persönliche Abstürze gewachsen ist. So erzählen Sie, wie sie, infolge Ihrer Heroinsucht, einer der schlimmsten Süchte überhaupt, in Ihrer Zelle lagen und, sich Ihrer Lage bewusst, mit letzter Kraft beschlossen, gegen diese Sucht anzukämpfen und, wie auch immer, am Leben festzuhalten. Führten diesen Kampf in Form eines kalten Entzuges mit offensichtlich kaum erträglichen Schmerzen, über Wochen hinweg, schildern dann den Zustand monatelanger Schwäche in der Erwartung der Rückkehr des Lebens. Sie ist Ihnen gelungen durch eine Riesenkraftanstrengung, aber auch mit Glück. Denn niemand hat Sie besucht in der Einsamkeit dieses Kampfes. Wäre nur einer mit einer Prise Heroin zu Ihnen gekommen und hätte diese zur Linderung der Schmerzen angeboten, hätten Sie diese, so Ihre Erzählung, angenommen und den Kampf verloren.

Aber es kam niemand. Es folgte ein weiterer Schritt, nämlich zu entscheiden, wie Sie das Leben angesichts der vielen Jahre Knast, die Ihnen bevorstanden, halbwegs sinnvoll gestalten könnten. Ihre Entscheidung war: Lesen. Bücher vielfältiger Art, dann aber immer die imposante Fülle der Weltliteratur. Sie lasen sie intensiv, notierten sich zahllose Stellen, die Ihnen besonders interessant schienen.

Es existiert immer noch eine vollgeschriebene dicke Kladde mit Zitaten aus aller Herren/Frauen Länder.

Und es fanden natürlich viele Gespräche mit anderen Inhaftierten statt, die sich leicht ergaben beim Rundendrehen in den Gefängnishöfen. Sie erschienen Ihnen so interessant, dass Sie begannen, Notizen zur Erinnerung zu machen, dennoch lebt das Projekt im Kern von Ihrem bewundernswerten Gedächtnis.

Und auch von der Lockerheit der Konstruktion Ihres Werkes. Wie wohltuend, dass der Versuch einer Systematik auch nicht im Ansatz zu erkennen ist, nach Delikten etwa, oder der Art der Strafen, nach Alter und Beruf der Inhaftierten oder nach Art der Knäste etc. Man mag sich eine so starre Konstruktion gar nicht vorstellen und auch die Reihenfolge und die Zahl der Erzählungen war nicht festgelegt.

Zwischenzeitlich sprachen Sie von 10 Geschichten, dann »neuerdings« von 12, von 18, es wurden 27. Jetzt ist es ein umfangreiches Buch, und was für eins! Der Gefängnishof ist eine eigene Welt, voller skurriler, gewalttätiger, gesetzloser, liebenswürdiger, heiterer, aggressiver, oft sprachloser Menschen. Keine Welt der kritischen Reflexion oder der Meditation. Und doch entsteht in Ihrem Werk eine große, vielstimmige Erzählung von gelingendem und nichtgelungenem Leben.

So vereinigen sich zwei Aspekte: zum einen die Erzählung über das Leben einzelner Gefangener, vor ihrem Einstieg in die Kriminalität, während der Begehung gesetzeswidriger Taten, während ihres Aufenthaltes im Gefängnis und bisweilen auch über das Leben danach, sofern es ein solches gibt bzw. bekannt geworden ist. Sie reihen diese Geschichten in loser Folge und bündeln sie so, dass eine Art Gruppenbild von Kriminellen im Gefängnis bzw. dem Gefängnishof entsteht. Die Erzählungen sind so dicht und anschaulich geschrieben, dass sie einen Einblick in die »Tiefe der Seele« erlauben, den Sie ja als Ziel ihrer Begegnungen mit den so unterschiedlich geprägten Mitgefangenen erhofften. Ich muss gestehen, dass ich jede der Erzählungen mit Anteilnahme gelesen habe, auch die Porträts sehr gelungen finde, die individuelle Sprechweise der Einzelnen bis hin zur Erfassung und Wiedergabe regionaler Dialekte in all ihrem Charme. Sie haben Ihre Gesprächspartner nicht nach Sympathien selektiert, sondern waren offen für einen jeden.

Dadurch ergibt sich ein breites Spektrum ganz unterschiedlicher »Typen«. Bisweilen sind die erzählten Taten erschreckend, abscheulich. Man merkt, dass es Ihnen hier und da nicht leichtgefallen ist, mancherlei Erzählungen über abscheuliche, zumal ohne jeden Selbstzweifel vorgetragene Verbrechen, zu ertragen.

Bisweilen sind Ihre Begegnungen freundlich, ja heiter und humorvoll. Mal liegt es daran, dass die Personen selbst ihren Witz und ihre persönliche Komik haben, mal haben auch ihre Verbrechen einen gewissen Witz, zeigen Kreativität in der Planung und Humor in der Durchführung, entwischen spitzbübisch ihren Verfolgern, so lange es klappt, und sind nicht ohne innere Genugtuung auf ihre Planung und ihr Delikt stolz, mal genießen sie ihren Ruf wegen ihrer Cleverness beim Diebstahl oder auf der Flucht, haben über die Jahre die Zeitungsberichte aufbewahrt und zeigen sie gern nochmal neuen Knastkollegen vor. Gern nehmen sie jede Bewunderung entgegen, so wie die Bevölkerung bisweilen findige

Gesetzesbrecher bewundert, die clever und ohne Gewalt die Polizei an der Nase herumführen und, wie die berühmten »Posträuber« für eine alternative Form der Geldverteilung sorgten.

Topos David und Goliath. Topos auch: Für eine gerechtere Welt sorgen. Kurzum, ich habe selten so viele Eulenspiegel kennengelernt wie in Ihren Erzählungen über die Gefängnishöfe, die Sie selbst über so viele und lange Jahre betreten haben.

Sie haben sich, lieber Hubertus Becker, auf bemerkenswerte Weise, was Ihre eigene Person und Geschichte betrifft, zurückgehalten. Ich würde es als eine faire Geste deuten, es geht ja in diesem Buch um Erzählungen der Mitgefangenen, nicht um eine eitle Personality-Show Ihrerseits. Ihr neuer Freund Many erwähnt eines Tages beiläufig, er sei im Sommer 1969 an dem berühmten Woodstock-Festival dabei gewesen. Das Wort traf Sie wie ein Blitz »Hatte er gerade Woodstock gesagt? Das Wort flutete Magie in meine Ohren, darüber wollte ich mehr erfahren. Das war so, als ob mir einer erzählt hätte, er wäre beim Auszug aus Ägypten mit Moses durch das Rote Meer gewandert.« Wenig später erhalten wir die Aufklärung auf diese auffällige Reaktion.

Bei einem Trip mit Freunden durch mehrere Städte Europas sehen sie in einem Londoner Kino einen Film angekündigt mit dem Titel »Woodstock«. Sie beschließen, ihn zu besuchen, er dauerte mehr als drei Stunden. »Es war am Ende mehr als ein Film, eine Offenbarung, und die hat uns alle dermaßen traumatisiert, positiv traumatisiert, dass wir im Kino sitzen blieben und uns die Abendvorstellung auch noch ansahen. Als wir nach sechs Stunden wie betäubt aus dem Filmpalast auf die Straßen von Soho traten, war ich ein anderer Mensch geworden. Die Hippies, die Musik, das freie Leben hatten mir gezeigt, wie man leben kann, ohne den eingefahrenen Gleisen der Alten zu folgen. Meine Entscheidung, nach dem Abitur kein Studium zu beginnen, Hasch aus Marokko zu schmuggeln und nach Ibiza zu ziehen, hatte, wie mir heute klar ist, ursächlich mit dem Film zu tun. Und jetzt drehte ich auf dem Gefängnishof Runden mit einem Mann, der damals dabei gewesen war, von Anfang an spürte ich eine Art Seelenverwandtschaft zu Many.«

Ich habe diese Textstelle mehrfach gelesen. Mir gefällt sie, weil sie klar und engagiert sehr Persönliches beinhaltet. Deutlich wird, wo die wesentlichen Impulse Ihrer Entwicklung herrühren.

Es ist die Subkultur eines freien Lebens, die Musik, die Hippies, Hasch, eine neue Jugendkultur gegenüber den eingefahrenen Gleisen der »Alten«. Es impliziert den Vorrang auch der freien, persönlichen Begegnung, wie sie sich niederschlägt ja auch im Stil der Begegnungen, wie in diesem Erzählband, großartig auch in der Darstellung der Vita Ihres besten Freundes. Sie denken darüber nach, ob Woodstock das Einzige war, das ihn mit Ihnen verbindet und entwerfen ein sehr gemischtes Bild des Freundes. »So wie früher einem die Rolle des Dorfdeppen zugeordnet wurde, war Many der Hanswurst vom Knasthof.« Man möchte erschrecken bei einer solchen Charakteristik des besten Freundes, und ist erlöst durch die Fortsetzung der Charakteristik: »Sie, die anderen Gefangenen beachteten ihn kaum. Sie hatten kein Gespür für die Gefühlspotentiale, die in seiner Seele lagen.« Als Ihnen Many begegnete, etwas linkisch in seiner Art, entdeckten Sie etwas »Anarchistisches« und waren davon angetan, denn solches hatten Sie auch bei sich selbst beobachtet. Kurzum, es war eine große, eigenwillige Freundschaft, mit Momenten des Glücks und einem grauenvollen Tod. So persönlich, ja intim beschrieben, dass man als Leser eine explizite, systematische und theoretische Analyse des Ungetüms Knast nicht vermisst. Im Gegenteil.

Sie waren einer der ersten Preisträger des Ingeborg-Drewitz-Literaturpreises für Gefangene. Ich finde es bemerkenswert, dass Sie Ihrem eigenen Schreiben treu geblieben sind und darüber hinaus auch Inhaftierte im Schreiben unterstützen, so beispielsweise seit mehreren Jahren als Mitglied der Jury des IDP.

Dem Buch wünsche ich viele Leser, da es in spannender Form Menschen erlebbar macht, die eigentlich unsichtbar, hinter dicken und hohen Mauern verborgen bleiben sollen. Sie werden in diesem Buch auf außergewöhnliche Art sichtbar.

Helmut H. Koch<br>im August 2022

## Zur Sache

Während der Jahre, die ich im Gefängnis lebte, hatten mir Mitgefangene die vogelwildesten Geschichten erzählt. Mit der Zeit wurde mir bewusst, dass ich von den Randgruppenexistenzen, die sich auf den Gefängnishöfen versammeln, einiges über Psychologie, Kindheitsbiografien und prekäre Lebenslagen lernen konnte; Geschichten, geboren aus ebenso spannenden wie verrückten, erfundenen wie höchst unwahrscheinlichen Ereignissen. Nähme man es genau, wie es der amerikanische Autor James A. Michener oft in seinen historischen Romanen hielt, müsste jede Geschichte mit der Schöpfungsgeschichte beginnen, respektive mit dem Urknall. Dieser Erkenntnis zufolge fangen fast alle heute erzählten Märchen und Erzählungen über Menschen mit einem willkürlich gewählten Einstieg an: Es gab einmal eine Zeit … Vor vielen Jahren trug es sich zu … In einem Schlosse lebte … Irgendwo zwischen der Schöpfungsgeschichte und dem Jüngsten Tag sind alle Geschichten angesiedelt, die von Homer als auch die von Walser, die der australischen Aborigines wie die der Maya. Die in diesem Band versammelten Geschichten wurden nicht zusammengetragen, sie hatten sich in meinem Gedächtnis festgesetzt, sich dort über Jahrzehnte behauptet; drängten, immer aufs Neue, erzählt zu werden. Ich brauchte sie also nur abzurufen. Was sie verbindet: Sie alle wurden mir im Laufe der vielen Jahre, die ich auf den Gefängnishöfen meine Kreise drehte, von den Protagonisten erzählt, sofern ich nicht selbst Zeuge wurde. Das macht diese Geschichten authentisch. Teilweise gaben mir die Erzähler ihre Gerichtsakten zu lesen, wenn sie spürten, dass ich Zweifel hegte; oder sie kramten Presseberichte hervor, in denen über ihren Fall berichtet wurde, als Beweisstücke sozusagen, dass sie die Wahrheit sagten. Aber mit der Wahrheit ist das so eine Sache. In den Gerichtsurteilen findet sie sich so gut wie nie. Nirgendwo feiert die Lüge Urstände wie in den Gerichtssälen der Welt. Der Beobachter eines Ereignisses kann nur das abspeichern, was seine Sinne zuvor wahrgenommen haben. Soll er anschließend berichten, was er gesehen oder gehört hat, kriegt er Schwierigkeiten mit der Erinnerung. Spielt er selbst eine aktive Rolle im Geschehen, tauchen moralische Probleme auf, die ihn zuweilen veranlassen, zu beschönigen, zu kokettieren, zu verdrehen. Was es dem Chronisten nicht einfacher macht.

True-Crime-Freunde bestehen auf der Wahrheit. Da muss ich leider passen. Ich habe mich redlich bemüht, die Berichte so nachzuerzählen, wie sie mir in Erinnerung geblieben sind, und wie sie mir heute, Jahrzehnte später, plausibel erscheinen. Verbürgen kann ich mich lediglich für den Plot der Geschichten. Der Erzähltechnik der Konfabulation folgend, musste ich Lücken so füllen, dass die Geschichten stimmig blieben, auch wenn das bedeutet, dass nicht alles exakt der Realität entspricht. Als Auswahlprinzip diente mir die emotionale Wirkung, sei es, dass ich ratlos, belustigt oder empört reagierte.

Alle diese in Worte gefassten Episoden und Berichte haben etwas mit unserem Leben zu tun, fordern auf, zu hinterfragen, Position zu beziehen. Das individuelle Scheitern der Protagonisten kann als Allegorie verstanden werden, als Sinnbild für das Scheitern der Menschheit an der Welt, am Leben, an der Suche nach dem Sinn. Das Beste was aus den Gefängnissen mitzunehmen ist, sind die dort kolportierten Verbrechergeschichten, zu denen Spione und Diebinnen, Einbrecher und Mörder, Schmugglerinnen und Totschläger, Sittenstrolche und Räuber, Brandstifterinnen und Betrüger und zuweilen sogar Unschuldige etwas beitragen. In einigen Fällen habe ich die Namen beibehalten, in den meisten wurden sie aus Rücksicht auf noch lebende Protagonisten geändert. Die große Schriftstellerin Oriana Fallaci hat die Kausalität von Krieg und Moral, von Verbrechen und Strafe so gefasst:

»Sie sind unschuldig, denn sie sind Menschen.«

Davon sollen uns diese Geschichten eine Ahnung vermitteln.

Hubertus Becker, Mai 2022

Ein anderer würde den Wärter verachten, aber ich bin so einer, der einen jeden Menschen in seiner Art und Unart interessant und liebenswert findet. Ich komme nicht bis zur Menschenverachtung, oder ich verachte eigentlich nur die Feigheit und Leblosigkeit, aber ich finde an der Verdorbenheit leicht etwas Interessantes. Und in der Tat, sie klärt über vieles auf, lässt tiefer in die Welt blicken und macht einen erfahrener und macht milder und treffender urteilen. Man muss mit allem bekannt werden, und man lernt es nur kennen, wenn man es tapfer berührt.

Robert Walser – »Geschwister Tanner«*

* Textauszug aus: Robert Walser, Geschwister Tanner. Roman, in: ders., Sämtliche Werke in Einzelausgaben. Herausgegeben von Jochen Greven. Band 9. Mit freundlicher Genehmigung der Robert Walser-Stiftung, Bern. 

## Verbrecherjagd

Um das, was ich zum Fall des Dieter Freese aus eigenem Erleben erzählen kann, nachzuvollziehen, müssen wir zurück ins Jahr 1962 gehen. Am 14. Februar dieses Jahres verübte eine fünfköpfige Bande einen bewaffneten Raubüberfall auf die Sparkasse von Winningen an der Mosel. Der Anführer der Räuber war ein aus der ehemaligen DDR stammender »Gewohnheitsverbrecher«, wie er seinerzeit in den Medien bezeichnet wurde. In Wahrheit war er ein traumatisierter Junge, der im Alter von drei Jahren seinen Vater im 2. Weltkrieg verloren hatte.

Dieter Freese wurde im Jahr 1939 in Samtens auf der Insel Rügen geboren. Zu seiner Mutter, die kurz nachdem sein Vater in Russland gefallen war, eine weitere Ehe einging, konnte er nie eine vertrauensvolle Bindung aufbauen. Den Ersatzvater lehnte er ab, seinen jüngeren Stiefbruder quälte er mit sadistischem Vergnügen. Im Alter von sechs Jahren gaben die Eltern ihn in ein Heim nach Stralsund, nachdem er die Kaninchen seines Stiefvaters misshandelt und ertränkt hatte. Weil die Betreuerinnen im Kinderheim Schönenwalde mit dem schwierigen Jungen nicht klarkamen, überwiesen sie ihn noch vor Kriegsende in die »Provinzial-Heil- und Pflegeanstalt« nach Ueckermünde. Dort wurde er im Alter von sieben Jahren von einem Gärtner sexuell missbraucht, doch er verdankte diesem Mann, der im Krieg ein Bein verloren hatte, sein Leben. Die Nazis schickten nämlich regelmäßig »behinderte oder schwer erziehbare« Kinder in die Euthanasie-Anstalten Bemburg und Kosten, wo sie ermordet wurden. Der »pädophile Krüppel«, so Freese später im Gespräch, habe ihn vor diesem Schicksal bewahrt, ehe der Krieg zu Ende ging und die russischen Besatzer dem braunen Spuk ein Ende bereiteten.

Dieter Freese kam im Alter von 8 Jahren zu einer Pflegefamilie in Brandenburg. Die Schule besuchte er insgesamt fünf Jahre lang. Mit 13 lief er von zuhause fort, wurde von der DDR-Volkspolizei aufgegriffen und in einen Jugendwerkhof eingewiesen, wo es den Kindern selten gut ging. Nachdem er im Alter von 17 Jahren entlassen wurde, streunte er eine Weile in Mecklenburg herum. Er bewarb sich bei der französischen Fremdenlegion, wurde aber aus Altersgründen nicht aufgenommen. Da er keinen Beruf erlernt hatte, bestritt er seinen Lebensunterhalt durch kleine Diebstähle und Betrügereien. Irgendwann plante er, seine Mutter auf Rügen zu besuchen, aber die Familie war in die Bundesrepublik übergesiedelt. Ob ihn das bewogen hat, ebenfalls in den Westen zu gehen, kann ich nicht sagen, jedenfalls verließ er die DDR einige Jahre vor dem Bau der Mauer. Er landete im Ruhrgebiet, wo er in Gelsenkirchen für kurze Zeit einen Job als Beifahrer in einer Kleinspedition fand. Aber geregelte Arbeit war Freeses Sache nicht. Er lernte, wie man Autos knackt, und wie man Banken überfällt. Wie er mir später erzählte, sei er ein »Naturtalent« gewesen, in jedem Fall ein Autodidakt. Seine ersten Autodiebstähle waren VW-Käfer, deren Türen zu öffnen sei ein Kinderspiel gewesen, und um den Wagen kurzzuschließen habe er weniger als eine Minute gebraucht. Zum ersten Mal beim Autoklau erwischt habe man ihn in Bonn, wo er unter falschem Namen eine kleine Wohnung in Sichtweite des Bundestages gemietet hatte. Es gelang ihm jedoch, der Polizei zu Fuß zu entkommen. Danach kaufte er sich eine Pistole, da es ihm kraftsparender erschien, auf die Ordnungshüter zu schießen, als vor ihnen fortzulaufen. Am 25. Juli 1961 knackte Freese in Boppard am Rhein einen Ford, mit dem er hinauf auf den Hunsrück fuhr, um dort die Raiffeisenbank im nahe gelegenen Buchholz zu überfallen. Dreist wie er war, fuhr er mit dem Fluchtwagen direkt vor die Bank. Mit einem markigen »Hände hoch! Keine Bewegung! Das Geld her!« betrat er den Schalterraum und richtete die Waffe auf den Kassierer. In Schockstarre mussten die Angestellten beobachten, wie ihr Chef den Tresor leerräumte und die Scheine in Freeses mitgebrachte Ledertasche stopfte. Mit einem artigen »Auf Wiedersehen« verließ er die Kasse, sprang ins Auto und verschwand mit der Beute von 7.000 Mark. Da der Überfall ihm wie ein Kinderspiel erschien, beschloss er, bei diesem Geschäftsmodell zu bleiben, denn auch hier erkannte er sein natürliches Talent: Er war weitgehend angstfrei. In den Wochen danach scharte er eine Bande von Spitzbuben um sich, die ihn bei einem halben Dutzend Banküberfällen unterstützten, teils als Kundschafter, teils als Fahrer der zuvor gestohlenen Fluchtfahrzeuge. Freeses Spezialität waren Überfälle auf kleine Filialen der örtlichen Sparkassen und

Raiffeisenbanken in der Pfalz und im Rhein-Main-Gebiet. Nach sieben erfolgreichen Coups beschloss Freese, das Einsatzgebiet in den Großraum Koblenz zu verlegen, wo einer seiner Komplizen mit der Familie lebte. Er war es, der die Sparkasse in Winningen kannte und sie Dieter Freese schmackhaft machte: Dort sei die große Kohle zu holen! Fresse gefiel das Reizwort von der großen Kohle, und der Plan war gefasst.

Zu fünft quetschten sich die Ganoven in einen zuvor geknackten Personenwagen und fuhren nach Winningen, einem Ort an der unteren Mosel, nur wenige Kilometer von Koblenz entfernt. Einer blieb beim Auto, Freese und drei seiner Komplizen stürmten die Bank.

»Überfall! Gebt das ganze Geld her, zack zack!«, herrschte der Mann mit der Pistole den Angestellten am Geldschalter an, während er sich über den Banktresen schwang. Keine Frage, wer hier der Boss der Bande war.

Nachdem der Kassierer und Leiter der Filiale in Personalunion den Räubern das vorrätige Bargeld ausgehändigt hatte, immerhin die erkleckliche Summe von 1.600 D-Mark, verschwanden sie, wobei Freese, übrigens der Einzige, der eine Schusswaffe bei sich trug, den Schalterraum als letzter verließ. Er schickte sich gerade an, die Türe hinter sich zu schließen, als der beraubte Kassierer sich mit einem abschließenden Statement zu Wort meldete: »Ihr werdet alle ins Gefängnis kommen!«

So wahr sich diese Prophezeiung auch erweisen sollte, Dieter Freese fühlte sich dadurch provoziert. Er ging zurück und stellte klar: »Und du wirst in die Hölle kommen!« Dabei richtete er die Pistole auf den Mann und schoss ihm aus nächster Nähe ins Herz. Er starb mit 61 Jahren an seinem Arbeitsplatz. Ein »Arbeitsunfall« kommentierte Freese zynisch, als er mir Jahre danach die Geschichte erzählte. Kurz habe er noch überlegt, ob er auch die junge Frau erschießen sollte, entschied sich aber dagegen, als er die panische Angst in ihren Augen sah. »Dein Chef hätte besser das Maul gehalten, das hat er jetzt davon«, sagte er noch zu ihr. Dann machte auch er sich aus dem Staub.

Gemeinsam flüchtete die Bande nach Boppard, wo sie die Beute aufzuteilen gedachten. Warum er vier Komplizen mitbrachte, ist sonderbar, jedenfalls entsprach es nicht seiner Gewohnheit. Machte es im Wilden Westen noch Sinn, zu einem Überfall mit vier oder fünf Männern in eine Kleinstadt einzureiten, war diese Personalausstattung in Winningen nicht notwendig, handelte es sich beim Personal doch lediglich um den Filialleiter und seine Angestellte. Dieser Bankraub sollte nicht bloß Aufsehen in der Presse erregen, sondern in die deutsche Kriminalgeschichte eingehen. Aber der Reihe nach.

Mit dem Raubmord von Winningen hatte Dieter Freese sich einen Platz in der obersten Kategorie des deutschen Verbrechertums gesichert. Die Polizei, die Presse und die Öffentlichkeit reagierten mit äußerster Empörung auf den kaltblütigen Mord. Die Fahndung unter der Leitung des Koblenzer Kriminalkommissars Linnebacher lief auf Hochtouren. Dass die Bande schon am nächsten Tag in einer Gartenlaube oberhalb des ehemaligen Klosters Marienberg in Boppard aufgespürt werden konnte, lag weniger an der genialen Vorgehensweise des Kommissars, als an der Gattin des Bopparder Komplizen, die ihren Mann an die Polizei verraten hatte. Als Freese sich der Obstgartenlaube näherte, war die Kripo längst vor Ort und wartete auf den fünften Mann, ehe sie zuschlugen. Obwohl die Hütte von einem Dutzend Beamten umstellt war, gelang es Freese, erst aus dem Fenster, dann von einer oberhalb des Klosterparks gelegenen Felsklippe zu springen und in den angrenzenden Wald zu entkommen. Die übrigen Räuber, allesamt Dilettanten ihrer Branche, wurden in Handschellen gelegt und ins Koblenzer Untersuchungsgefängnis auf der Karthause verbracht.

Bis zu diesem Tag hatte Dieter Freese zwar schon mehrere Hundert Verbrechen auf dem Konto, aber es handelte sich um Autodiebstähle, Einbrüche, Raubüberfälle und dergleichen gesellschaftlich wenig tolerierte Kapriolen mehr. Diesmal war es anders, ein Mensch war ums Leben gekommen, ein braver Bürger, der kurz vor der Rente stand. Nicht zu vergessen, die hübsche Bankassistentin, deren Konterfei in der Rhein-Zeitung in einer Heiratsannonce nicht effektiver hätte platziert werden können, und die jetzt das weitere Leben traumatisiert bewältigen musste. Es dauerte weniger als eine Stunde, und einer seiner Mitverschwörer hatte Freeses Namen genannt, anders ausgedrückt, er hatte sich durch den

Verrat einen Todfeind geschaffen. Mit der Flucht aus der Gartenlaube begann eine für damalige Verhältnisse beispiellose Jagd auf einen Schwerverbrecher.

Ich war zur Zeit dieses Banküberfalls zehn Jahre alt. Zwei Monate später sollte ich von der Volksschule aufs Gymnasium wechseln, was mit einem Aufenthalt in einem Internat in Boppard verknüpft war, der Stadt, aus der einer von Freeses Komplizen stammte. Meine Eltern verfolgten den Fall im Radio, wo täglich über den Stand der Fahndung berichtet wurde. So erfuhr auch ich, was genau sich in Winningen zugetragen hatte. Sonst wusste ich nichts über Dieter Freese. Und dennoch: Angesichts des fanatischen Eifers, mit dem die Erwachsenen des Mörders Festnahme und Verurteilung herbeisehnten, blindwütiger als jede Emotion die sie ein Jahrzehnt davor den übelsten Vertretern des Nazi-Regimes gegenüber gezeigt hatten, wurde Misstrauen in mir wach. Ich kann es noch heute schwer nachvollziehen, aber ich erinnere mich, dass ich dem Mörder Freese heimlich die Daumen drückte, dass er es schaffen möge, dem Staat und seiner Polizei zu entkommen. Da ich eine kleinbürgerlich-katholische Erziehung habe erdulden müssen, in der mir niemand beigebracht hatte, Mördern zu verzeihen, ihnen gar Glück zu wünschen, kann ich zur Motivation meiner Sympathie lediglich vermuten, dass es der Mythos vom Kampf David gegen Goliath war, der mein Herz für die Seite des Verbrechers einnahm, was meine Parteinahme für den Einen und gegen die Vielen begründen kann. Denn mitnichten hatte ich in dem Alter schon das Prinzip der Menschenwürde verstanden, wusste nichts von den ethischen Leitgedanken der Bergpredigt, und erst recht hatte ich keine Ahnung von Psychologie oder Hirnforschung, die mir den Gedanken von der Unschuld des Menschen und der Unfreiheit seines Willens hätten nahebringen können. Instinktiv hatte ich mir den von allen gehassten Mörder zum Helden erkoren. Mit dem Wissen von sechzig weiteren Lebensjahren Erfahrung und Studium ist mir klar, dass Dieter Freese aufgrund seiner tragischen Biografie eine tiefgreifende seelische Anomalie entwickelt hatte, die es ihm auferlegte, seinen Mitmenschen und der Welt mit Zynismus, Sadismus und völliger Empathielosigkeit zu begegnen.

Die exakte Chronologie seiner Flucht kennt außer dem Archiv der Rhein-Zeitung und den Ermittlungsakten wohl niemand mehr, und auch ich würde völlig im Dunkel stochern, hätte ich Dieter Freese nicht 1990 im Diezer Gefängnis kennengelernt und in einem schwierigen Prozess der Annäherung ein Stück weit sein Vertrauen erworben. In den acht Monaten, die wir zusammen im Knast verbrachten, erzählte er mir die Geschichte seiner Kindheit und Jugend, wie ich sie eingangs grob nachzuzeichnen versucht habe.

Vom »Eisenbolzen«, so der Name des Berges bei Boppard, auf dessen Terrasse sich die missglückte Verhaftung abspielte, entkam Freese durch den Stadtwald auf den Hunsrück und von dort weiter nach Koblenz. Vor einem Hotel beobachtete er, wie gerade angereiste Gäste den Mercedes parkten, das Hotel betraten und dabei ihren Wagen nicht absperrten. Während das Ehepaar die Formalitäten an der Rezeption erledigte, war Freese mit deren Auto samt Gepäck auf dem Weg in die Eifel, wo er am selben Abend bei Mayen eine abgelegene Jagdhütte aufbrach und dort nach dem Stress, der auf den Überfall in Winningen folgte, ein paar Tage lang ein geregeltes Leben führte, das heißt, er aß von den Vorräten, badete in einer Wanne und schlief im weichen Bett der Jagdpächter. Bei der Durchsuchung des Schrankes fand er sogar eine Schachtel der Munition, die in seine Pistole passte. Turbulent wurde es erst wieder, als er das Versteck verließ und zum Laacher See fuhr. Dort kehrte er in eine Gaststätte ein, um zu Mittag zu essen. Dabei fielen ihm mehrere Leute auf, die sich in der Nähe des zuvor in Koblenz gekaperten Mercedes herumdrückten und sich das Nummernschild notierten. Wie erwähnt, lief eine Großfahndung nach ihm, jeder Bürger, der den Südwestfunk einschaltete oder die lokalen Tageszeitungen las, war in Sachen Freese-Fahndung auf dem aktuellen Stand. Dass es Dieter Freese war, der diesen dreisten Autodiebstahl vor dem Hotel begangen hatte, war der Koblenzer Polizei schnell klar, also kannte man auch die Autonummer, die stündlich zusammen mit einer Personenbeschreibung im Radio durchgegeben wurde. Freese verließ das Lokal noch ehe sein Menü serviert war und fuhr wenige Minuten ehe die Polizei eintraf, vom Parkplatz.

Zehn Tage lang war er wie vom Erdboden verschluckt. Zwar gingen täglich bei der Koblenzer Polizei Hinweise von Bürgern ein, die Freese gesehen haben wollten, aber keiner erwies sich als heiße Spur. Von Kaiserslautern bis Trier, von Aachen bis Gießen, von Bad Orb bis nach Ludwigshafen rückten Hundertschaften aufgrund falscher Hinweise aus, sperrte die Polizei Landstraßen und durchkämmte riesige Wälder, allein, Herr Freese blieb inkognito. Erst Anfang März tauchte er wieder auf, boulevardgerecht mit einem Paukenschlag. Als am 1. März ein Wachtmeister mit Diensthund an der Leine, dem sogenannten Ofenkaulen im Siebengebirge einen Kontrollbesuch abstattete, schaute er sich auch einige Höhlen an, in denen seinerzeit immer wieder Obdachlose und Streuner Unterschlupf fanden. Dass sich just an diesem Tag der landesweit gesuchte Mörder dort aufhielt, ahnte der Beamte nicht, aber als sein Hund anschlug, wurde er neugierig. Das Gebell des Polizeischäferhundes hatte Freese aufgeweckt, der in der Düsternis eines Stollens ein Nickerchen machte. Kurzum: Freese überraschte den Wachtmeister, entwaffnete ihn und schickte ihn samt seinem wütend bellenden Hund fort. Kurz nachdem der Polizist das Weite gesucht hatte, ließ er den Hund von der Leine, in der Hoffnung, das Tier würde den Verbrecher stellen. Stattdessen hallte ein Schuss durch die Ofenkaulen, und Hasso lebte nicht mehr. Diese Geschichte wurde den Hörern in den nächsten Radionachrichten wie ein Podcast aufbereitet, die Spannung stieg, und der Druck auf den Polizeipräsidenten stieg ebenfalls. Bei den alle drei Tage stattfindenden Pressekonferenzen gingen ihm angesichts der Misserfolge seiner Truppe die Worte aus.

Wieder war Dieter Freese entkommen und untergetaucht. Während Hundertschaften das Siebengebirge durchsuchten, war der Verbrecher auf einem geklauten Fahrrad unterwegs nach Limburg. Dort ließ er sich beim Frisör rasieren, kleidete sich neu ein und entwendete vom Hof einer Autowerkstatt einen unauffälligen Opel Rekord. Im Spessart überquerte er die bayerische Landesgrenze und fuhr im Stil eines Touristen gen Süden. Er hatte beschlossen, sich ins Ausland abzusetzen, am liebsten in die DDR, aber die dortigen Machthaber hatten inzwischen eine Grenzbefestigung errichtet, die weder von Westen noch von Osten einfach zu überwinden war. Also machte er sich auf den Weg in den Bayerischen Wald, wo er zunächst über die Grenze zur Tschechoslowakei und von dort aus über das Erzgebirge in die DDR einschleichen wollte. In der Gegend von Freyung nahm er Quartier in einer Pension für Wintersportler, denn im März lag der Bayerische Wald noch unter einer dichten Schneedecke. Als die Pensionswirtin am nächsten Tag ihren Gast am Frühstückstisch vermisste, dessen Wagen aber noch vor dem Haus stand, informierte sie zwei zufällig einkehrende Zollbeamte über den merkwürdigen Herrn. Ein Telefonat mit der Polizei im nahen Freyung, und der Verdacht erhärtete sich, dass hier etwas faul war, jedenfalls war der Wagen draußen auf dem Parkplatz seit einer Woche als gestohlen gemeldet. Ohne auf die angekündigte Streife zu warten, machten sich die Grenzschützer hinter Freese her, dessen Spur im hohen Schnee nicht zu übersehen war. Nach mehr als einer Stunde fanden sie ihn schlafend im Laub unter einem Felsvorsprung, eingewickelt in die Decke, die er in der Pension hatte mitgehen lassen. Freese, der völlig erschöpft und durchgefroren war, ergab sich, händigte den Beamten seine beiden Pistolen aus und nannte seinen Namen. Auf dem Rückweg stapfte er in Handschellen gefesselt ein letztes Mal durch den verschneiten Winterwald. Eine Woche darauf traf er in der Justizvollzugsanstalt Koblenz ein, wo er fortan gemeinsam mit seinen Komplizen auf den Prozess wartete.

Als ich im Radio von Freeses Verhaftung erfuhr, war ich sehr enttäuscht, hatte ich doch mit meinen Freunden eine Wette abgeschlossen: »Den kriegen sie nie, der ist viel zu schlau!« Dann und wann war in der Rhein-Zeitung etwas über meinen »Lieblingsmörder« zu lesen. Wie üblich, nichts Tiefschürfendes. Ich glaube mich zu erinnern, das heißt, ich erinnere mich, dass Freese nach wenigen Wochen Untersuchungshaft in Koblenz seinen Schließer mit vorgehaltener Waffe begrüßte. Es handelte sich dabei um eine aus Brotteig geknetete und modellierte Pistole, die er mit Schuhwichse eingefärbt und poliert hatte. Unterwegs durch das alte Gemäuer in Richtung Gefängnistor, fiel einem der Beamten auf, dass von Freeses »Pistole« etwas abbröckelte, und damit war dieser Ausbruchsversuch gescheitert.

Während der Untersuchungshaft wurde die Bande verhört, wobei die Wahrheit zu dem Raubmord von Winningen ziemlich lückenlos aufgeklärt werden konnte. Jeder der Komplizen steuerte etwas bei, man verriet sich gegenseitig, alle schoben die Verantwortung auf Dieter Freese, der sie zu der Sache angestiftet habe. Der Bandenchef gestand nicht nur Winningen, sondern Dutzende weiterer Verbrechen. Er ging von Anfang an davon aus, dass er zu Lebenslang verurteilt werden würde, und er war sich sicher, dass ihm früher oder später der Ausbruch aus dem Gefängnis gelingen werde. Diesbezüglich hatte er ein stabiles Vertrauen in sich selbst und sein Naturtalent.

»Wenn ich raus bin aus dem Knast«, kündigte er dem Koblenzer Hauptkommissar Karl Linnebacher an, »mache ich dich platt!« Eine ebenso kühne wie realitätsferne Prophezeiung seitens eines Mannes, der mit dem Rücken und dem Bauch gleichzeitig zur Wand stand. Und um im kriminellen Groove zu bleiben, sagte er seinem Bopparder Komplizen, der ihn gleich nach seiner Verhaftung verpfiffen hatte, im Gerichtssaal das nämliche Schicksal an: »Du bist schon so gut wie tot, Genosse!« Während des Verfahrens vor vollbesetzter Kulisse (jeder aufrechte Bürger, der Rache im Bauch und Verachtung in der Kehle spürte, wollte Zeuge dieser Hinrichtung sein) machte Freese immer wieder zitierfähige Bemerkungen, die einerseits seine Verachtung der bürgerlichen Gesellschaft gegenüber zum Ausdruck brachten, andererseits unüberhörbare Anzeichen seiner psychopathischen Persönlichkeit waren. Freese zeigte während der Verhandlung kein Bedauern, er bereue nur, dass er dem »Bullen an den Ofenkaulen das Licht nicht ausgeblasen« habe. Leid hingegen tat ihm der »prächtige Hund«, den der Polizist auf ihn gehetzt hatte. Als der vorsitzende Richter ihn nach seinen Gefühlen zum Schicksal des Filialleiters der Sparkasse fragte, bemerkte Freese lakonisch: »Wenn einer erschossen wird, ist er doch wohl selber schuld.«

Im Oktober 1963, anderthalb Jahre nach dem Überfall in Winningen, wurden die Täter vom Landgericht Koblenz zu hohen Zuchthausstrafen verurteilt. Freese, den Mörder und Gangsterboss, schickten die Richter lebenslang in den Knast nach Diez an der Lahn. Dort verbrachte er 27 Jahre, ehe ihm Anfang 1989 tatsächlich die Flucht gelang, wobei das Wort Flucht einen Euphemismus darstellt, denn Freese floh nicht, er ging einfach nur fort. Zuvor hatte man ihn nämlich in den Offenen Vollzug verlegt und ihm einen Job in der zur Anstalt gehörenden Gärtnerei gegeben. Planlos und von den langen Jahren hinter Gittern zermürbt und ausgezehrt lief er eines Tages weg. Nach wenigen Tagen wurde er von der Bahnpolizei wieder aufgegriffen, obdachlos, verwirrt, inmitten einiger Berber, die ein ehemaliges Schrankenwärterhäuschen im Rheintal besetzt hatten. Erneut wurde er in den geschlossenen Vollzug nach Diez gebracht, wo ich ihm eines Tages im Sommer 1990 begegnete.

Ich war aufgrund meiner Verwicklung in die Gefangenenmeuterei von Straubing nach Rheinland-Pfalz zwangsverlegt worden, und so kam es, dass sich unsere Wege erstmals in der JVA Diez kreuzten.

»Kennst du den Kerl, der dort am Geländer über der Zentrale steht?«, fragte mich Johnny Woo, ein Chinese, der im Haus als Zuträger der Sicherheitsabteilung galt.

»Keine Ahnung, wer soll das sein?«

»Dieter Freese. Einer der gefährlichsten Mörder von Deutschland«, war Johnnys Antwort.

Das also war der berüchtigte Freese! Er stand da, die Ellenbogen auf das Geländer gestützt, den Blick ins Leere gerichtet. Freese war damals 51 Jahre alt, aber er machte auf mich den Eindruck eines 70-jährigen. Alles an ihm war grau, seine Haut, sein zum Mecki geschnittenes Haar, die Gefangenenkleidung sowieso, die Aura, die ihn umgab. Dem Dieter Freese hatte das Gefängnis die Zähne gezogen, nichts an dem grauen alten Mann ließ sich mit dem Mythos des gemeingefährlichen Schwerverbrechers in Verbindung bringen, zu dem er einst von Volk und Presse erkoren worden war. Wie von einem Magneten angezogen ließ ich den chinesischen Spitzel stehen und ging hinüber zu dem Mann, dem ich vor dreißig Jahren einmal die Daumen gedrückt hatte.

»Herr Freese?«, begann ich. »Mein Name ist Harry Berger, ich bin erst kürzlich aus Bayern hierher verlegt worden. Ich erinnere mich noch gut an den Bankraub von Winningen …«

Und da Freese weder fragte, was ich von ihm wolle, noch forderte, ich möge ihn in Ruhe lassen, setzte ich nach. »Ich habe Ihnen damals die Daumen gedrückt, dass Sie es schafften.«

Aber Dieter Freese war an dem Tag nicht nach Reden zumute, vielleicht war ihm generell nicht mehr nach Reden zumute. Durch die Sprache würde sich ihm nach seinem verpfuschten Leben keine Wendung zum Besseren mehr bieten. Vor mir stand ein gescheiterter Mensch. Umso überraschter war ich, als er mich ein paar Tage danach beim Hofgang ansprach. Wir unterhielten uns öfter in der Folgezeit, er erzählte mir aus seiner Jugend in den diversen Heimen der DDR, und am Ende landeten wir bei seiner Gerichtsverhandlung in Koblenz. Leider, wie so oft, wenn man beim Schreiben seine Erinnerungen zugrunde legt, kann ich nichts mehr zu seiner Verteidigung sagen, weder wer ihn als Anwalt vertrat, noch, ob das Gericht ein forensisches Gutachten in Auftrag gegeben hatte. Geändert hätte es ohnehin am Schuldspruch nichts, denn aus eigener Erfahrung weiß ich, dass deutsche Gerichte die lukrativen Begutachtungen von Angeklagten an solche Psychiater vergeben, von denen sie wissen, dass den Probanden am Ende die volle Schuldfähigkeit attestiert wird. Man nennt so etwas auch »Gefälligkeitsgutachten«. Um den Prozess gegen Dieter Freese zu kommentieren, fehlt mir ganz einfach der Einblick in die Akten. Falls diese überhaupt noch irgendwo archiviert sind.

Im Juli 1992 verließ ich nach zehn Jahren das Gefängnis, und damit brach mein Kontakt zu Dieter Freese ab. Von einem Beamten der JVA Diez erfuhr ich Jahre später, dass der »Mörder von Winningen« im September 1993 im Alter von 54 Jahren aus der Haft entlassen wurde. Da hatte er 31 Jahre im Gefängnis verbracht und wurde am Ende untherapiert nach Nordrhein-Westfalen in eine Einrichtung mit betreutem Wohnen geschickt, aber noch ehe die Heimleitung ein Zugangsgespräch mit Freese führen konnte, hatte der sich schon abgesetzt. In seinem Leben hatte es wahrlich zu viele Heime gegeben, als dass er sich im Alter eine weitere solche Erfahrung hätte zumuten wollen. Freese verschwand: aus dem Heim, vom Radar der Justiz, aus den Schlagzeilen, aus der Mitte der menschlichen Gesellschaft. Man hat seither nie wieder etwas von ihm gehört. Alles was danach noch in der Presse zu lesen war, gehört ins Reich der Spekulation. Somit hat der Sohn der Insel Rügen die Welt mit einer Frage verlassen: Was, zum Teufel, ist am Ende aus Dieter Freese geworden?

## Der irische Taschendieb

Tony Morrison hatte irgendwann in den frühen Achtzigern erkannt, dass das Münchener Oktoberfest ein Eldorado für *Pickpockets* war. Fortan tauchte er jedes Jahr pünktlich zu Beginn der Wiesn mit seiner Komplizin Jenny auf, um in die Taschen unvorsichtiger, meist betrunkener Besucher zu greifen. Dabei gingen die beiden so vor, dass Tony den Leuten Brieftaschen und Geldbeutel stibitzte, um sie im allgemeinen Gedränge sofort an Jenny weiterzugeben. Das geschah so schnell und verdeckt, dass ein Beobachter schon genau hinsehen musste, um die Masche zu durchschauen. Um bei einer möglichen Entdeckung keine Beweise zu liefern, holte Jenny, sobald Tony ihr eine Beute zugesteckt hatte, das Bargeld heraus und ließ die Hülle unauffällig zu Boden fallen.

Das klappte bis zu einem Dutzend Male am Abend. Bis eines Tages im Jahr 1982 eine Frau das Gefühl hatte, ihr habe jemand an der Jacke genestelt. Sie bemerkte gerade noch, wie Tony die Hand aus ihrer Handtasche zog und machte ihren Begleiter aufmerksam. Unterdessen war der entwendete Geldbeutel längst bei Jenny gelandet, sodass Tony, als der Mann ihn aufforderte, stehenzubleiben, bereitwillig die Arme hob und sich durchsuchen ließ; ergebnislos *of course*.

Indes, die Dame war sicher, dass er ihre Börse gestohlen hatte, und so beschloss sie, zwei Polizisten zu verständigen, die zufällig aus dem Gedränge auftauchten. Als die Beamten Tony aufforderten, sich auszuweisen, und der das verweigerte, schickten sie sich an, ihm Handschellen anzulegen. Jetzt wurde es eng für den Taschendieb. Unvermittelt gab er erst dem korpulenteren der beiden einen heftigen Kopfstoß und versetzte anschließend seinem Kollegen einen Schlag an die Schläfe, sodass beide zu Boden gingen. Womit er nicht gerechnet hatte, gerade war ein Verein bayerischer Haberer aus einem der Bewirtungszelte zu einem Geflügelimbiss unterwegs, als die Burschen den Hilferuf der bestohlenen Frau hörten. Mit einer Behändigkeit, die man den alkoholisierten Kerlen nicht zugetraut hätte, rannten sie hinter Tony her, der sich gerade diskret vom Tatort verdrücken wollte. Auch wenn er der Truppe noch zwei blaue Augen und eine blutende Nase verpasste, er wurde von den Bayern überwältigt und anschließend von den wieder hochgekommenen Polizisten in Handschellen gelegt und abgeführt.

Nach zwei Tagen auf der Wache, die Verhöre hatten nichts ergeben, beschloss man, Tony Morrison nach Stadelheim in den Knast zu überstellen. Obwohl man ihm einen Taschendiebstahl nicht nachweisen konnte, lag immerhin ein Fall von fünffacher schwerer Körperverletzung vor, sowie Widerstand gegen Polizeibeamte. Die Sache sah nicht gut aus, auch wenn Jenny, die ihn nach einer Woche besuchen kam, vorrechnete, dass die beiden in vier Tagen etwas mehr als 12.000 Mark erbeutet hatten.

Ich selbst saß schon seit knapp drei Monaten in der JVA Stadelheim in Untersuchungshaft, als Tony auf meiner Abteilung auftauchte. Er war recht groß gewachsen, hatte einen Schopf voll kurzer roter Haare und extrem knochige Arme und Fäuste. Dass er damit innerhalb kürzester Zeit fünf Männer auf die Bretter geschickt hatte, glaubte ich ihm sofort, zumal die Wunden auf den Handknöcheln noch nicht verheilt waren. Er bezog die Einzelzelle mir gegenüber, wir waren also quasi Nachbarn und kamen ins Gespräch. Er berichtete mir offen, weshalb er in München war, dass seine Komplizin mit der Beute in einer Pension im Lehel wohnte und ihn wohl bald wieder besuchen werde. Einen Anwalt hatte er auch schon, wenngleich es sich nicht um einen der sogenannten Starverteidiger handelte. Wegen ein paar Fausthieben musste man ja nicht unbedingt Herrn Bossi bemühen, das sah ich ein.

Um nicht allzu ausschweifend zu werden: Tony Morrison und ich wurden Freunde, nicht bloß, weil ich seinen irischen Slang cool fand und er Vertrauen zu mir fasste, sondern auch weil er ein paar Tugenden in sich vereinte, die mir imponierten: Freundlichkeit, Mut und Gelassenheit. Er jammerte nicht. Als mich etwa zwei drei Wochen, nachdem wir uns angefreundet hatten, ein Betrüger beim Pokern mit Hilfe eines anwesenden Wärters über den Tisch zog, und ich meine goldene Junghans als Pfand für die 1.000 Mark, die ich verloren hatte, abstreifen musste, war mir Tony ein loyaler Kumpel. Kaum hatte ich Martin, den ich aus der Drogenszene kannte, vom Verlust meiner Uhr berichtet, als dieser mich aufklärte: Der »Hamburger«, so nannten sie ihn auf der Abteilung, sei ein abgefeimter Falschspieler, und der Beamte Trapp, sein Komplize. Tatsächlich hatte sich der Wärter die ganze Zeit hinter mir herumgedrückt, kannte somit mein Blatt, und er muss wohl hinter meinem Rücken dem Hamburger Zeichen gegeben haben. Auf diese Weise hatte ich keine Chance und so den Tausender verloren. Martin war empört und forderte mich auf, ein Exempel zu statuieren.

»Sonst machen die Lumpen hier drin mit dir was sie wollen«, meinte er. »Rede mit deinem Kumpel aus Dublin! Der macht mir den Eindruck, als könne er es mit dem Hamburger aufnehmen.«

»Mit Gewalt möchte ich nichts zu tun haben«, sagte ich.

»Musst du auch nicht, das erledigt der Ire«, grinste Martin. »Ich habe in der Zelle ein Stück Hasch versteckt. Davon breche ich was ab, und du schenkst es dem Morrison. Ich bin sicher, der freut sich.«

»Hmm«, brummte ich. »Mal sehen, was Tony dazu sagt.«

Tony sagte nicht viel. Er begab sich umgehend zur Zelle des Hamburgers und forderte ihn auf, die Uhr herauszurücken, und als der behauptete, sie ganz korrekt beim Poker gewonnen zu haben, schallerte mein Freund ihm eine, dass er auf den Vortrag weiterer Argumente verzichtete. Drei Minuten später war Tony mit der Junghans zurück, und auf der Abteilung hatte jeder zwei Dinge gelernt: Dass ich mich nicht ungestraft bescheißen ließ, und dass Tony Morrison kein Mann des langen Fackelns war.

Ein paar Wochen danach saßen Tony und ich Seite an Seite im Arbeitssaal, wo eine Werbemittelfirma von Gefangenen Kartonagen falzen und verpacken ließ. Ich erinnere mich an eine lebensgroße Pappkameradin, die in den Supermärkten den Käufern *Meister Proper* schmackhaft machen sollte. Die Arbeitskomplexität lag eine Kategorie über dem Tütenkleben, und damit alles reibungslos klappte, hatte die Firma ReFeKa einen Angestellten in den Knast geschickt, der die Häftlinge anleiten sollte, wie die einzelnen Teile zu verleimen wären.

Der Mann war Mitte Vierzig, er trug zivile Kleidung und behandelte die Gefangenen korrekt. Sein Name war Kurt Petermann, ein verträglicher Bayer. Er ging um die hufeisenförmig angeordneten Arbeitstische herum, an denen drei Dutzend Spitzbuben beschäftigt waren. Hier und da blieb er stehen, um den jeweiligen Arbeitern beim Zusammenbau der Kartonagen zu helfen.

An diesem Tag erkundigte ich mich bei Tony, wie er es bloß anstellte, so vielen Leuten das Portemonnaie aus den Taschen zu ziehen, und wo man solche Tricks denn lernen könne.

»Das meiste ist Naturtalent«, lachte Tony. »Aber Übung gehört natürlich auch dazu.«

»Ich stelle mir das sehr schwierig vor. Kann mir nicht vorstellen, dass du mir den Geldbeutel aus der Jeans holst, ohne dass ich davon etwas mitbekäme.«

»Soll ich es dir mal vorführen?«, schlug Tony vor.

»Blöd, dass wir im Knast keine Brieftaschen oder dergleichen besitzen«, gab ich zu bedenken.

»Wir nicht. Aber der Dicke da drüben.«

»Du meinst den Vorarbeiter Petermann?«

»Wen sonst. Der hat einen fetten Geldbeutel in der Arschtasche«, grinste Tony mich an.

»Spinnst du! Du kannst doch dem Mann nicht …«

»*Why not.* Ich zeige es dir.«

Noch ehe ich weitere Bedenken äußern konnte, war Tony aufgestanden und schlenderte zur gegenüberliegenden Seite des Hufeisens hinüber. So, als ob er dabei zusehen wollte, wie der dicke Petermann einem Arbeiter die korrekte Folge der Montageschritte zeigte, schaute er dem Mann über die Schulter. Nach weniger als zehn Sekunden setzte er seinen Weg um die Tische fort, scherzte unterwegs mit einem Türken, ehe er wieder neben mir Platz nahm.

»Und? Hat wohl nicht funktioniert?«

Ich sah Tony fragend an. Anstatt mir zu antworten, holte er ein braunes Portemonnaie unter dem Tisch hervor und warf es mir vor die Nase: *»Here you go!«*

Ich muss gestehen, dass ich damit nicht gerechnet hatte, und jetzt, wo das Diebesgut vor mir auf dem Tisch lag, ich eine mittlere Panik in mir aufsteigen fühlte. Was, wenn einer der Häftlinge um uns herum es entdeckt hatte? Verräter und Schwätzer saßen gewiss in der Nähe. Also packte ich den Geldsack vom dicken Petermann und ließ ihn erst einmal unter dem Tisch verschwinden. Dann sah ich zu Tony hinüber, der sich ob meiner Verlegenheit grinsend amüsierte.

»Bring's ihm zurück!«, schlug ich vor, ehe wir noch damit erwischt würden.

»*Are you crazy*«, lachte Tony. »Es gehört dir.«

Mit dem brandheißen Beutestück auf dem Schoß, überlegte ich, so cool es mir mein Adrenalin erlaubte, wie weiter zu verfahren wäre. Behalten wollte ich den Geldbeutel auf gar keinen Fall. Sollte ich verpfiffen und er bei mir gefunden werden, hätte das Konsequenzen. Ein weiteres Strafverfahren, Verlust des Arbeitsplatzes, Hohn und Häme bei den Mitgefangenen. Eine klassische Fuck-Shit-Situation. Ich blickte hinüber zum Beamtenbüro, wo der gemütliche Hauptsekretär Koller über irgendwelchen Listen brütete, die ihm scheinbar sein ganzes logisches Denkvermögen abverlangten. Dann sah ich die Lösung.

Ich erhob mich, Kurt Petermanns Geldbeutel unauffällig in der Rechten, und begab mich unter Tonys überraschten Blicken zur vollverglasten Beamtenschreibstube. Ich klopfte an die Tür.

»Kummas eini«, rief Koller gut gelaunt. »Wos gibt's an, Berger?«

»Haben Sie ihre Geldbörse verloren? Die lag im Saal auf dem Boden«, meldete ich und legte das brisante Teil vor den Beamten auf den Schreibtisch.

»Moana is des net, so oan dicken hob i net«, sagte er, indem er das Fundstück betrachtete. »Des ko ja nur dem Kurt seiner sei.«

Sprachs und trat in die offene Tür, um den Vorarbeiter herbeizuzitieren.

»Is des deiner?«, fragte er, sobald der Mann vor dem Büro erschien.

»Kruzifix, wie kummt no derer do her?«

»Da Berger hottan gfundn. Am Boden is a gleng«, klärte Koller auf. »Konnst di beim Berger bedanga, dos der so ehrlich is!«

*Bref:* Kurt Petermann steckte kopfschüttelnd seinen braunen Geldbeutel ein und bedankte sich bei mir.

»Wie kann ich mich erkenntlich zeigen?«

»Basst scho«, wiegelte ich ab, froh, aus der brisanten Nummer raus zu sein. Doch da meldete sich der Koller: »Bringst den Burschen moang a Brotzeit mit. An Leberkaas und Brez'n fia'd ganze Belegschoft. Host mi?«

»Des moch i gern«, versprach der Mann von der Firma ReFe-Ka, hocherfreut, dass er seinen Geldbeutel wieder hatte. Wie der ihm allerdings aus der Tasche hatte fallen können, das konnte er sich nicht erklären.

Zurück am Tisch informierte ich Tony, dass wir am nächsten Tag Leberkäse mit Brez'n zum Frühstück hätten, was nur ihm zu verdanken sei … Um diesen Menschen nicht verzerrt zu zeichnen, muss ich noch anfügen, dass er Dana, eine freche kleine Frau geheiratet hatte, die ihn wohl sehr liebte; eine rothaarige Irin, wen sonst. Sie kümmerte sich daheim in Dublin um die vier Kinder, alle mit roten Schöpfen, wie Mama und Papa. Wenn er über seine Familie sprach, und er sprach oft und gerne von ihr, wurde er ganz sanft und wohlgelaunt. Besonders wenn er einen Brief von Dana bekommen hatte. Dann passte er mich vor dem Hofgang ab und zeigte mir die Fotos seiner *familygang*. Kleine angehende *pickpockets*, sagte oder dachte ich schmunzelnd. Das belachte er von Herzen, ein cooler Typ, dieser Tony Morrison!

Mein irischer Freund blieb drei Monate in Haft, ehe sein Anwalt ihn herausholte. Wir blieben danach noch viele Jahre in Briefkontakt, ehe sich unsere Wege verloren: Er ging nach London, wo für Taschendiebe bessere Konjunktur herrschte, ich flog nach der Entlassung nach China, wo ich einen legalen Job antrat. Aber zwei Dinge hatte ich von Tony gelernt: Im Gedränge vieler Menschen auf meine Brieftasche Acht zu geben und die Überzeugung, dass Taschendiebstahl eine hohe Kunst ist!

## Couragierte Fluchthelfer

Flucht aus dem Gefängnis ist ein Mythos, der traditionell diejenigen Gefangenen umtreibt, die eine hohe Strafe zu erwarten haben. Einer Ladendiebin oder einem Schwarzfahrer fehlt der Anreiz zur Flucht, weil sie nicht viel befürchten müssen. Und Häftlinge, die sich bequem vor dem Fernseher und der Playstation eingerichtet haben, denken weder an Flucht noch an Meuterei, sie haben sich aufgegeben.

Als ich im Sommer 1982 in dem Münchener Untersuchungsgefängnis Stadelheim eingeliefert wurde, hatte ich mich gerade von einer fünfjährigen Heroinabhängigkeit befreit, das heißt, der erste Schritt war getan, der körperliche Entzug war seit ein paar Tagen abgeschlossen. Vor mir lagen mehrere Monate innerer Leere, Schlaflosigkeit und Lethargie. Die Zeit verbrachte ich lesend, träumend und nach Wochen dann auch schlafend auf der Pritsche. Nach einem halben Jahr spürte ich wieder Energie in den Gliedern und Neugier im Kopf. Ich ersuchte um eine Beschäftigung und ging nach und nach wieder unter Menschen. Der Job, den man mir angeboten hatte, nannte sich »Schreiber« und mein Arbeitsplatz lag im Büro einer von drei Arbeitshallen, in der von mehreren hundert Häftlingen alle möglichen Arbeiten ausgeführt wurden: Im Auftrag der Automobilindustrie wurden Getrieberohlinge entgratet, ein Akkordknochenjob, den ich tunlichst mied; in der kleinen Montagehalle wurden Aluminiumboote zusammengenietet; daneben lag eine Halle, in der Konfektionsarbeiten für die Werbemittelindustrie, sowie für einen Textilimporteur erledigt wurden. Die Arbeitsverwaltung des Gefängnisses war immerzu auf der Suche nach Beschäftigungsmöglichkeiten für die etwa 2.000 »unschuldigen« Schufte, die der Polizei in die Fänge geraten waren, und die nun auf ihren Prozess warteten. In der Halle nebenan hatte ein Elektro- und Haushaltsgeräteimporteur eine Reparaturwerkstatt eingerichtet, in der ein Dutzend Gefangene Wasserkocher, Kaffeemaschinen und Toaster reparierten, die in der Garantiezeit ihren Geist aufgegeben hatten. Die Geräte wurden in der DDR hergestellt, waren billig in jeder Hinsicht, und wenn der Reparaturaufwand länger als eine Stunde in Anspruch nahm, wurden die Geräte kurzerhand im Schrottcontainer entsorgt. Was repariert werden konnte, wurde wieder verpackt und in riesigen Kartons gestapelt, deren Bodenmaße so gewählt war, dass sie exakt auf eine Europalette passten. Einige Geräte wurden zwar wieder instandgesetzt, aber auf dem beiliegenden Berichtsbogen wurde »Schrott« angekreuzt. Diese Teile nahmen dann zwei Beamte mit nach Hause, um sie im Bekanntenkreis günstig zu verkaufen. Die Korruption ist der Maulwurf der Bürokratie, der nur selten an die Oberfläche kommt. In dieser Elektrowerkstatt arbeitete mein neuer Freund Gotthard Siegel, ein Mann von Format und Bildung, der wegen Steuerhinterziehung in U-Haft genommen worden war. Sein Problem: Er war spielsüchtig und verzockte sein ganzes Vermögen. Da er dreißig Jahre älter war als ich, nannte er mich zärtlich »Söhnchen« und ich antwortete respektvoll mit »Väterchen«.

Ich war also der Schreiber von Halle II und verfügte über einen Schreibtisch mit Telefon. Hinter meinem Rücken, am zweiten Pult, schlief der zweite der aufsichtführenden Beamten, ein seiner Pensionierung entgegendämmernder Bayer namens Bär oder Beer, der ab und zu aufwachte, wenn mein Telefon klingelte. Dann nutzte er jedes Mal die Gelegenheit, einen Schluck aus der Bierflasche zu nehmen, ehe er wieder meditierend die Augen schloss. Chef des Betriebes war ein Herr Hans Wamser, ebenfalls begeisterter Biertrinker, wie man an seinem stattlichen Embonpoint ersehen konnte. Herr Wamser bewegte sich meist in der Halle zwischen den Montagetischen und versuchte, die dort versammelten Kleinganoven und Schelme in Schach und vom gröbsten Unfug abzuhalten. Apropos grober Unfug: Ich erinnere mich, dass man einen Auftrag der Firma SportScheck angenommen hatte, den jährlichen Katalogversand zu organisieren, eine jeden Herbst wiederkehrende Aufgabe. Dazu wurden zunächst Kisten angeliefert, in denen sich, alphabetisch sortiert, die Adressaufkleber von mehr als einer Million Kunden befanden, eine beeindruckende Datensammlung aus der Prähistorie des Computerzeitalters. Angeliefert wurden täglich tausende von Katalogen, Begleitschreiben und Plastiktaschen, die von mehreren Dutzend Beschäftigten verpackt wurden. Das bedeutete: Katalog von der Europalette auf den Tisch, Begleitschreiben dazu, das Ganze in den Plastikumschlag, Adresse aufkleben und dann auf eine weitere Palette stapeln, die sobald sie eine bestimmte Höhe erreicht hatte, von Patrizia mit dem Hubwagen abgeholt und zur Rampe geschleppt wurde, wo ein LKW mehrmals am Tag vorfuhr, um die Sendungen zur Post zu bringen. Die aufmerksame Leserin mag die Stirn gekräuselt haben: Wieso Patrizia? Nun, es handelte sich um einen Mann, der sich wie eine Frau fühlte, daher täglich geschminkt und picobello auf der Arbeit erschien. Für die Justiz hieß sie Heinz, aber alle nannten ihn Patrizia. Und weil die hübsche Dame gern flirtete, kam es immer wieder zu Unruhe an den Tischen, bei denen sie gerade eine volle Palette abholte. Die eigentliche Unruhe kam aber erst auf, nachdem der SportScheck-Auftrag längst abgewickelt war. Kundinnen hatten sich bei der Sportartikelfirma empört, in den Begleitschreiben beleidigt worden zu sein. Tatsächlich hatte ein Spitzbube mehrere Dutzende dieser den Katalogen beigefügten Schreiben mit Zoten und anzüglichen Verunglimpfungen versehen. Als ich die Kopien der eingesandten Beweisstücke sah, las ich unter Anderem: »Helga, du alte Schlampe, kauf dir lieber nen Dildo als Schlittschuhe!« Oder: »Karin, geiles Luder, schreib mir, und ich lecke dir die Schnecke!« Man mag sich die Mischung aus Ratlosigkeit und Empörung vorstellen, die sich in der Miene des braven Herrn Wamser ausbreitete. Als er mir den Auftrag gab, hinaus in die Halle zu gehen und anhand von Schriftproben den Täter zu ermitteln, musste ich herzhaft lachen. Stattdessen schlug ich meinem »Chef« vor, die Sitte zu rufen, derartige Ermittlungen lägen schließlich in deren Zuständigkeit. Passiert ist natürlich nichts. Außer, dass SportScheck dem Knast den lukrativen Auftrag entzog.

Im Zusammenhang mit dem Leiter der Halle, Herrn Wamser, fällt mir noch eine kleine Anekdote ein, an die ich mich noch vierzig Jahre später erinnere. Ich saß also in Untersuchungshaft, galt somit laut Gesetz bis zur Rechtskraft des Urteils als »unschuldig«. Eines Tages gingen bei der Arbeit für die Firma Haberfeld, die aus Indien importierte Seidentücher im Knast konfektionieren ließ, die Preisschildchen aus. Ich nahm eine Postkarte und schrieb der Firma, sie möge dem Fahrer bei der nächsten Materialanlieferung bitte Preisetiketten mitgeben. Dann warf ich die Bestellung acht- und arglos in den Postausgang. Nach einer Weile kam Herr

Wamser ins Büro, um seinen Kollegen zu ermahnen, er solle im Dienst nicht so viel trinken: »I mog des net, wenn'd do herin bsuffa umanand hockst!«

Dann warf er einen Blick in die Postausgangsablage und nahm die Bestellkarte an die Firma Haberfeld in die Hand. Er las, dann las er noch einmal.

»Wer hot des undaschriem?«, fragte er mich.

»Ich. Das steht doch da. Ist von mir unterzeichnet«, sagte ich ohne mir dabei etwas zu denken.

Daraufhin nahm Wamser die Bestellkarte, zerriss sie und entsorgte die Schnipsel im Papierkorb. Dann holte er Luft und belehrte mich: »Berger, woast wos dei Undaschrift do herin wert is?«

Ich blickte ihn schweigend an, erst seinen prominenten Ranzen, dann in seine unsicher flackernden Augen.

»Nixn, gor nixn is dei Undaschrift do herin wert!«

Ich musste innerlich grinsen, dann fiel mir der Merksatz ein, der den Beamten augenblicklich wieder auf den Boden der Tatsachen holte: »Alles halb so wild, Herr Wamser. Hauptsache, meine Unterschrift gilt noch was bei der Deutschen Bank!«

Er dachte darüber nach, was bei Ironie im Spiel jedes Mal einen längeren Prozess bedeutete, ehe er sich wortlos neben den vor sich hindösenden Kollegen Bär setzte, eine neue Postkarte aus dem Schubfach holte und erneut die Bestellung an die Firma Haberfeld formulierte.

»Wie fui von dena Breisschilda braachatma?«, wollte er nach einer Weile von mir wissen.

»Gar keine, Herr Wamser. Für mich ist der Fall erledigt.«

Dann erhob ich mich und verließ das Büro.

Als Schreiber hatte ich das Privileg, das Büro zu verlassen und hinüber in die beiden Nebenbetriebe zu gehen, wenn es dort etwas abzuholen oder hinzubringen gab. So lief ich täglich in den Elektrosaal, um mit dem Väterchen einen Tee zu trinken und ein wenig zu plaudern. Eines Tages eröffnete er mir, dass er einen sicheren Weg gefunden habe, wie er mich aus dem Knast herausschaffen könne. Ich war inzwischen mehr als ein Jahr in Haft, und es sah nicht gut aus, denn in einer lokalen Zeitung hatte mein Richter in einem Interview geäußert, mir die Höchststrafe geben zu wollen, und das waren nach Lage der Dinge 15 Jahre. Väterchen meinte, das sei zu viel, das stehe keiner durch, wenn ich danach entlassen würde, dann als Zombie. Der Gedanke setzte sich in meinem Kopf fest, und ich antwortete ihm, dass ich es mir überlegen wolle. Die Sache eile ja nicht. Ich überlegte bestimmt zwei Wochen lang. Unterdessen hatte mir Gotthard seinen Plan dargelegt, der ein nicht zu unterschätzendes Risiko für ihn selbst beinhaltete, denn würde meine Flucht gelingen, wären intensive Ermittlungen die Folge, und die Spur würde in die Elektrowerkstatt führen, wo der einzige Monteur, der mir nahestand, Gotthard Siegel war. Meine Flucht würde mir die Freiheit bringen, ihm aber eine Menge Ärger, möglicherweise sogar ein Verfahren wegen Fluchthilfe, ein Straftatbestand, während der Flüchtige mit keinerlei juristischen Konsequenzen zu rechnen hätte; sofern er dabei niemanden verletzt oder eine Sachbeschädigung begeht, etwa ein Gitter durchsägt. Schließlich gelang es Gotthard aber, mich zu überzeugen, dass die angedrohten15 Jahre ein riesiges Loch in mein Leben reißen würden, also erklärte ich mich einverstanden, am kommenden Donnerstag in der Mittagspause in die Kiste mit den reparierten Elektrogeräten zu klettern, um nach der Pause auf der Pritsche eines Kleinlasters aus dem Knast herausgefahren zu werden.

Am Nachmittag kam es am Sportplatz zu einer Slapstick-Einlage. Einmal die Woche wurden wir vom Betriebsbeamten Baumann zum Sportgelände geführt, einem Fußballplatz, der in der Südost-Ecke des Anstaltsgeländes angelegt worden war. Zwei Mannschaften wurden gebildet, rote und blaue Trikots verteilt. Als Schiedsrichter fungierte ein Schwabinger Kleindealer, der der Polizei so oft davongesprintet war, dass er auch auf dem Platz keine Mühe hatte, immer auf Ballhöhe zu sein. Wir nannten ihn Armin Harry. Die Nichtspieler, zu denen auch ich gehörte, verteilten sich an der Seitenlinie, von wo aus auch der Beamte die Partie verfolgte. Das Spiel war noch nicht alt, als sich von der großen Schleuse her langsam ein PKW näherte. Der Fahrer hatte den Kollegen Baumann erkannt und hielt an, um sich mit ihm zu unterhalten. Den silbergrauen BMW ließ er auf der Zufahrtstraße bei offener Tür stehen. Während wir Zuschauer das Spiel kommentierten und die beiden

Bediensteten Dienstliches besprachen, sprang plötzlich ein junger Holländer in den Wagen, startete den Motor und raste mit aufheulendem Motor davon. Weit kam er innerhalb des Geländes nicht, aber er nahm Fahrt auf und nahm Kurs auf das Wirtschaftsgebäude, welches er dann im Stile eines Walter Röhrl ein Dutzend Mal umrundete. Dies war eine Einlage ganz nach unserem Geschmack, eine Abwechslung, die im Knast nicht alle Tage geboten wurde. Dem Autobesitzer stand, wie man sich leicht vorstellen kann, der Schweiß auf der Glatze. Sprach- und tatenlos mussten er und Baumann mit ansehen, wie der Gefangene mit hoher Drehzahl und quietschenden Reifen seinen BMW in die Kurven warf, mehrmals driftend knapp die Müllcontainer verfehlte, um ein Haar mit einem Lieferantenlaster kollidiert wäre, um am Ende den nach Gummi und Öl stinkenden Wagen wieder dort abzustellen, wo er ihn Minuten zuvor gekapert hatte.

»Flotte Kiste«, kommentierte er, indem er dem Besitzer den Autoschlüssel zuwarf. Die Fußballfans klatschten Beifall, und die Beamten beließen es bei einem Tadel. Sie waren froh, dass weiter nichts passiert war, insbesondere, dass die Spritztour nicht in einer Amokfahrt geendet war. Die Sache wurde aus Rücksicht auf den Autobesitzer nicht weiterverfolgt, der fliegende Holländer kam mit einer Ermahnung davon.

Am Dienstag stand plötzlich Herbert in meiner Tür. Er hatte etwas zu besprechen.

»Wenn du willst, kannst du morgen früh abhauen. Ich hab einen todsicheren Weg gefunden. Ich verpacke dich in eine Palette mit Werbeschildern, die werden um 10 Uhr von der Firma abgeholt. Wenn du merkst, dass ihr in der Stadt seid, kletterst du raus und springst an einer Ampel vom Laster. Bist du dabei?«

Herbert war ein cooler Kleindealer aus Wolfratshausen, den die Bullen aus dem Verkehr gezogen hatten. Beim Hofgang unterhielten wir uns zuweilen, über Ibiza, wo er schon einmal seinen Urlaub verbracht hatte, über gutes Hasch aus Nepal, wohin er gerne einmal reisen würde. Aber meistens sprachen Untersuchungsgefangene über den anstehenden Prozess, das Ereignis in ihrer Zukunft, dem sie Priorität zollten. Dabei war es nicht leicht, einen Zuhörer zu finden, denn jeder wollte seine eigene Geschichte erzählen, meist nicht enden wollende Versuche, ihre »Verbrechen« zu relativieren oder gar zu leugnen. Der Verlust seiner Freiheit ist für die meisten Menschen traumatisierend. Damit umzugehen, fällt vielen schwer. Ho Chi Minh sagte es so: »Die Nöte des Menschen sind ohne Zahl. Und doch kann ihm nichts Schlimmeres zustoßen als der Verlust seiner Freiheit.«

Herberts Angebot, welches nichts mit dem Plan zu tun hatte, den Gotthard für mich entwickelt hatte, kam mehr als überraschend. Zumal die Flucht am nächsten Tag über die Bühne gehen sollte. Ich war verunsichert. Herbert war zwar kein Wichtigtuer, kein Dummschwätzer, aber so einen Plan umzusetzen, das traute ich ihm nicht zu. Ich lehnte seinen Vorschlag ab, schon allein deshalb, weil ich mein eigenes Entweichen mit Väterchens Hilfe für den übernächsten Tag geplant hatte. Der Anwalt hatte mich tags zuvor besucht und mir Bargeld zugesteckt. Unter der Gefängniskluft wollte ich eine private Jeans tragen, und eine Idee, bei wem ich mich verstecken wollte, sofern ich es denn schaffte, hatte ich ebenfalls. Also kein Grund, auf Herberts Fluchtangebot näher einzugehen. Ich brühte ihm einen Kaffee auf und winkte definitiv ab, ohne ihn damit zu brüskieren. In dem Grinsen, das er bei dem Gespräch immer wieder zeigte, lag etwas Schelmisches, fast Mitleidiges, etwas, das man einem Freund ungern und nur dann zumutet, wenn man fest überzeugt ist, er sei im Begriff, einen großen Fehler zu begehen. »Schade, das wäre eine Chance für dich gewesen, aber du entscheidest«, sagte er, als er sich verabschiedete.

Am Tag darauf ertönte kurz vor Mittag die Alarmsirene. Innerhalb von Minuten stand Herbert in meiner Zelle und grinste mich an. Zu zweit hatten sie es tatsächlich geschafft, nicht nur einen, sondern gleich zwei schwere Jungs aus dem Knast zu schleusen.

»Hättest du mir gestern vertraut, könntest du jetzt in Schwabing im Café sitzen.«

Fast zwei Stunden hatte es gedauert, bis der Fahrer des LKWs, der die beiden Ausbrecher aus dem Gefängnis gefahren hatte, bemerkte, dass am Heck des Wagens die Plane aufgeschlitzt worden war. Und erst, nachdem er in der JVA angerufen hatte, wurde Alarm ausgelöst. Bis dahin waren die Ausbrecher noch nicht vermisst worden. Inzwischen waren sie längst über alle Berge. Als ich nach der Mittagspause wieder ins Büro kam, saß der alte Bär auf seinem Stuhl und machte gerade eine weitere Flasche Paulaner auf. Waren alle übrigen Wärter in Hektik verfallen, und fürchteten, man könne ihnen die Schuld an dem Doppelausbruch in die Schuhe schieben, saß Herr Bär gelassen auf seinem Stuhl und schaute auf die Uhr.

»Was sagen Sie dazu, Herr Bär?«, wollte ich von ihm wissen.

»Was soll ich sagen? Junge Leute, die ihre Freiheit wiederhaben wollten. Kann man doch nachvollziehen, oder net?«

Die Sache verursachte ihm keinen Stress. Mit hochrotem Kopf erschien Hans Wamser verspätet im Büro.

»Ich bin ja froh, dass die Kerle nicht aus meiner Halle verschwunden sind. Im Erhard seiner Haut möchte ich nicht stecken.«

Im Anschluss an den Ausbruch wurden die Sicherheitsmaßnahmen verstärkt. Kopfschüttelnd stand Väterchen vor meiner Tür und berichtete mir, was ich schon seit dem Vortag geahnt hatte. In der Folge wurde jeder Lastwagen, der das Anstaltsgelände verließ, mit Infrarotsonden gescannt, auch die große Kiste mit den reparierten Elektrogeräten.

Die beiden Ausbrecher wurden recht bald wieder eingesammelt, der eine schon nach wenigen Tagen in der Münchener Innenstadt, der zweite drei Monate später beim Versuch, die Grenze nach Dänemark zu überqueren. Lediglich Herbert und sein Komplize Tong wurden nicht ermittelt, denn es gab zu viele Verdächtige in der Halle I, dass es kaum möglich war, den oder diejenigen namhaft zu machen, die den Ausbruch ermöglicht hatten. Und, ein kleines Wunder: Alle hielten dicht. Was mich betrifft, ich wäre am Ende bereit gewesen den Zug nach draußen zu besteigen, aber das Schicksal hielt eine andere Dramaturgie für mich bereit.

Gotthard und ich blieben Freunde, auch nach der Haft. Leider verstarb mein Väterchen wenige Jahre später an Alzheimer. Zu Herbert hatte ich danach keinen Kontakt mehr, was wenig überrascht, kam ich doch erst nach zehn Jahren wieder in Freiheit. Das erste was ich fühlte, war der Tiger, der sich noch immer irgendwo in der Nähe aufhielt. Aber fortan behielt ich ihn im Auge.

## Strafrapport

Unter dem Vorsitz des Regierungsrates Beller wurde in der JVA Straubing einmal die Woche Disziplinarisches beraten, der sogenannte »Strafrapport«. Diesmal ging es um Alvaro Salas, einen renitenten Südamerikaner, gegen den eine Beschwerde seitens des Leiters der Wäscherei vorlag; des Weiteren war ein Antrag auf Hafturlaub des Gefangenen Schneider zu entscheiden, der, ehe ihn das Schicksal ins Gefängnis geführt hatte, einmal eine Rolle im Augsburger Rotlicht inne hatte; und falls die Zeit noch reichte, würde Michael Benz noch vor der Kommission erscheinen, der laut Auskunft seines Dienstleiters ein pornografisches Druckwerk in Besitz hatte, ein Verstoß gegen die Hausordnung, was nun im Rahmen eines Disziplinarverfahrens geahndet werden sollte. Komplizierte Ermittlungsarbeit, wie wir noch sehen werden.

Teilnehmer an der Konferenz waren neben dem schon erwähnten Regierungsrat Beller der Leiter des allgemeinen Vollzugsdienstes Blöttmann, die Vollzugsinspektoren Schlepper und Kranz sowie die Anstaltspsychologin Karin Schwalbe, ein scheues Vögelchen, dessen Anwesenheit in dieser rauen Männergesellschaft Fragen aufwarf. Somit nahmen an der Konferenz fünf Mitglieder teil.

Alvaro Salas stammte aus Santa Cruz in Bolivien. Im März 1985 war er mit Kokain im Gepäck über Spanien kommend auf dem Franz-Josef-Strauß-Airport geschnappt worden. Die zwei Kilo Stoff brachten ihm anstelle 100.000 harter deutscher Mark sieben Jahre harten bayrischen Strafvollzug ein, die er im Straubinger Gefängnis absitzen sollte. Man wies ihm eine Einzelzelle zu, gab ihm Arbeit in der Wäscherei und teilte ihm mit, dass er bei guter Führung damit rechnen könne, nach der Verbüßung der Hälfte der Strafe in sein Heimatland abgeschoben zu werden. Mit dieser Perspektive konnte Alvaro leben, zumal er von seinen indianischen Vorfahren die Tugend der Geduld geerbt hatte. Mit anderen Tugenden hingegen sah es weniger gut aus, insbesondere mochte er sich mit den sogenannten deutschen Tugenden nicht anfreunden.

Kurz vor Konferenzbeginn wurde Pedro Vargas zum Abteilungsleiter Schlepper gerufen.

»Grüß Gott Herr Vargas. Ich habe sie kommen lassen, weil wir ihre Hilfe als Dolmetscher benötigen. Es geht um ihren Landsmann, den Herrn Salas, der sich wieder einmal vor der Disziplinarkonferenz verantworten muss«, begann der Abteilungsleiter, ein langer Lulatsch mit Kasernenhoforgan.

»Alvaro Salas ist kein Landsmann von mir. Ich bin Kolumbianer, Alvaro stammt aus Bolivien«, korrigierte Vargas den Beamten.

»Also gut, wenn sie meinen. Jedenfalls stammen Sie aus derselben Ecke und sprechen dieselbe Sprache. Ich muss Sie darauf hinweisen, dass Sie den Konferenzteilnehmern und Herrn Salas alles korrekt übersetzen, ohne etwas wegzulassen und ohne etwas hinzuzufügen. Können Sie mir das zusichern, Herr Vargas?«

»Selbstverständlich. So gut es geht, mein Deutsch ist nicht perfekt«, entgegnete der Mann höflich.

»Keine falsche Bescheidenheit, Herr Vargas. Ihr Deutsch ist tadellos. Wie lange sind Sie schon bei uns?«, fragte Schlepper.

»Seit 1983. Im Oktober sind es sechs Jahre.«

»Mit dem Erlernen der Sprache haben sie die Zeit gut genutzt. Deutsch ist ja eine sehr schöne Sprache, eine Weltsprache«, erläuterte der Abteilungsleiter nicht ohne einen Anflug von Stolz. Und da Pedro Vargas diese Feststellung unkommentiert ließ, und er auch ansonsten nicht sehr gesprächig zu sein schien, wurde Herr Schlepper wieder dienstlich.

»Kommen Sie bitte mit in den Konferenzraum. Herr Salas wird gleich vorgeführt, lange dauert das Ganze sicher nicht.«

»Was soll er denn angestellt haben«, erkundigte sich der Kolumbianer.

»Er hat sich einer Anordnung des Leiters der Wäscherei widersetzt und den Herrn Braun beleidigt. Zwar konnte der Kollege nicht verstehen, was Salas ihm zurief, aber es klang wie eine Beleidigung. Aber eben deshalb habe ich Sie ja rufen lassen, damit wir Klarheit in der Sache bekommen. Gehen wir!«

Als der Abteilungsleiter und der Dolmetscher den Konferenzraum betraten, waren bis auf den Disziplinarkandidaten Salas schon alle Teilnehmer versammelt. Der Regierungsrat Beller, Jurist und stellvertretender Direktor, leitete wie üblich die Untersuchung, assistiert von den eingangs genannten Herrschaften sowie von zwei Herren aus der Abteilung Sicherheit.

Zunächst wurde Pedro Vargas erneut auf seine Wahrheitspflicht bei der Übersetzung hingewiesen. Anschließend führte man Alvaro Salas herein. Beller bedeutete dem jungen Mann, sich auf den Stuhl in der Mitte des Raumes zu setzen. Für den Dolmetscher stand kein Stuhl bereit, er blieb stehen. Zu dem Bolivianer sei angemerkt, dass er stets einen gut gelaunten Eindruck machte, etwa so, als habe er gerade eine freudige Nachricht erhalten, die sein Gemüt ähnlich der Morgensonne erwärmte. Seine überschulterlangen blauschwarzen Haare ließen keinen Zweifel daran, dass er der Nachfahre indianischer Vorfahren war.

»Herr Salas!«, eröffnete der Vorsitzende Beller das Verfahren, indem er die Anrede »Herr« ironisch überbetonte. »Die Intervalle, in denen wir uns begegnen, werden immer kürzer. Es ist gerade einmal drei Wochen her, dass Sie hier vor mir saßen und sich wegen dem Besitz einer illegalen Kochvorrichtung verantworten mussten. Ich gab Ihnen deshalb eine Woche Arrest auf Bewährung. Es enttäuscht mich, Sie heute schon wieder wegen eines Regelverstoßes hier zu sehen.«

Pedro Vargas nutzte die Atempause, um seinem Mithäftling das Gesagte zu übersetzen.

»Es geht um den Vorfall vom letzten Freitag, als Sie von Herrn Braun aufgefordert wurden, die Wäschekammer auszufegen. Hier steht«, er las von dem gelben Formblatt ab, auf dem der Justizhauptsekretär Jürgen Braun seine Meldung getippt hatte: »›Gegen 11h30 forderte ich den Gefangenen Salas auf, den Boden der Wäschekammer zu reinigen. Salas weigerte sich kategorisch und fing nach einer Weile an, zu maulen und mich lautstark zu beschimpfen. Daraufhin verwies ich ihn aus dem Betrieb und ließ ihn zu seinem Haftraum führen.‹ Bitte übersetzen sie das Herrn Salas sinngemäß, Herr Vargas.«

Nachdem die Vorwürfe des Chefs der Anstaltswäscherei ins Spanische übersetzt waren, grinste Alvaro Salas den stellvertretenden Direktor an.

»Was gibt es da zu grinsen?«, empörte sich der Regierungsrat. »Wir finden Ihr Verhalten überhaupt nicht lustig.«

»Ich schon«, entgegnete der Gefangene verschmitzt. »Wie kann denn der Braun behaupten, ich hätte ihn beleidigt, wenn er meine Sprache nicht einmal versteht? Ich spreche doch kein Deutsch. Was immer ich gesagt habe, war auf Spanisch.«

»Und was genau sagten sie zum Herrn Braun auf Spanisch? Können sie sich daran noch erinnern?«

»Selbstverständlich. Ich sagte mehrmals, dass ich keine Lust hätte, den Boden zu fegen. Ich hatte nämlich schon an den letzten beiden Freitagen Putzdienst. In der Regel wechselt das jede Woche, und jeder kommt bloß alle zwei Monate einmal an die Reihe.«

»Wer wann wobei an die Reihe kommt, entscheidet ganz allein der Betriebsleiter, Herr Salas. Fest steht somit, dass Sie dessen Anordnung missachtet haben.«

»Fest steht aber auch, dass mich der Braun schikaniert hat, und so etwas lasse ich mir nicht gefallen«, beharrte Alvaro auf seiner Sicht der Dinge.

»Egal ob Sie das als Schikane empfinden oder nicht, der Anordnung des Beamten haben Sie in jedem Fall Folge zu leisten. Sie sind ihm gegenüber zum Gehorsam verpflichtet. Das ist ein Prinzip im deutschen Strafvollzug, an welches Sie sich langsam gewöhnen sollten«, klärte ihn der Regierungsrat auf.

Vargas übersetzte.

»Tut mir leid, das sehe ich anders. Der Herr Braun hat mich vor den anderen Gefangenen demütigen wollen. Aber so etwas lasse ich mir nicht gefallen. Ihre deutschen Prinzipien können daran auch nichts ändern, denn denen steht mein indianischer Stolz entgegen; und glauben Sie mir, der ist stärker.«

»Sie scheinen eine Kraftprobe zu suchen, Herr Salas.«

Beller blickte in die Runde. Die Anwesenden nickten Zustimmung.

»Nun gut«, fuhr der Regierungsrat fort. »Kommen wir zum nächsten Punkt, der Beleidigung. Was haben Sie dem Herrn Braun denn an den Kopf geworfen, nachdem Sie sich geweigert hatten, den Putzdienst zu verrichten?«

*»Me quejé varias veces y luego le llamé hijo de puta.«*

Pedro Vargas wusste, was es für seinen Mitgefangenen bedeutete, wenn er diese grobe Beleidigung korrekt übersetzte. Ein Gefangener, der einen Wärter als ›Hurensohn‹ bezeichnet, muss mit einer Strafanzeige wegen Beamtenbeleidigung rechnen, und das wäre weitaus gravierender als dieses hausinterne Disziplinarverfahren. Es würde ihm gewiss ein paar Monate zusätzliche Haft einbringen.

»Herr Salas sagt, er käme sich wie ein Scheißkerl vor, würde er dieser Anordnung Folge leisten«, übersetzte Vargas.

»Ich hoffe, Sie haben das korrekt übertragen, Herr Vargas. Mir kommt nämlich der Verdacht, dass Sie sich gleichzeitig als eine Art Anwalt des Herrn Salas verstehen. Das heißt also, er habe seinen Unmut so zum Ausdruck gebracht, indem er sich selbst beleidigt hat? Eigenartige Geschichte, finden Sie nicht auch?«

»Ich finde gar nichts. Meine Aufgabe ist es, zu übersetzen, was hier gesagt wird. Mehr nicht«, kommentiert Vargas die Unterstellung.

»Fragen Sie Herrn Salas noch einmal, ob er den Betriebsleiter Braun beleidigt hat oder beleidigen wollte. Wenn ein Beamter sich beleidigt fühlt und das zur Anzeige bringt, so muss da etwas vorgefallen sein. Gerade unser Herr Braun ist für sein dickes Fell bekannt, den beleidigt man so leicht nicht.«

»Ganz Ihrer Meinung«, bestätigt Alvaro Salas, nachdem ihm der Gedanke des Regierungsrates übersetzt worden ist. »Einen Kerl wie diesen Braun kann man so leicht gar nicht beleidigen. Womit sollte man denn einen Sklaventreiber beleidigen? Das gelingt doch nur bei einem Mann, der Charakter und Ehre besitzt.«

Wieder sah Pedro Vargas sich gezwungen, einige kosmetische Änderungen in die Übersetzung einzuflechten. Man konnte ihm seinen Unmut auf Salas inzwischen ansehen.

»Alvaro meint, es müsse sich um ein Missverständnis handeln, denn Herr Braun sei auch ihm als Ehrenmann bekannt. Es habe keinen Grund gegeben, den Beamten zu beleidigen.«

»Nun gut. Salas scheint sich zu besinnen. Belassen wir es dabei«, lenkte Beller ein. »Der Vorwurf der Beleidigung ist ihm nach Lage der Dinge nicht nachzuweisen. Was den verweigerten Gehorsam angeht, so werde ich mit meinen Kollegen beraten und Ihnen anschließend unsere Entscheidung mitteilen. Gehen Sie bitte kurz hinaus, und warten Sie vor der Tür.«

Draußen auf dem Flur machte Vargas seinem Kumpel heftige Vorwürfe.

»Du scheinst es regelrecht darauf anzulegen, in den Bunker gesperrt zu werden. Ich schlage vor, du hältst dich ein wenig zurück. Du übersiehst, dass die am längeren Hebel sitzen. Vergiss nicht, du stehst vor dem stellvertretenden Direktor.«

»Na und? Deshalb ist er trotzdem ein Depp. Vor so einem habe ich doch keinen Respekt. Du hättest ihm ruhig übersetzen können, was ich gesagt habe. So ein paar Tage im Bunker bringen mich nicht um. Erwartest du etwa, dass ich wie ein Hund vor ihm winsele?«

»Das verlangt doch keiner. Aber ein wenig diplomatischer solltest du schon sein. Immerhin haben diese Leute auch ein gewichtiges Wort mitzureden, wenn es um deine Entlassung geht. Du hast sicher nicht vor, dir den Aufenthalt hier leichtsinnig zu verlängern.«

»Nicht unbedingt.«

»Dann verhalte dich auch entsprechend! Vielleicht hast du ja Glück und kommst noch einmal mit einer Bewährung davon. Falls nicht, bist du selber schuld.«

Zur Verkündung des Verdikts wurden die beiden Südamerikaner zurück in den Konferenzraum gerufen.

»Sie haben Glück, Herr Salas«, fing Beller an. »Ihr Abteilungsleiter hat ein gutes Wort für Sie eingelegt. Wir belassen es zum letzten Mal bei einer Ermahnung. Ihren Arbeitsplatz in der Wäscherei haben Sie allerdings verloren. Das bedeutet, dass Sie von nun an auf Grund eigenen Verschuldens ohne Arbeit sind, also keine Einkünfte mehr. Sie werden sich fortan ein wenig einschränken müssen. Im Übrigen hoffe ich, Sie hier in nächster Zeit nicht wieder zu sehen. Ein weiterer Verstoß gegen die Regeln führt sicher zum Widerruf ihrer Bewährung was die noch offene Woche Arrest angeht. Haben Sie das verstanden?«

Nachdem Pedro Vargas die Worte des Regierungsrates übersetzt hatte, und Alvaro Salas durch gleichgültiges Kopfschütteln sein Schicksal zu akzeptieren schien, schrieb Beller eine abschließende Notiz auf das gelbe Formblatt und heftete es zur Personalakte des Gefangenen.

»Rufen Sie bitte den nächsten herein«, wandte sich der Konferenzleiter an einen der Sicherheitsbeamten. »Erst den Schneider.

Der bildet sich ein, wir würden ihm einen Hafturlaub genehmigen …«

Als nächstes stand somit der Fall »Hermann Schneider« auf der Tagesordnung. In den seltensten Fällen sind die Menschen, um die es geht, allen Konferenzteilnehmern bekannt. Das persönliche Erscheinen der Betroffenen wird oft nicht für notwendig erachtet, jedenfalls dann nicht, wenn es sich nicht um eine Disziplinarangelegenheit handelt. Man entscheidet nach Aktenlage. Für die damit befassten Beamten sind es abstrakte Vorgänge, zu dem dahinterstehenden Schicksal des Menschen oder seiner Familie haben sie nur ein formales Verhältnis. Meist kennt der zuständige Vollzugsinspektor den Gefangenen wenigstens oberflächlich, zuweilen erinnert sich die Psychologin an ein in der Vergangenheit geführtes Gespräch. Manchmal werden auch die Beurteilungen der Abteilungsbeamten und der Betriebsleiter berücksichtigt, die immerhin die meiste Zeit mit den Gefangenen verbringen. Detaillierte Kenntnisse über den biografischen Werdegang und das Wesen des Gefangenen Schneider, die Grundlage für Therapie und Resozialisierung, hatte niemand am Konferenztisch.

Im vorliegenden Fall referierte der Vollzugsabteilungsleiter Schlepper: »… habe ich mir die Mühe gemacht und fast das ganze Urteil durchgelesen. Ich musste zu der Erkenntnis gelangen, dass sich der Schneider während der letzten Jahre hier bei uns kaum gebessert hat. Teilweise stimmen sogar die charakterliche Beurteilung des seinerzeit vom Landgericht Coburg bestellten Gutachters Dr. Müller-Thurgau und des Abteilungsbeamten Löwenzahn überein. Der Gutachter attestierte Schneider beispielsweise, ich zitiere, ›eine für sein Alter vergleichsweise immature Persönlichkeitsstruktur, die sich in Komplexmanifestationen und Dominanzgebaren in gruppendynamischen Prozessen äußert‹. Des Weiteren sei bei Schneider, Zitat, ›ein evidentes Responsabilitätsdefizit zu konstatieren‹, Zitat Ende, was die natürlichen inneren Hemmschwellen deutlich herabgesetzt habe und als Ursache dafür anzusehen sei, dass der Gefangene Frauen sexuell und ökonomisch ausbeutete, indem er die Zeuginnen Lisaweta K. und Ivana P. über den Zeitraum von mehr als zwei Jahren zur Prostitution gezwungen hat.«

Der Leiter des allgemeinen Vollzugsdienstes Blöttmann blickte zur Tür hinüber, als würde er die Zeuginnen Lisaweta K. und Ivana P. jeden Moment zum persönlichen Bericht erwarten.

Schlepper fuhr fort: »Analog dazu kommt der Abteilungsbeamte Löwenzahn zu der Einschätzung, Schneiders Auftreten sei impertinent und besserwisserisch, er bedaure seine Taten nicht. Dies wird auch vom Betriebsleiter Bergbauer nicht bestritten, in dessen Beurteilung es unter anderem heißt, Schneider sei zwar praktisch veranlagt, sein Arbeitseifer sei aber stark von Launen abhängig. In Anbetracht der gravierenden Straftaten, namentlich der Zuhälterei, der sexuellen Nötigung und der Körperverletzung, ist es wenig von Belang, dass Schneider noch keinen Eintrag im Vorstrafenregister hat. Nach Abwägung dieser Gesichtspunkte schlage ich vor, den Antrag des Gefangenen auf Genehmigung von Hafturlaub abzulehnen.«

Soweit Herr Schlepper. Unausgesprochen blieb, dass Hermann Schneider in den vergangenen Jahren wiederholt Bescheide der Anstaltsleitung angefochten und gerichtlich hatte überprüfen lassen; dass er über ein Dutzend Dienstaufsichtsbeschwerden gegen Beamte eingereicht hatte; dass er sich sogar erfrecht hatte, die leitende Ärztin des Anstaltskrankenhauses, Medizinaloberrätin Spast anzuzeigen und ihr unterlassene Hilfeleistung zu unterstellen. Am meisten verübelte man Schneider, dass alle diese Beschwerden zeitraubende Stellungnahmen nach sich zogen, als hätten Beamte nichts Besseres zu tun! Zuletzt hatte Schneider eine Kontrolle nicht gepasst, bei der er sich im Anschluss an den Besuch seines Rechtsanwaltes entkleiden und eine digitale Durchsuchung des Darmausganges hatte erdulden müssen. Im Zusammenhang damit hatte er den für die Anordnung verantwortlichen Regierungsrat Beller als »Arschlochbeauftragten« bezeichnet, was Schneider eine Woche Arrest einbrachte.

So verwunderte es niemanden, als Beller weiter ausführte: »Dem, werte Kollegen, ist wohl nichts hinzuzufügen. Der Anstaltsleitung ist dieser Schneider längst als renitent und uneinsichtig bekannt. Die ellenlange Liste von ausgesprochenen Disziplinarmaßnahmen zeigt deutlich, dass der Gefangene weit davon entfernt ist, demnächst das Vollzugsziel zu erreichen. Ich lese hier: illegale Tauschgeschäfte, unerlaubtes Kuchenbacken, Besitz von pornografischen Darstellungen, Beamtenbeleidigung, Arbeitsverweigerung und so weiter. Bei einer derart problematischen Persönlichkeitsstruktur muss davon ausgegangen werden, dass Schneider die beantragten Haftlockerungen dazu missbrauchen wird, weitere Straftaten zu begehen. Ich schließe mich daher der Empfehlung unseres Herrn Schlepper an und schlage vor, den Antrag wegen Missbrauchsbefürchtung abzulehnen.«

Während Beller die letzten Worte ausführte, schaute er jeden einzelnen in der Runde an und signalisierte so, dass er weder Fragen noch Einwände erwartete. Einstimmig wurde der Antrag des Gefangenen Schneider auf Gewährung von Hafturlaub abgelehnt. Der Vollzugsinspektor Schlepper wurde mit der Ausfertigung der schriftlichen Ablehnung beauftragt. Der Leiter des allgemeinen Vollzugsdienstes Blöttmann räusperte sich leise und blickte auf seine Uhr.

»Nur noch ein weiterer Fall vor der Mittagspause«, nickte ihm Beller verbindlich zu. »Machen wir weiter, sobald Herr Schlepper mit seinen Notizen fertig ist.«

Herr Blöttmann, die Psychologin Schwalbe, sowie der Vollzugsinspektor Kranz sahen sich im Fall Schneider nicht veranlasst, das Wort zu ergreifen. Keiner von ihnen kannte Schneider persönlich, was bei der Vielzahl der Häftlinge in dem überfüllten Gefängnis nicht verwundert.

In dem von Schlepper verfassten schriftlichen Bescheid hieß es schließlich: »Daher sind die Konferenzteilnehmer zu dem Schluss gelangt, dass die sozialtherapeutische Behandlung im Vollzug noch keine erkennbare Wirkung bei Schneider gezeigt hat. Wie schon dem im Urteil des Landgerichts Coburg zitierten Gutachten des Dr. Müller-Thurgau zu entnehmen ist, weist Schneider eine immature Persönlichkeitsstruktur auf. Beobachtungen der mit ihm im Vollzug befassten Bediensteten legen nahe, dass eine Nachreifung bislang nicht eingetreten ist. Im Gegenteil: Schneider zeichnet sich nach wie vor durch Uneinsichtigkeit bezüglich seiner Straftaten aus und ist bislang nicht erkennbar bereit, selbst am Erreichen des Vollzugszieles mitzuarbeiten. Es besteht somit die Befürchtung, dass der Gefangene Vollzugslockerungen zur Begehung weiterer Straftaten missbrauchen wird.«

Für Hermann Schneider bedeutete das mindestens ein weiteres halbes Jahr Verwahrvollzug, ehe er erneut das Recht hatte, einen Urlaubsantrag zu stellen.

Der letzte heute noch zu verhandelnde Fall war eine weitere Disziplinarangelegenheit. Dazu wurde der Leiter der Sicherheitsabteilung, Amtsinspektor Bachhuber, hinzugeholt. Bachhuber, ein alter Hase im Bestrafungsgeschäft, stand kurz vor seiner Pensionierung. Seit mehr als dreißig Jahren war er bemüht, der kriminellen Subkultur im Knast den Garaus zu machen. Nachdem er sich kurz mit dem Konferenzleiter Beller verständigt hatte, wurde Michael Benz, der Delinquent, hereingeführt. Er nahm auf dem Stuhl Platz. Wie üblich, las der Regierungsrat Beller die Anzeige vor.

»Bei einer Sicherheitskontrolle ist vorige Woche dieses Druckwerk mit pornografischen Darstellungen in ihrem Haftraum gefunden worden, Herr Benz.«

Mit spitzen Fingern hebt Beller das *corpus delicti* vom Tisch, lässt es dreimal hin und her pendeln und dann wie angeekelt wieder fallen.

»Geben Sie zu, dass dieses Pornoheft Ihnen gehört?«

»Dazu müsste ich es mir erst einmal ansehen«, sagte Benz.

Michael Benz stammte aus Regensburg, wo er eine dominierende Rolle im Rotlichtviertel innehatte. Er war von kräftiger Statur, trug einen verwaschenen Jogginganzug und machte einen ungepflegten Eindruck: fettige mittellange Haare, schmutzige Fingernägel, ein überhängender Bauch. Das Bild, welches er bei seinen Mitmenschen hinterließ, schien ihm egal zu sein.

Michael Benz war wegen sexueller Nötigung einer Politesse vom Landgericht München zu einer Freiheitsstrafe von sechs Jahren verurteilt worden. Erschwerend kam hinzu, dass er die Tat zu bagatellisieren versuchte, indem er der Zeugin seinerzeit im Gerichtssaal unterstellt hatte, selbst Spaß an der Busengrapscherei gehabt zu haben. Jetzt stand Benz vor Beller, und der hatte für Sittenstrolche wenig Sympathien.

Benz erhob sich, trat einen Schritt an den Tisch heran und zog das eselsohrige Magazin zu sich her, dabei die versammelten

Herrschaften verbindlich angrinsend. Ausdruckslos blätterte er das Heft von hinten nach vorne durch und dann wieder von vorne nach hinten: Von der Sonne verwöhnte Mädchen aus Ungarn.

»Also, was ist jetzt damit?«, wollte Beller wissen. »Ist das nun ihr Pornoheft oder nicht?«

Mit leicht verkniffenen Augen blickte er den Gefangenen an. Beller konnte Benz nicht richtig einschätzen. Beim Strafrapport hatte er es mit den unterschiedlichsten Typen zu tun. Zum Teil verschlagene Schufte, die einen braven Beamten rhetorisch in die Bredouille bringen konnten.

»Wer sagt denn eigentlich, dass es sich dabei um Pornographie handelt?«, eröffnete Benz den Faktencheck. »Meiner Meinung nach handelt es sich hier um ganz harmlose erotische Fotos.«

»Harmlose Fotos? Das sind pornografische Darstellungen! Und deren Besitz ist in diesem Haus verboten. Das ist Ihnen bekannt. Es geht hier um Sicherheit und Ordnung in einer Anstalt mit der höchsten Sicherheitsstufe.«

Beller machte durch seinen Tonfall klar, dass er nicht gewillt war, jedes einzelne Foto auf die pornografische Relevanz hin zu diskutieren.

»Sie wissen, dass der Besitz von Pornographie verboten ist?«

»Bloß gerüchteweise. Gelesen habe ich das noch nirgends«, entgegnete Benz.

»Da will ich Ihnen gerne behilflich sein«, unterbrach Beller eifrig. Erleichtert, sich auf vertrautem Terrain zu befinden, griff er nach seinem Ringordner und fischte mit geübtem Finger einen Paragraphen heraus. »Paragraph 83 Strafvollzugsgesetz. Ich zitiere: Der Gefangene darf nur Sachen in Gewahrsam haben, die ihm zuvor von der Vollzugsbehörde überlassen wurden.«

Mit definitiver Geste klappte er sein Ringbuch zu.

»Also, woher haben Sie dieses Pornoheft, Herr … äh«, er zögerte und blickte suchend zu dem vor Blöttmann liegenden Aktenordner hinüber, auf dessen Deckel neben dem Lichtbild fettgedruckt der Name Benz zu lesen war. »Herr Benz. Das wüssten wir gerne von Ihnen.«

»Kein Problem. Das Heft habe ich mit der Zustimmung der Vollzugsbehörde käuflich erworben. Hat alles seine Ordnung. Entspricht exakt dem Paragraphen, den Sie gerade vorgelesen haben.«

Denkpause. Beamte brauchen derartige Zäsuren im Arbeitsablauf insbesondere dann, wenn es gilt, Umstände zu erfassen, die von der Norm abweichen. Michael Benz sah Verstimmung bei den Herrschaften aufkommen, und bevor ihn die nächste Frage treffen konnte, fuhr er fort.

»Während der Besuchsverlegung nach Hamburg im vergangenen Jahr habe ich mir das Magazin gekauft. Ganz legal, mit Zustimmung der dortigen Vollzugsbehörde. Und was in Hamburg rechtens ist, kann doch wohl in Straubing nicht verboten sein …«

»Sie wollen uns doch nicht im Ernst weismachen«, griff Beller unwirsch ein, »dass Sie diesen Schmuddelkram in Hamburg legal gekauft haben? In welcher Anstalt soll das denn gewesen sein?«

»In Santa Fu. Dort gibt es Pornos beim Anstaltskaufmann.«

»Und anschließend haben Sie das Heft mitgebracht und bei der Zugangskontrolle ist es keinem aufgefallen?«

Beller war sichtlich verdrossen ob der Richtung, die dieses Verhör eingeschlagen hatte.

»So ist es. Hab mich selber gewundert, dass das damals so glatt ging. Es lag zusammen mit einem Packen Zeitungen im Karton. Fest steht, dass ich es seit mehr als einem Jahr in Besitz habe, ohne dass deshalb Sicherheit und Ordnung der Anstalt aus den Fugen geraten wären.«

Beller wurde ungehalten.

»Wann«, schaltete sich der Sicherheitsexperte Bachhuber ein, »wann, sagen Sie, waren Sie auf Transport nach Hamburg?«

»Das muss im Mai vergangenen Jahres gewesen sein.«

Bachhuber blätterte in den Unterlagen, fand schließlich den Transportschein und schob ihn dem ungeduldig wartenden Beller hin, der das Papier kurz überflog.

»Selbst wenn es sich so verhalten sollte, ändert das nichts an der Tatsache, dass nach hiesiger Hausordnung der Besitz von Pornographie verboten ist.«

»Wieso Hausordnung«, unterbrach Benz. »Vorhin zitierten Sie aus dem Strafvollzugsgesetz, und jetzt reden Sie plötzlich von der Hausordnung. Ich schlage vor, Sie sortieren erst einmal ihre Vorschriften und Paragraphen, ehe Sie sich noch weiter verrennen. Glauben Sie mir, Herr Beller, mit der Hausordnung kenne ich mich aus. Sie war das Einzige, was ich in zwei Wochen Arrest zu lesen hatte, und darin kommt das Wort Pornographie ganz gewiss nicht vor!«

Wieder eine Denkpause. Beller blätterte in den diversen Gesetzessammlungen, die wie ein Turm vor ihm gestapelt lagen. Der Dienstleiter Blöttmann räusperte sich und blickte mit ernster Miene auf die Akte, die vor ihm lag. Bachhuber, der Protokollführer, dachte nach. Wenigstens hatte es den Anschein.

Michael Benz fuhr fort: »Ich beantrage, dass meine Angaben überprüft werden. Rechtliches Gehör nennt man das wohl. Und solange die Sache nicht geklärt ist, nehme ich das Heft mit der erotischen Kunst wieder mit. Sollten Sie sich damit nicht einverstanden erklären, übergebe ich die Sache meinem Anwalt.«

Beller hatte begriffen, dass ihm der Fall entglitten war. Nach einer rasch geraunten Verständigung mit Bachhuber und Blöttmann wandte er sich wieder an den Gefangenen. Eine Hand lässig auf seinen Stapel Gesetze gestützt, erklärte er knapp: »In Anbetracht dessen, dass wir Ihnen derzeit nicht das Gegenteil beweisen können, wird die Sache bis zur endgültigen Klärung ausgesetzt. Wir werden ihre Angaben überprüfen. Das obszöne Druckwerk bleibt vorerst als Beweismittel bei Herrn Bachhuber. Und«, fügte er entschlossen hinzu, »sollte sich herausstellen, dass Ihre Angaben wahrheitswidrig sind, dann können Sie sich auf was gefasst machen!«

## Der Woidler

Die diskriminierende Bezeichnung »Woidler«, was so viel wie Hinterwäldler bedeutet, haben die »urigen« Bayern für die Bewohner des Bayerischen Waldes reserviert. Mit einem dieser Woidler verbrachte ich ein paar Jahre im Straubinger Gefängnis. Sein Name war Richard Wachter, aber alle nannten ihn Ritsch. In früheren Jahren hatte er sich sein Auskommen als Holzfäller erarbeitet, als solcher er nicht schlecht verdiente. Zu Ritschs Tugenden gehörten sein Mut, seine Loyalität zu Freunden sowie seine Zuverlässigkeit, wenn es um ein Versprechen ging. Was er ausgefressen hatte, daran erinnere ich mich nicht genau, ich glaube, es hing damit zusammen, dass er in übertriebenem Ehrverständnis einem vorlauten Niederbayern die Hucke vollhaute, wobei er den Mann so zugerichtet haben musste, dass der eine ins Kranken- der andere ins Zuchthaus verbracht wurde. Mehr noch, die innerbayerische Auseinandersetzung muss sich so übel zugetragen haben, dass das Opfer aus der Donauebene den Rest seines Lebens im Rollstuhl verbrachte, der Raufbold vierzehn Jahre seines noch jungen Lebens im Knast. Nach alldem, was wir bislang von Ritsch erfahren haben, versteht es sich fast von selbst, dass der ehemalige Holzfäller ein stabiler Bursche war. Eine körperliche Auseinandersetzung mit ihm war wenig ratsam, was gewiss ein paar Jungs aus der Gegend um Freyung bestätigen könnten.

Im Knast arbeitete er in der Baukolonne, wo stabile Knochen und starke Muskeln als oberste Kriterien galten. Ritsch trieb keinen Sport, er hielt sich bei der Arbeit fit. Auf dem Gefängnishof erzählte man sich folgende Anekdote bezüglich einer Auseinandersetzung zwischen Ritsch und einem Maulhelden, der ihn, ehe es zur Sache ging, darauf aufmerksam machte, einen bunten Gürtel in Karate zu besitzen.

»Karate«, spottete Ritsch. »Du kommst mir gerade recht. Soll ich dir mal was verraten? Es gibt gleich drei Schläge: Der erste ist mein Vorschlag, dass du ganz schnell verschwindest, der zweite ist der Schlag, den ich dir anderenfalls aufs Maul gebe und der dritte ist dein Aufschlag auf dem Boden!«

Von derart verbalen Prophezeiungen ließ sich der Karatekämpfer kaum beeindrucken, und noch ehe Ritsch ausgeholt hatte traf ihn der erste Fußkick an der Hüfte. Dann spulte der Holzfäller sein Programm ab. Mit einem massiven Faustschlag schickte der seinen Gegner zu Boden, und als der sich gerade wieder aufrappeln wollte, hatte Ritsch ihm schon mit einem Tritt das Bein gebrochen. Während sich seine Sportsfreunde um den Verletzten kümmerten, steckte Ritsch sich eine Zigarette an.

»Karate, host gsogt? I denk, da musst scho no a bisserl üben«, sprach's und führte das Gespräch mit seinem Kumpel fort, bei dem er zuvor unterbrochen worden war. Dass der ehemalige Holzfäller aus dem Bayerischen Wald je eine Knasthofschlägerei verloren hatte, war nicht bekannt. Man ging ihm besser aus dem Weg.

Eines Tages sprach Ritsch mich während des Hofgangs an.

»Ich brauch mal deine Hilfe, Berger.«

»Wem soll ich eine Abreibung verpassen?«, scherzte ich.

»Naa«, lachte er. »Du musst mir bei einer Dienstaufsichtsbeschwerde helfen.«

»Um wen geht's?«

»Um den Bachhuber, den Sicherheitsinspektor.«

»Mit Vergnügen. Den kann ich ohnehin nicht ab«, sagte ich. »Dem trete ich gerne ans Schienbein.«

»So kenne ich dich, Berger«, grinste Ritsch und warf mir seine Bauarbeiterpranke auf die Schulter.

»Was ist denn vorgefallen?«

Passiert war Folgendes: Da Richard Wachter nur mehr ein knappes Jahr bis zu seiner Entlassung hatte, und da der Leiter der Baukolonne, für den er seit über zehn Jahren als Fliesenleger und Maurer arbeitete, sich über die Jahre mit ihm angefreundet hatte, ließ der Beamte seine Beziehungen spielen. Er sorgte dafür, dass die Anstaltsleitung seinem Schützling Hafturlaub gewährte. Einmal im Monat durfte Ritsch fortan ein Wochenende daheim im Bayerischen Wald bei seiner Familie verbringen. Seine Frau hatte ihn zwar nach vier Jahren verlassen, so wie es den allermeisten Gefangenen ergeht, die mehr als zwei Jahre sitzen müssen, aber seine Eltern freuten sich, dass der Bub endlich heimkommen durfte. Und weil der Ritsch kein Betäubungsmitteldelikt hatte, sondern

»lediglich« einen Mann halbtot geprügelt hatte, waren die Kontrollen bei seiner Urlaubsrückkehr routinemäßig lax. Hatte ein Kiffer oder Junkie Urlaub, so waren sie unvergleichlich schärfer, wenn sie am Sonntagabend zurück in die Anstalt kamen, sofern diese Leute überhaupt Haftlockerungen genehmigt bekamen. Und weil der Bedarf an Rauschmitteln aller Art im Straubinger Knast erheblich war, und weil das Haschisch, welches korrupte Beamte einschmuggelten, niemals ausreichte, um die geschätzt fünfhundert Kiffer zu versorgen, mussten zusätzlich Gefangene einspringen, die vom Urlaub zurückkehrten und dabei jedes Mal Analpakete von bis zu hundert Gramm mitbrachten. Behördlich bekannte Kiffer kamen dafür nicht in Frage, denn die wurden jedes Mal gründlich durchsucht. Nicht so der Ritsch, dem man derartige kriminelle Verstöße gegen Haschgesetz und Kiffverbot nicht zutraute. Gegen eine lukrative Gage ließ der Woidler sich auf das Risiko ein. Für einen Holländer, der zehn Jahre wegen eines Kokaindeals einsaß, brachte Ritsch seit einiger Zeit einen Riegel Marokkaner mit in die Anstalt, wenn er vom Hafturlaub zurückkehrte. Weil die Wärter ihn kannten und wussten, dass er zwar ein beherzter Trinker war, mit Hasch oder dergleichen Teufelszeug aber nichts zu tun hatte, wurde er so gut wie gar nicht kontrolliert. Das Arrangement mit dem Holländer klappte schon seit ein paar Monaten.

Eines Tages erfuhr ein Betrüger von der Sache, und da der eine Chance sah, sich bei der Anstalt die Karten zu verbessern, hängte er den Schmuggler hin. Zum Glück hielten die Beamten untereinander nicht dicht, sodass auch der Leiter der Bauabteilung davon Kenntnis erlangte, und da dieser seinen Vorarbeiter ungern in Schwierigkeiten sehen wollte, arrangierte er ein konspiratives Treffen mit Heinz Sieber, einem von Ritschs Arbeitskollegen. Der Leiter der Sicherheitsabteilung hatte nämlich beschlossen, den Gefangenen Wachter gründlich zu durchsuchen, sobald der am Sonntag aus dem Urlaub zurückkehrte. Das, so der besorgte Baubeamte, sollte Ritsch unbedingt mitgeteilt werden, um zu verhindern, dass er in die Falle tappte. Heinz versprach, sich darum zu kümmern.

Die einzige sichere Möglichkeit, Drogen mit in die Anstalt zu bringen bestand darin, sie anal in den dicken Darm einzuführen. Nur dort waren sie gut versteckt, jedenfalls war diese Methode im Falle Ritschs bislang erfolgreich gewesen. Aber nach dem Verrat durch den Spitzel sah die Sache anders aus. Ritsch musste gewarnt werden.

Jemanden aus dem Gefängnis heraus so kurzfristig zu kontaktieren, war nicht einfach. Telefonieren war damals für Gefangene nur in dringenden Fällen möglich, der übliche Weg zur Kontaktaufnahme waren Briefe. Und die wurden zensiert. Und brauchten Zeit. Die einzige Möglichkeit, telefonisch zu kommunizieren, waren unüberwachte Anrufe an den Rechtsanwalt. Als Heinz Sieber mich über die Sache mit Ritsch ins Bild setzte, war es Freitag vor dem Abendessen. Ich gehörte zu den wenigen Häftlingen, die sich einen Anwalt leisten konnten, und ob der überhaupt am Wochenende erreichbar war, stand auch nicht fest. Als Heinz mir Bescheid gab, war die Kanzlei nämlich längst geschlossen. Also rief ich meinen Rechtsanwalt Eberhard Lieder am Samstag in der Früh an und teilte ihm mit, er möge bitte meinen Mitgefangenen Richard Wachter kontaktieren und ihm mitteilen, er solle am Sonntag bei der Rückkehr aus dem Urlaub keine Zigaretten mitbringen. Es sei wichtig. Dann ließ ich mir von Eberhard die Nummer von Ritschs Eltern noch einmal wiederholen. Mein Anwalt war kein Dummer, er verstand, um was es ging.

Als er am Sonntag pünktlich in die Anstalt zurückkehrte, wurde Ritsch von einem Empfangskomitee an der Pforte begrüßt.

»Ois klar, Wachter?«, begann Bachhuber, der Anführer der Meute, eine Spur zu jovial. »Wie wor da Urlaub?«

»Basst scho«, spielte Ritsch die Komödie mit. »Guat gessn, guat gfegelt, guat gsuffa.«

»Des gfreit mi. Awa sog amoi, Ritsch, host a wos guats mitbrocht?«, wurde der Sicherheitsinspektor dienstlich.

»Mitbrocht? Wos solli scho mitbrocht han?«

»A weng a Hasch beispielsweise.«

»Spinnst jetzat«, entgegnete Ritsch. »Wos hob I mit an Hasch zum dua!«

»Dann host sicher nix gen a Kontrolle?«, ließ der Beamte die Ratte aus dem Sack.

Ritsch hob die Arme ein wenig und drehte eine Pirouette.

»Na na, so net. Des Gwand muast scho ausdoa.«

Richard Wachter sollte sich also ausziehen, eine justizamtlich definierte »körperliche Durchsuchung mit verbundener Entkleidung«. In verständlichem Deutsch: der Gefangene sollte sich in Anwesenheit der vier Bediensteten nackt machen, was je nach Laune des Inspektors mit einer Inspektion der »Körperhöhlen« einherging.

»Des könnts ihr vergessen«, stellte Ritsch klar. »Soweit kams no!«

»Sei vernünftig, Wachter! Des kimmt net vo uns, des is a Anordnung vo ganz obn«, erklärte Bachhuber.

»Des is ma wurscht. I ziag mi do vor eich net aus, seids bleed!«

»Dann miassn ma an unmittelbaren Zwang owenden. Des kennt ma uns olle dasporn.«

»Unmittelbarer Zwang?« Ritschs Wiederholung der angedeuteten Drohung klang jetzt wie eine echte Drohung. »Wo wollts ihr no all die Manner do dazu herhoin? Oans versprich I eich: Der erste der mi opackt, dem schlog I d'Zahn aus.«

Wie wir inzwischen wissen, war Ritsch Wachter nicht der Mann, der sich von irgendwelchen Wärtern Sack und Eier befummeln ließ. Das hatte wohl etwas mit dem Ehrbegriff eines Woidlers zu tun. Vom digitalen Befingern seines Anus (in Bayern sagt man Oaschloch dazu) ganz zu schweigen. Unter gar keinen Umständen würde Ritsch einen Mann kampflos an seine Hämorriden heranlassen, Vollzugsgesetz hin, Hausordnung her. Richard Wachter hatte seinen urologischen Bereich zur *zona non grata* erklärt. Jetzt hatte man ein Problem.

Unter der Aufsicht seiner Kollegen ließ Bachhuber Wachter zurück, um sich bei seinem Vorgesetzten Rückendeckung zu holen. Fünfzehn Minuten später war er mit einem Kompromissvorschlag zurück. Eine körperliche Auseinandersetzung mit einem Mann wie Ritsch Wachter erschien dem stellvertretenden Anstaltsleiter wenig ratsam. Er schlug vor, den Anstaltsarzt aus dem Wochenende zu zitieren und diesem den analen Eingriff zu übertragen. Nachdem ihm dieser Vorschlag unterbreitet worden war, erklärte sich Ritsch nach kurzem Überdenken der Lage damit einverstanden. Schließlich stand auch für ihn einiges auf dem Spiel: Keine weiteren Hafturlaube mehr und deutlich verschlechterte Karten bei der in Kürze stattfindenden Entlassungskonferenz. Im Übrigen hatte er ja nichts zu befürchten, nachdem ihn der Anwalt kontaktiert und gewarnt hatte. Ritsch war »sauber«.

Die Zeit, bis der Doktor schließlich erschien, überbrückte er in einer Wartezelle, wo weder Lektüre auslag, noch Bayern 1 aus dem Lautsprecher erklang. Vor allen Dingen gab es in dem kahlen Raum keine Toilette. Schließlich waren die Beamten ja überzeugt, Ritsch habe irgendwo am oder im Körper »a Hasch« versteckt, und sie waren zuversichtlich, das gefährliche Zeug zu finden. Daher hatte man ihn in ein toiletten- und fensterloses Verlies eingelocht.

Die Zeiten, die Gefangene in Wartezellen verbringen müssen, gehören mit zu den demütigendsten Stunden überhaupt. Ich weiß, wovon ich rede. Wartezellen gibt es im Knast auf allen Abteilungen, und derjenige, der sich im Gefängnis die Tugend der Geduld nicht aneignet, wird die Chance so bald nicht mehr bekommen. Im Gefängnis wartet man auf das Gespräch beim Anstaltsleiter, auf den Besuch der Angehörigen, auf den Termin beim Arzt, auf die Essensausgabe, auf ein Gespräch bei der Sozialarbeiterin, auf ein Geschwätz beim Psychologen, und die ganz Hartgesottenen warten auf eine seelsorgerische halbe Stunde beim Gefängnispfarrer. Afrikaner haben immerhin den Blues, der in Wartezellen ganz besonders bluesig klingt. Und das längste allen Wartens ist das auf die Freiheit. Jenseits dessen liegt nur noch das Warten auf den Tod, aber auf den warten die Wenigsten bewusst.

Ritsch verbrachte also den frühen Sonntagabend wartend auf den Arzt. Als der endlich auftauchte, war die Abendspeisung schon vorüber. Immerhin hatte man den hungrigen Mann nicht vergessen. Sie brachten ihm eine Margarinestulle mit Mortadella und eine Blechkanne Malventee in sein Verlies, wo sich seine Stimmung zwischenzeitlich dem Tiefpunkt näherte. Ritsch wurde endlich von seinen Wächtern abgeholt und ins Anstaltsspital begleitet, wo er dem Mediziner überstellt wurde, mit der Maßgabe, den Gefangenen zu durchsuchen und dabei auch die »Körperhöhlen« nicht außer Acht zu lassen.

Wir kennen den Ausgang der Untersuchung. Ritsch wurde aufgefordert, die Ellenbogen auf der Untersuchungsliege aufzustützen und dem Doc seinen haarigen Arsch zu präsentieren. Dieser bohrte seinen von Handschuh und Vaseline geschützten Mittelfinger, den längsten, den er zur Verfügung hatte, so tief es ging in den Enddarm des Verdächtigten, allein, er ertastete nichts, was da nicht hingehörte. Schließlich war der Arzt überzeugt, dass es sich bei dem sonntäglichen Sondereinsatz um einen analen Fehlalarm gehandelt hatte und bedeutete dem Gefangenen, sich wieder anzukleiden. Währenddessen öffnete er die Tür zum Vorraum und informierte die gespannt auf das Ergebnis wartenden Wärter: »Negativ!«

Die Diagnose verblüffte die Beamten, um nicht zu sagen, sie war niederschmetternd. Wie war das bloß möglich, wo man ihnen doch einen hundertprozentigen Tipp gegeben hatte. Als Ritsch schließlich das Kabinett des Arztes verließ, dabei den Bachhuber selbstbewusst angrinsend, war längst klar, wer sich hier die fette Blamage eingehandelt hatte. Die Sache würde sich in Nullkommanichts im Haus herumsprechen, ein paar Geheimnisse freilich gehütet bleiben, aber der Name des Verräters, der die Arschkarte gezogen hatte, wäre in wenigen Tagen allen bekannt. An den Namen des Typen, der ihm danach die Abreibung verpasst hatte, konnte der Spitzel sich später nicht mehr erinnern, wohl aber daran, dass er drei Wochen auf der Krankenstation verbracht hatte.

Zurück zu Ritschs ursprünglichem Anliegen, gegen den Sicherheitschef eine Dienstaufsichtsbeschwerde zu verfassen. Da die Faktenlage simpel war, erforderte die Abfassung der Beschwerde keine Bravour. Der kurze Text an den Anstaltsleiter beinhaltete als verletzte Rechtsnormen die Begriffe »Verstoß gegen die Menschenwürde, Körperverletzung und Willkür«. Als Schlusssatz stellte Ritsch dem Dienstherrn anheim, den offenbar mit seiner Aufgabe überforderten Bediensteten Bachhuber seines Postens zu entheben. Es versteht sich von selbst, dass Ritsch bei seinen folgenden Hafturlauben seinen Arsch sauber hielt. Wie der Anstaltsleiter mit der Personalie Bachhuber verfuhr, konnte der Gefangene Wachter ein paar Wochen danach in dem schriftlichen Bescheid lesen:

»Da es sich bei dem Verdacht des Einbringens von Drogen in die Anstalt um einen bedauerlichen Irrtum gehandelt hat, sehe ich mich nicht veranlasst, dienstrechtliche Konsequenzen gegen Herrn Bachhuber zu verfügen. Derartige Kontrollen muss der Gefangene einer Hochsicherheitsanstalt bei der Urlaubsrückkehr hinnehmen. Somit besteht auch kein Anlass für den Bediensteten, sich bei Ihnen zu entschuldigen.«

Wenige Wochen danach stattete Ritsch mir einen Besuch ab, um mir das Dokument zu zeigen. Meine Überraschung bezüglich des Inhaltes hielt sich in Grenzen, kam es doch äußerst selten vor, dass den Beschwerden von Gefangenen stattgegeben wurde. Sich beim Justizministerium über den Anstaltsleiter zu beschweren, erachtete ich als wenig Erfolg versprechend. Ich bot meinem Besucher eine Tasse Tee an, und wir plauderten ein wenig. Neugierig wurde ich, als ich an seinen Händen kleine Verletzungen entdeckte.

»Was'n da passiert?«, wollte ich wissen.

»Schlägerei ghobt.«

»Auf dem Hof? Mit wem denn?«

»Na, net do herin. Beim Urlaub am Sonntag.«

»Heißt das, du hattest während des Urlaubs eine Schlägerei? Lass hören, was ist passiert!«

Dass sich diese Schlägerei, bei der Ritsch Blessuren an den Handknöcheln davontrug, im Urlaub ereignet hatte, stimmte nicht ganz. Es geschah nämlich in Straubing, eine Stunde bevor er aus dem Wochenende in die JVA zurückkehren sollte. Da er ein wenig früh dran war, beschloss er, in der Kneipe eines Bekannten noch eine Halbe zu trinken, ehe er sich an der Pforte des Gefängnisses präsentierte. Es war den Freigängern zwar strikt untersagt, angetrunken in den Knast zurückzukehren, aber was bedeutete für Ritsch im Besonderen und für Bayern im Allgemeinen schon eine Halbe Bier? Sofern er nicht wieder von seinem Freund Bachhuber empfangen würde, hatte er nichts zu befürchten. Die Beamten an der Pforte würden ihm kein Problem bereiten, davon ging der Woidler jedenfalls aus. Zurecht, wie sich erweisen sollte. Das Problem tauchte von unerwarteter Seite auf.

Ritsch kehrte also in der Kneipe seines alten Kumpel Horstl ein, setzte sich an den Tresen und bestellte eine Halbe. Und weil so eine Halbe schnell in der Kehle eines durstigen Mannes verschwindet, zapfte ihm der Horstl eine zweite. Am frühen Sonntagabend war nicht viel los im Bräustüberl, lediglich eine hufeisenförmige Sitznische war von zwei jungen Frauen besetzt, die an ihrer Cola nippten. Die Männer an der Theke unterhielten sich, Horstl erkundigte sich, wie lange der Ritsch denn noch habe, und Ritsch fragte, wie denn die Geschäfte liefen.

»Mogst no a Hoibe? I gib da oane aus.«

»Naa, Oida, des is gnua. In ara Viertelstund mussi obhaun«, erwiderte der Gast.

Dann galt die Aufmerksamkeit des Wirts zwei jungen Burschen, die gerade durch die Tür kamen, und noch ehe sie den Tresen erreichten, die Bestellung aufgaben.

»Moch uns amoi zwoa Hoibe!«

Die Kerle entdeckten die jungen Damen und beschlossen, ihnen Gesellschaft zu leisten, während Horstl die Biere zapfte. Ritsch warf einen Blick auf die Uhr, 17 Uhr 30. Um Sechs sollte er in der Anstalt sein. Zwangsläufig kriegte er mit, was an dem Tisch gesprochen wurde.

»Sag amoi, kenna mia uns net?«, begann einer der neuen Gäste das Gespräch mit den Mädels.

»Naa, des glabi net«, antwortete Karina, eine mollige Dunkelhaarige kurz angebunden. Horstl kannte sie, denn sie und ihre Freundin Silvia verabredeten sich des Öfteren mit ihren Freunden in der Kneipe. Im Nachmittagsprogramm des Bayerischen Radiosenders erklang eine liebestrunkene Ballade von Nicki, geeignet, die jungen Damen auf ihr sonntägliches Rendezvous einzustimmen.

»Des mocht nix«, führte der zweite Gast die Unterhaltung fort. »No leanatma uns hoit jetzat kenna. I bin da Mario, des is mei Spezl Ferdi.«

»Angenehm«, übernahm Hanni. »Mia san do mit unsre Freind verabred. Die missat glei kemma.«

Auf gut Bayerisch sollte das heißen: schleichts euch, Burschen! Indes, die Gäste aus Vilshofen dachten nicht daran, den Platz zu wechseln. Horstl, der mitbekommen hatte, dass den Frauen die Gesellschaft nicht willkommen war, brachte daher die bestellten Biere nicht an den Tisch, sondern stellte sie neben Ritsch auf dem Tresen ab. Wären die beiden Vilshofener »old school« gewesen, hätten sie jetzt den Sitzplatz gewechselt und die beiden Frauen in Ruhe gelassen. Aber ein Niederbayer räumt nicht so schnell das Feld. Sie forderten den Wirt auf, das Bier an den Tisch zu bringen und drangen forsch und frech auf die Frauen ein. Es dauerte nicht lange, ehe sich Ritsch einmischte.

»Du kennst mi, Berger«, erklärte er mir beim Tee auf meiner Zelle. »I hob a soziale Ader. Sowas wie die zwoa Deppen konnst bei mia net bringa.«

Er mischte sich also in den Konflikt zwischen den Straubinger Mädels und den Vilshofener Galanen ein. Zwar versuchte Horstl noch zu vermitteln, aber da hatte Ritsch die Jungs schon aufgefordert, sich bei den Damen zu entschuldigen und zu verschwinden. Der anschließende Dialog eskalierte rasch, nicht ungewöhnlich bei meinem Knastkumpel, der Argumenten nicht viel Spielraum gab, er war ein Mann der handgreiflichen Aktion. Laut eigenem Bekunden hatte er aber nicht angefangen. So gab ein Wort das andere, und das letzte, was verbal kommuniziert wurde war Marios Frage: »Mogst a Fotzn?« Auf Deutsch: Soll ich dir die Fresse polieren?

Ritsch rutschte vom Hocker, und noch ehe die Vilshofener bereit waren, ihm zu zweit eine Lektion zu erteilen, flog Ferdi mit gebrochenem Unterkiefer zurück in die Sitzecke. Hanni stieß einen Schrei aus. Karina saß paralysiert daneben und sah zu, wie die Gläser fielen und Whiskey-Cola ihre Bluse bespritzte. Mario, an Masse und Größe nicht unbedingt dem Woidler unterlegen, wurde brachial: Er packte den Aschenbecher mit dem Schriftzug der Brauerei Röhrl, aber noch ehe er dazu kam, die zweifelsohne geplante Unfreundlichkeit zu Ende zu bringen, hatte Ritsch schon den Mario am Genick gepackt und schleuderte ihn gegen den Bartresen. Blut spritzte, Frauen schrien, Scherben flogen durch den Gastraum. Dann plötzlich Stille. Ferdi betastete seinen Kiefer, Mario betastete gar nichts mehr, er lag da und stöhnte leise.

Der Wirt, um die Wiederherstellung der Ordnung in seinem Lokal bemüht, warf Ritsch ein Küchentuch zu, mit dem er die blutende Wunde stillte, die er sich beim Kinnhaken an der rechten Hand zugezogen hatte. Dann verständigte er Notarzt und Sanitäter. Und weil in derartigen Fällen meist die Polizei auftauchte, oft noch vor der Ambulanz, brachte er Ritsch zum Hinterausgang. Der begab sich auf direktem Weg zum Gefängnis, wo man ihn freundlich begrüßte und einließ, diesmal ohne Kontrolle und ohne Alkoholtest.

Was sich anschließend in der Kneipe abspielte, entzog sich Ritschs Kenntnis. Vom Chef des Baubetriebs hatte er lediglich erfahren, dass es im Bräustüberl am Wochenende eine Schlägerei gegeben habe, bei der zwei beteiligte Männer aus Vilshofen schwer verletzt worden seien. In der Zeitung stand, dass weder der Wirt, noch einer der verletzten Gäste etwas zur Identität des dritten an der Rauferei beteiligten Mannes sagen konnten. Beide Opfer befanden sich am Dienstag noch in der Klinik, seien aber auf dem Weg der Besserung.

Als Ritsch mit der Schilderung des Ereignisses zum Ende gekommen war, schüttelte ich bloß den Kopf, musste aber dabei grinsen. Da hatte der Kerl mehr als zwölf Jahre im Knast verbracht, ein sogenanntes Anti-Gewalt-Training absolviert, und lässt sich wenige Monate vor der Haftentlassung auf eine Prügelei in einer Straubinger Kneipe ein … Hätten ihn die Mädels beschrieben oder Horstl gegenüber der Polizei seinen Namen genannt, wäre ihm ein neues Ermittlungsverfahren sicher und die Entlassung gefährdet gewesen.

»Ich schlage vor, du hältst dich in Zukunft aus solchen Konflikten raus«, kommentierte ich die Geschichte.

»Ich kann doch nicht tatenlos zusehen, wie zwei Proleten zwei nette Mädels anmachen! Und außerdem: Wenn mir einer Prügel androht, dann muss ich mich wehren. Das hab ich so gelernt, und so halten wir das da heroben im Wald!«

## Dr. Herzog

Justizvollzugsanstalt Straubing, die Anstalt im Freistaat Bayern mit der höchsten Sicherheitsstufe, wo die Justiz die schwersten Jungs verwahrt. Seit mehreren Jahren begegnete ich dem Dr. Herzog täglich beim Hofgang. Dass ich lange keinen Kontakt zu ihm suchte, lag an seinem zweifelhaften Ruf, denn er sollte Ende der 70er Jahre in Innsbruck eine Frau entführt und vergewaltigt haben, und zwar auf eine sadomasochistische Weise, dass selbst hartgesottene Schurken von der Kripo vor dem Content des Herzog'schen Verhörs warnten. Im Knast hielten wir ihn für völlig durchgeknallt, denn zusätzlich zu der Vergewaltigung, die lediglich den Auftakt zu einer Serie perverser Verbrechen darstellte, war er ein Jahr danach in München verurteilt worden, weil er zwei Frauen ermordet hatte. Eine Reihe weiterer Sexualmorde sollten ebenfalls auf sein Konto gehen, die ihm aber weder in Tirol, wo er aufgewachsen war, noch in Bayern, wo er später lebte, nachgewiesen werden konnten.

Die Mordtaten schienen Dr. Herzog seelisch nicht zu belasten, ähnlich einem Kriegsteilnehmer, der seinen Opfern auch nicht nachtrauert, sondern sie unter dem Begriff des Schicksalhaften abhakt. So bewegte sich der Mörder gut gelaunt unter seinen Mitgefangenen, hier ein Schwätzchen mit ähnlich verbogenen Verrückten, dort ein kleines Geschäft, um sadistische Sexmagazine auf ihre perverse Qualität hin zu prüfen. Da er sich hütete, mit anderen Händel anzuzetteln, drehte er von den meisten Schicksalsgenossen unbehelligt seine Runden. Eine Marotte, an die ich mich erinnere: Irgendwann ließ er sich in der anstaltseigenen Schneiderei seine Arbeitsjacke zu einer Art Nazi-Uniform umarbeiten, die er mit selbstgefertigten »Kriegs- und Tapferkeitsorden« schmückte, was von den Wärtern nachsichtig toleriert wurde. Ebenso wie man seine Aliasnamen »Dr. Herzog« oder »Dr. Mord« akzeptierte, die ihm von der Boulevardpresse beigegeben worden waren, und mit denen er gerne kokettierte. Sein Geburtsname lautete Elmar Schärmer.

Unter den Gefangenen, von denen einige Hundert selbst eine lebenslange Freiheitsstrafe zu verbüßen hatten, gab es einige Statistiker, die die Tageszeitungen lasen und alle Berichte herauskopierten, in denen es um grausame Verbrechen ging, deren Täter sie kennenlernten, sobald sie im »Mutterhaus« eingeliefert wurden, wie das Straubinger Zuchthaus von den Unglücklichen genannt wurde, die keinen heimatlicheren Ort in der Welt gefunden hatten. Sie fühlten sich in Straubing zu Hause, es war ihre Welt, hierher kehrten sie immer wieder zurück, wenn sie im Leben draußen mit ihrem Latein am Ende waren.

Elmar Schärmer war zwar nicht zurück-, sondern ersteingekehrt, aber auf mich machte er den Eindruck, als fühle er sich in dieser zerbrochenen Welt zu Haus, jedenfalls schien er nicht zu denen zu gehören, die im Gefängnis leiden. Es dauerte mehrere Monate, ehe »Dr. Herzog« Vertrauen zu mir gefasst hatte und anfing, ein wenig aus dem Nähkästchen zu plaudern, wobei meistens er das Gespräch begann.

Die Mitgefangenen, deren Nähe ich immer wieder suchte, spürten recht bald, dass ich kein Interesse daran hatte, ihren ohnehin miserablen Ruf weiter zu beschädigen, sondern es ging mir darum, die Triebkräfte zu verstehen, die sie zu derart scheußlichen Taten motiviert hatten. Zudem mussten sie nicht befürchten, dass ich ihre Geheimnisse einem Gutachter, Richter oder gar dem Gefängnispsychologen weitergab. Mich stachelte eine Art pseudopsychologischer Neugier an, ich wollte verstehen, was in den Köpfen solcher Menschen vorging, wenn sie eine Frau oder einen Mann unter Anwendung von Gewalt zum Sex zwangen, wenn sie ein Gebäude in Brand setzten und dabei quasi unter lustvoller Spannung den Flammen zusahen; oder wenn sie sich zu Richtern erhoben, indem sie sich für ein ihnen zuvor zugefügtes Leid grausam rächten. Mir ging es nicht darum, diese verkorksten Menschen zu verurteilen, und weil sie das spürten, öffneten sie sich und ließen mich möglicherweise tiefer in ihre Seelen blicken als sie es einem forensischen Gutachter je gestattet hätten, mit denen die meisten von ihnen schlechte Erfahrungen gemacht hatten. Menschen, auch wenn sie Verbrechen begangen haben, wollen verstanden werden und nicht etwa begutachtet.

Elmar Schärmer, der zweifelsohne aus seiner Kindheit einen krankhaften narzisstischen Verhaltensstil ins Erwachsenenleben mitbrachte, plagte sich mit einem überstarken Sexualtrieb herum. Ein halbes Dutzend Mal Sex pro Tag überforderte ihn nicht, was übrigens von Zeuginnen vor Gericht bestätigt wurde. Eines Tages kam er auf die Idee, in überregionalen Zeitungen unter dem Namen Dr. Karl Herzog, 40, Arzt, Klinikinhaber, Heiratsannoncen zu schalten, deren mangelnde Seriosität den Damen hätte auffallen müssen, die darauf reagierten. »Vermögend, gutaussehend, potent«, so stellte er sich vor. Damit köderte er seine Opfer, und so konnte er seine Sexualität eine Zeit lang ausleben. Bis es ihm irgendwann zu fad wurde. Dr. Herzog brauchte mehr, er suchte den ultimativen Orgasmus, den heiligen Kick.

Ein Abgleich zwischen dem, was mir Schärmer erzählte und was sich in den Zeitungen wiederfand, die er aufgehoben hatte, legte nahe, dass seine Taten vor Gericht nicht lückenlos aufgeklärt worden waren. Zu Beginn seiner Laufbahn, als der Tiroler noch in Innsbruck lebte, wo er erstmals mit Polizei und Justiz zu tun hatte, wurde der Fall einer jungen Frau untersucht, deren Schilderung einer angeblich von Schärmer begangenen Vergewaltigung den Ermittlern so abenteuerlich und pervers vorkam, dass sie ihnen unglaubwürdig erschien, sie die Akte beiseitelegten und den Beschuldigten laufen ließen. Der Frau wurde ihre Sexgruselmär mit dem Unhold nicht geglaubt. Erst als im Jahr darauf in München zwei Damen ums Leben gewürgt wurden, die Millionärin Karin Schubert sowie Hilde Wienold, die Sekretärin eines Anwalts, deren entstellte Leichen man später fand, und es in beiden Fällen Indizien gab, die auf den mehrfach polizeibekannten Elmar Schärmer hindeuteten (einen wegen Körperverletzung, Hochstapelei, Betrug und Untreue vorbestraften Heiratsschwindler) nahm die Justiz die Sache ernst. Als die Polizei bei einer Hausdurchsuchung in Schärmers Wohnung diverse Gegenstände aus dem Besitz der getöteten Frauen fand, einen Pelzmantel, eine Handtasche und am Ende sogar die sterblichen Überreste der Frau Wienold selbst, blieb Herrn Schärmer nur noch das Geständnis. Wie sich herausstellte, hatte er die beiden Frauen beim Sexualakt mit ihren Nylons erdrosselt, was seine Lust beim Orgasmus bis ins Unermessliche gesteigert habe, wie er mir beim Hofgang gestand.

Dass der Mann nicht alle Nadeln an der Tanne hatte, war mir im Gegensatz zu den diversen Forensikern, die ihn für die Gerichte begutachtet hatten, recht bald klargeworden; besser gesagt, es war ihnen wahrscheinlich durchaus bewusst, aber sie trauten sich nicht, dies in ihre Gutachten hineinzuschreiben, denn bayerische Richter und Richterinnen erwarteten keine Explorationsergebnisse, die die Schuldfähigkeit der Angeklagten in Frage oder gar in Abrede stellten: Im Zweifel für die gesunde Seele und den ungehemmten Schuldspruch!

Dass es bei den in München verhandelten Mordfällen zum Nachteil der Sekretärin Sonnhilde Wienold und der Unternehmerin Karin Schubert-König nicht mit rechten Dingen zuging, legen die Gutachten mehrerer Psychiater nahe, die sich in entscheidenden Diagnosen widersprachen, und nicht bloß das: Der Schärmer-Verteidiger Steffen Ufer, ein Mann aus der Schule Rolf Bossis, monierte, dass in dem schwierigen Fall kein einziger Facharzt für sexuelle Störungen hinzugezogen worden war. Er ging in Revision. Was aber am Urteil nichts änderte: Elmar Schärmer alias Dr. Herzog wurde zu zweimal lebenslänglich verurteilt. Knapper und prägnanter als der Urteilstext formulierte das Nachrichtenmagazin »Der Spiegel« den Ausgang des Verfahrens:

»Anfang Juli 1979 erwürgte der Angeklagte Schärmer am Ende eines Geschlechtsverkehrs, die Münchner Sekretärin Sonnhilde Wienold, 35, entstellte sie durch zahlreiche Schnitte und deponierte die unbekleidete Leiche in der Ruine eines ehemaligen Exerzitienhauses der Jesuiten am Starnberger See. Nur einen Tag später erdrosselte Schärmer die Unternehmerin Karin Schubert-König, 41, offensichtlich ebenfalls im Zuge sexueller Handlungen, nachdem er sie in ihrer Villa mit Alkohol und Schlafmitteln gefügig gemacht hatte; die nackte Tote bahrte er danach im Schlafzimmer auf.«

Diese Pressedarstellung bestritt Schärmer mir gegenüber nicht, ich hatte den Eindruck, als kokettiere er sogar damit.

Wie in deutschen Gerichtsverfahren üblich, hatte der Angeklagte das letzte Wort: »Kruzifix«, polterte er los, »so ein Scheißurteil habe ich ja noch nie bekommen! Das können Sie in den Ofen stopfen, meine Herrschaften! Der Bundesgerichtshof wird es eh aufheben, darauf können Sie Gift nehmen. Mein Anwalt wird es in der Luft zerreißen, hab ich Recht, Herr Ufer?«

»Nicht so voreilig, Herr Schärmer. Unser Fall sieht alles andere als gut aus«, gab der Verteidiger kleinlaut bei.

Tatsächlich wurde der Revision stattgegeben, zwar nicht was den Schuldspruch betraf, aber immerhin hegten die Richter am Karlsruher Gericht Zweifel an der Schuldfähigkeit des Angeklagten, salopp gesagt, auch sie hatten den Eindruck, Elmar Schärmer habe nicht mehr alle Tassen im Schrank, er leide unter einer psychischen Krankheit, besser: unter einer ganzen Reihe derartiger Fehlfunktionen. Zu dieser Diagnose war ich nach mehreren hundert gemeinsamen Runden auf dem Gefängnishof, die ich mit Dr. Herzog im Gespräch verbracht hatte, auch längst gekommen.

Eines Tages, wir hatten wieder einmal Elmars unwiderstehliche Sexualpraktiken zum Thema (»Keiner fickt so gut wie Dr. Herzog!«), erklärte er mir allen Ernstes, die Damen, die er mit seinen sadomasochistischen Spezialitäten erfreut habe, wobei er meist einen Koffer voller Sexfoltergeräte mitbrachte, schrieben ihm heute noch Liebesbriefe ins Gefängnis, leidenschaftliche Erinnerungen an die Penetrationen, während deren er den Liebhaberinnen Plastikbeutel über den Kopf stülpte, die er ihnen erst dann wieder abnahm, als sie sich in einer Sphäre zwischen Koma und sexuellem Rausch befunden hatten. Als er meinen skeptischen Blick bemerkte, wurde er unwirsch.

»Du glaubst mir nicht? Muss ich denn immer alles beweisen!«, sprach er und forderte mich auf, ihn auf sein »Dienstzimmer« zu begleiten, wie er seine Zelle bezeichnete. Als wir im dritten Stock ankamen, las ich das Schild »Wolfsschanze«, welches er über seinem Namensschild angebracht hatte. Statt Schärmer war dort Dr. Herzog zu lesen. Den Wärtern schien es egal zu sein. Nachdem wir die Wolfsschanze betreten hatten – es war mein erster Besuch im Hauptquartier des Elmar Schärmer, bat er mir einen Stuhl und einen Kaffee an.

»Außer dem Peter Hößl hat niemand Zutritt zu meinen Räumlichkeiten«, stellte er klar. »Du bist der zweite, den ich hier hereinlasse.«

Das sollte ich wohl als Privileg verstehen, und das tat ich auch. Wo kämen wir auch hin, wenn jeder Schurke Zutritt in die Wolfsschanze hätte! Nachdem der Muckefuck angerührt war, rückte er schließlich mit seiner Schatzkiste heraus. Unter dem Bett holte Elmar einen Schuhkarton hervor, den er fast andächtig öffnete. Hochkant waren darin mehrere Dutzend Briefe aufbewahrt, seine Liebesbriefe, wie er stolz betonte. Eine Weile kramte er darin herum, ehe er einen öffnete, entfaltete und ihn mir zu lesen gab. Der Brief stammte von einer Dame aus Genf, die offenbar an die Unschuld ihres Geliebten glaubte. Eine Passage ist mir sinngemäß in Erinnerung geblieben: »Ich kann den Tag nicht erwarten, da dieses furchtbare Fehlurteil endlich aufgehoben wird und wir zusammenleben dürfen. Wie du an dem Foto erkennst, habe ich uns ein gemütliches Nest eingerichtet. Dort kann ich dir dann all das geben, was du im Gefängnis entbehren musst. Ich liebe dich, mein Schatz, und ich werde auf dich warten, selbst wenn es bis ans Ende unserer Tage dauert!«

Die übrigen Briefe waren ähnlichen Inhalts, teilweise äußerten die Frauen die Hoffnung, beim Zeugen von Zwillingen von ihrem Liebhaber zärtlich gewürgt zu werden …, oder besser noch während der Geburt.

Ich gratulierte Dr. Herzog für all die Liebe, welche die Frauen ihm entgegenbrachten, dann trank ich meinen Kaffee aus und verabschiedete mich. Was sind wir Menschen doch für eigenartige Wesen, dachte ich, als ich Hagen auf dem Hof entdeckte und ihn bat, mir eine erotische Geschichte zu erzählen.

»Eine perverse?«

»Nur zu! Heute bin ich in der Lage, mir jeden Wahnsinn anzuhören …«

## Filmgeschichten

Im Straubinger Zuchthaus gehörte ich in den 80er Jahren ein paar Jahre lang zum »Medienbeirat«, einem fünfköpfigen Gremium aus Häftlingen, deren Aufgabe in erster Linie darin bestand, montags die diversen TV-Programmzeitschriften durchzuforsten. Dem für die Aufzeichnungen zuständigen Gefangenen erteilten wir anschließend den Auftrag, die von uns ausgesuchten Filme und Dokus auf Video aufzunehmen, damit sie ein paar Wochen später dann am Wochenende den eingefangenen Schurken vorgeführt werden konnten. Fernsehgeräte auf den Zellen, inzwischen in allen deutschen Haftanstalten Teil des Mobiliars, wurden in bayerischen Gefängnissen erst gegen Ende des Jahrtausends eingeführt.

Eines Tages kam ein freundlicher Bankräuber auf dem Hof zu mir und sprach mich an. »Berger, du bist doch im Medienbeirat?«

»So ist es.«

»Ich habe gesehen, dass die Woche auf dem zweiten Programm der Film *Über den Dächern von Nizza* läuft. Mit Grace Kelly und Cary Grant. Ein Hitchcock. Den will ich sehen! Sorge also dafür, dass der aufgenommen und am nächsten Sonntag gezeigt wird!«

Ebenso erstaunt wie amüsiert fasste ich den Burschen ins Auge. »Wir sind fast tausend Gefangene hier, mein Freund. Was, wenn jeder mit so extravaganten Wünschen auf uns zukäme?«

»Bin ich Jeder?«

Seine forsche Gangart gefiel mir irgendwie. Dennoch antwortete ich in gespielter Empörung: »Was zum Teufel gibt dir das Recht, so eine unverschämte Forderung zu stellen? Wie gesagt ...«

»Quatsch nicht rum, Berger! Ich will diesen Film sehen, kapiert?«

Ich darauf: »Mal sehen, was sich machen lässt. Aber verrate mir doch mal, wieso dir ausgerechnet dieser Hitchcock so am Herzen liegt?«

»Das kann ich dir sagen: weil er mich an eine gute Zeit erinnert, und weil jeder Mensch das verdammte Recht hat, sich an seine guten Zeiten zu erinnern!«

Von dieser Argumentation entwaffnet versprach ich ihm, den Film aufzeichnen zu lassen, denn wo er Recht hatte, da hatte er Recht: Ein Jeder hat das Recht, sich an seine gute Zeit zu erinnern!

Erst recht, wenn es sich um die wahrscheinlich einzige »gute Zeit« handelte, die er je erlebt hatte.

Wie der Mann mir im Weiteren berichtete, hatte er Ende der 60er Jahre in der Schweiz eine Bank überfallen, dabei eine stattliche Summe Franken erbeutet und sich nach Nizza abgesetzt, wo er die Kohle innerhalb drei grandioser Wochen durchbrachte, in seiner guten Zeit eben.

Manch einer der verwelkten Männer, die als Aufsichtspersonal die sanften Gauner beim Hofgang überwachten, hatte wahrscheinlich noch nie eine gute Zeit erlebt, an die sich zu erinnern auch er ein gutes Recht hätte. C'est la vie.

Das ehrenamtliche Engagement im Medienbeirat brachte uns keinerlei Pfründe, im Gegenteil: Wenn den Gefangenen die Filme nicht gefielen, wurden wir tags darauf auf dem Hof beschimpft oder gar bedroht. Ich erinnere mich, dass ich mich nach drei Sonntagen John Wayne und Charles Bronson bei der Nominierung eines »anspruchsvollen« Streifens durchsetzen konnte: »Kramer gegen Kramer« lautete der Titel, wenn mich nicht alles täuscht, ein mehrfach Oskar geschwängerter Streifen mit Meryl Streep und Dustin Hoffman. Montags auf dem Hof wurde ich von einem Sittenstrolch als »Vollidiot« betitelt und anschließend drohte er mir Schläge für den Fall an, sollte ich jemals wieder »so einen Scheiß« aufs Programm setzen. Was habe ich daraus gelernt: Ich fing an Sport zu treiben, um mich gegebenenfalls zur Wehr setzen zu können. So ist das halt im Knast.

Eine weitere Aufgabe des Medienbeirats bestand darin, aus dem Programmheft eines Filmverleihs monatlich einen Kinofilm auszuwählen, der dann im Kinosaal der JVA gezeigt wurde. Das Kino sowie das anstaltseigene Freibad stammten noch aus der direkten Nachkriegszeit, als die Amerikaner anrückten und die Dinge auf den Kopf stellten: Die Gefangenen wurden entlassen, die Nazi-Wärter mussten in die Zellen einrücken. Die Amis setzten die neuen Verbrecher auf eine Wasser- und Brot-Diät. Wie lange es wohl gedauert haben mag, bis die Braunen freikamen, keine Ahnung, immerhin lange genug, dass die Yankees im Zuchthaus ein Schwimmbad bauen und einen Filmsaal einrichten konnten.

Aber zurück in die achtziger Jahre und zum Kino. Wir hatten den hochdekorierten Kinofilm »Midnight Express« auf die Liste gesetzt. Kaum, dass diese am Schwarzen Brett eingesehen werden konnte, brach ein Tumult los. Die Türken unter den Gefangenen protestierten gegen den Streifen, die Kurden spendeten Beifall.

»Dieses politische Machwerk verleumdet unsere Kultur, es beleidigt die stolze türkische Nation«, schrien die Osmanen.

»Der Film stellt nichts anderes als die Realität in den Gefängnissen der Türkei dar«, so die kurdischen Mitgefangenen. Im Lichthof rotteten sich zwei Dutzend Türken zum Protest zusammen, und es dauerte nicht lange, bis auch die Kurden eine schlagkräftige Truppe beisammenhatten. Noch ehe die für Sicherheit und Ordnung zuständigen Bediensteten sich darüber klar waren, um was es überhaupt ging, war unter der Zentrale eine Massenkeilerei zugange. Dreißig Türken kriegten Prügel von zwanzig Kurden, teilweise durchtrainierte Peschmerga, und um die Revolte zu beenden, stürzten sich noch einmal dreißig niederbayerische Bauernburschen in Uniform in den Kampf. Wenn mich nicht alles täuscht war sogar schon eine Hundertschaft Bereitschaftspolizei im Anflug.

»Wos isn do los?«, schrie der Sicherheitsinspektor den Beamten auf der Kanzel der Zentrale an.

»Woas i ned. Auf oamoi is losganga!«

»Des is wengs am Fuim«, klärte ein Kollege auf, der mit aufgeplatzter Lippe gerade aus der Nahkampfzone kam.

»Wosn füra Fuim?«

»Des woasi aa ned.«

»Kreizkruzitürkn!«, fluchte der Inspektor. »Kriagts ihr des ned in Griff?«

Nach zwanzig Minuten, unzähligen Hieben und Tritten, mehreren Messerstichen, hatten sich die Rabauken redlich abgekämpft und mit zunehmender Verstärkung behielten die Wärter die Oberhand im heiligen Krieg um einen Kinofilm.

Kaum, dass der Anstaltsleiter davon Kenntnis erhielt, wurde »Midnight Express« abgesetzt, also hatten die Grauen Wölfe die Freiheit der Kunst schachmatt gesetzt. Als Ersatz kam »Rambo« auf den Plan: »First blood«.

Um beim Thema zu bleiben. Kunst im Knast ist eine ernste Sache, und Konsum von Kunst ist beschränkt auf Musikhören und Fernsehen. Es kam zuweilen vor, dass am Abend im großen Fernsehsaal ein Spielfilm gezeigt wurde. An diesem Abend stand ein Western mit Clint Eastwood auf dem Programm, aber der Streifen als solcher spielte an dem Tag keine Rolle, Filme mit Eastwood, Stallone und Bronson waren Selbstläufer. Diesmal ging es um die Lautstärke, in der der Film abgespielt wurde.

Mein Freund Hagen und ich kamen ein paar Minuten zu spät. Schon auf dem Flur war uns die übertriebene Lautstärke aufgefallen, aber sobald wir die Tür geöffnet hatten, haute uns der Sound regelrecht um. Man verstand sein eigenes Wort nicht mehr. Wir suchten uns einen Platz, und ich versuchte herauszufinden, wo hier des Wahnsinns Wurzel steckte.

»Kann man das mal leiser machen«, schrie ich gegen den Lärm in Richtung der Kerle, die in der ersten Reihe saßen. Vergeblich, niemand rührte sich. Also erhob ich mich, ging nach vorne und drehte am Lautstärkeknopf des Fernsehgerätes. Zustimmendes Gemurmel aus dem Publikum.

»Dreh sofort den Ton wieder hoch!«, rief ein Mann aus der vorletzten Sitzreihe. »Mein Freund hier hört schlecht.«

Ich sah zu dem Beschwerdeführer und seinem Homie rüber. Ich kannte den Mann vom täglichen Hofgang, einer der stabileren Burschen aus der Mucki-Fraktion, einer der die 40-Kilo-Hantel einarmig stemmte. Der Homie: Sein zweifellos schwuler Zellenkollege, ein blasses Bürscherl mit reichlich Akne um die Nasenflügel, ein Opfer.

»Wenn dein Spannmann schlecht hört, soll er sich ein Hörgerät besorgen. Lauter als ich es eingestellt habe, wäre den anderen Jungs nicht zuzumuten.«

Inzwischen war der Protz aufgestanden und drohte mir, nach vorn zu kommen. Was heißt drohen, er war schon unterwegs.

»Mach das sofort wieder laut!«, giftete er mich an, um gleich selbst zur Tat zu schreiten und den Ton wieder hochzufahren. Kaum hatte er den Regler losgelassen, als ich ihn wieder nach links drehte. So ging das mehrmals hin und her, laut und leise, bis ich den Drehknopf nicht mehr losließ. Dann schaffte mein Gegner Fakten:

Er sprang herbei, quetschte meine Finger um den Knopf, so dass ich glaubte, in einen Schraubstock geraten zu sein.

»Spinnst du!«, schrie ich auf. »Lass sofort los!«

Das tat er überraschenderweise, sonst hätte er mir womöglich den Daumen gebrochen. Er trat den Rückzug an und setzte sich wieder neben den kleinen Stricher. Mit dem guten Gefühl des Triumphes im Herzen schritt auch ich zurück zu meinem Stuhl, wo Hagen kopfschüttelnd meinen Auftritt kommentierte.

»Es kommt noch soweit, und du kriegst von so einem mal richtig Schläge«, meinte er.

Dann hörte ich, wie der Sportsmann, der eine Reihe vor uns und fünf Plätze versetzt saß, eine Vokabel formulierte, die zweifellos mir galt. »Oaschloch!«

»Hey, Alter«, hörte ich mich in der Euphorie des gerade errungenen Sieges sagen, »Du kannst auch paar auf die Fresse kriegen, wenn du dein Maul weiter aufreißt!«

Das konnte Tarzan, so nannten ihn seine Kumpel, wie ich gerade erfuhr, nicht auf sich sitzen lassen. Er erhob sich, blickte mich mit roter Birne an und sagte: »Dann komm, gehen wir raus und klären das!«

In meiner Not sah ich Hagen an, von dem ich Hilfe erwartete. Schließlich war Hagen ein stabiler Junge, mit dem sich niemand gerne anlegen würde. Er hatte schon wiederholt Probleme mit den Fäusten geregelt. Aber Hagen rührte sich nicht.

»Den Scheiß hast du dir selber eingebrockt, und nun sieh zu, wie du aus der Nummer wieder raus kommst ...«

Da er Recht hatte, und da ich mein Gesicht nicht verlieren wollte, stand ich auf und folgte meinem Gegner nach Draußen. Im Hinausgehen warf ich noch einen kurzen Blick auf den Aufsichtsbeamten, der ganz hinten an der Wand saß, doch der Mann würdigte mich keines Blickes. Er tat so, als habe er den Konflikt und die sich nun anbahnende Schlägerei nicht mitbekommen. Naja, was soll man schon von einem Wärter erwarten, der jetzt schon aussieht wie sein eigener Grabstein. Also folgte ich meinem Gegner hinaus auf den Flur. Hinter mir schloss ich die Tür.

Ich kann wohl von Glück reden, dass der Bursche sich nicht gleich auf mich warf, sondern abwartend an der Fensterbank lehnte, als ich mich ihm zuwandte.

»Hör zu, Alter«, sagte ich. »Ehe ich dich töte, wollen wir der Vernunft eine letzte Chance geben. Von mir aus einigen wir uns friedlich: Du entschuldigst dich für das ›Oaschloch‹, ich nehme das angedrohte ›auf die Fresse‹ zurück.«

Und um mein Angebot zu untermauern, auf dass er es nicht so leicht würde ablehnen können, ergänzte ich: »Ich hab ein Messer dabei«, wobei ich meine Rechte tief in die Hosentasche gleiten ließ. »Entweder du schlägst mich tot, oder ich steche dich ab!«

Mein Gegner war einen Schritt auf mich zugekommen und sah mich verunsichert an. Die Sache mit dem Messer hatte ihn überrascht. Sie gefiel ihm nicht.

»Wie immer die Geschichte hier ausgeht, einer von uns glaubt dran, und der andere kriegt einen Prozess und Nachschlag«, fuhr ich fort. »Wir können beide nur verlieren.«

»Ich hab doch nicht angefangen, *du* wolltest dich doch mit mir schlägern«, sagte er.

»Stimmt«, entgegnete ich. »Das war wohl nicht sehr klug von mir.«

*Bref:* Wir einigten uns, gaben uns die Hand und vereinbarten, die Sache auf sich beruhen zu lassen. Als wir kurz darauf den Fernsehraum wieder betraten, wurden wir von geschätzt fünfzig Ganovenblicken erwartet. Vergeblich suchten sie ein blaues Auge oder eine blutende Nase bei mir. Schweigend, während der Film lief, gingen Tarzan und ich zu unseren Plätzen und setzten uns. Es verging eine lange Schweigeminute, ehe Hagen sich zu mir herüber beugte.

»Wie hast du das denn hingekriegt?«

»Erst hab ich ihm Angst eingejagt, dann hab ich mich entschuldigt«, flüsterte ich, während sich mein Adrenalinspiegel gerade senkte.

Hagen schüttelte erneut sein Haupt, dann konzentrierten wir uns auf den Film, in dem es nicht nach einer versöhnlichen Einigung aussah.

Wie gefährlich ein loses Maul im Knast werden kann, musste ich eines Abends im Fernsehraum erfahren, als ich während eines Fußballspiels abschätzige Kommentare über den FC Bayern und dessen Fans abließ, von denen ein gutes Dutzend mit ihrem Team fieberten.

»Die Bayernfans wurden in ihrer Kindheit alle mit zu kleinen Löffeln gefüttert. Deshalb sind sie heute unterentwickelt. Lebenslange Opfer.«

Der Polizistenmörder Rudy Rebarczyk drehte sich um und warf mir einen unfreundlichen Blick zu.

»Halt dein Maul, Berger!«

Da mir aber gerade noch ein interessanter Gedanke eingefallen war, den ich noch loswerden wollte, setzte ich nach: »Einen persönlichen Sieg wird ein Bayernfan niemals erringen, daher hängen sie am Rockzipfel vom Hoeneß und feiern jedes gewonnene Spiel, als hätten sie selbst auf dem Platz gestanden.« Und weil ein Koksdealer das grinsend kommentierte, setzte ich noch einmal nach: »In der Psychologie nennt man sowas Projektion.«

Wahrscheinlich hatte ich was Wahres gesagt, denn Rudy, der Killer, sprang plötzlich vom Stuhl hoch und packte mich beim Kragen. Mit der Kraft seiner knochigen Arme hebelte er mich aus, dass meine Füße baumelten, und dann schob er sein vom vermasselten Leben gezeichnetes Gesicht ganz dicht an meines heran.

»Noch ein Wort über den FC Bayern, Berger, und ich mach dich platt! Host mi?« Sein Kopf glühte und in seinen Augen flackerte der Wahnsinn. Ja, kam es mir in den Sinn, solche Typen können töten.

Wie reagiert man in solch einer Situation, wenn man vor den Mitgefangenen sein Gesicht verliert? Nun, nachdem er mich abgesetzt hatte, verließ ich den Raum und entspannte mich eine halbe Stunde mit Hagen beim Tischtennis. Tags darauf suchte ich das Gespräch, und am Ende reichten Rudy und ich uns die Hand.

»Tut mir leid, Berger, aber manchmal kocht ein solcher Hass in mir hoch, dann könnte ich glatt noch einen kaltmachen. Ich weiß, dass ich dazu in der Lage bin«, sagte er.

»Du wärst gestern in der Lage gewesen, mich umzubringen?«

»Vielleicht nicht. Aber ich hätte dir wehgetan. Sehr weh getan …«

»Wie ist denn überhaupt das Fußballspiel ausgegangen«, wollte ich noch wissen, um das unerfreuliche Thema zu wechseln. Wer thematisiert schon gerne mit einem Mörder den eigenen Tod? Dann doch lieber Fußball.

»Wie schon, Bayern hat gewonnen.«

»Na also.«

## Bankraub mit Handicap

Die nun folgende Geschichte war es, die mich vor Jahren triggerte, diese Sammlung von Anekdoten irgendwann einmal zu schreiben. Ich legte mir ein Blatt Papier an die Schreibtischkante und notierte im Laufe der Zeit alle Namen von ehemaligen Leidensgenossen, deren außergewöhnliche Kriminalfälle mir noch im Gedächtnis haften geblieben waren. Zeit also, diese Initialgeschichte der drei Österreicher zu erzählen, die den Plan gefasst hatten, im reichen Bayern eine Bank zu plündern. Die Namen der tapferen Tiroler sind mir längst entfallen, nennen wir sie Tom, Falk und Winnie, alle Mitte Zwanzig. Insbesondere mit Winnie, dem logistischen Kopf der Bande, unterhielt ich mich gern, schon allein deshalb, weil ich seinen Tiroler Zungenschlag mochte. Und weil er ein guter Erzähler war, denn gute Geschichten fanden sich im Knast zuhauf, bloß hatten die wenigsten das Talent, sie auch dramaturgisch gekonnt zu erzählen.

Den Plan, eine bayerische Bank zu überfallen, hatten sie gefasst, weil bei den letzten Überfällen in ihrem Heimatland nicht viel herausgesprungen war, also beschlossen sie, es einmal in Deutschland zu versuchen. Wo genau die Bank lag, die sie ausgekundschaftet hatten, habe ich vergessen (vielleicht in Bad Tölz), jedenfalls war es nicht weit von der deutsch-österreichischen Grenze, denn sie hatten geplant, in die Berge zu flüchten. Zunächst knackten sie zwei Autos, einen VW-Variant und einen etwas schnelleren Alfa-Romeo Giulia Super. Den Alfa parkten sie am Vorabend hinter der Bank in einer kleinen Seitenstraße, mit dem Variant fuhren sie am Morgen direkt vor das Bankhaus. Eine Weile blieben sie im Auto sitzen und beobachteten den Eingang: Die Anzahl der Kunden, die sich im Gebäude befanden, und was ihnen sonst noch für die Sicherheit eines solchen Unternehmens von Bedeutung erschien. Als mehrere Kunden das Gebäude gleichzeitig verließen, dürften sich ihrer Zählung nach noch drei Leute in Inneren befunden haben. Gerade war noch eine Frau eingetreten, die, wie sie beobachteten, leicht hinkte.

»Die Frau wird uns keine Schwierigkeiten machen«, sagte Falk zu Winnie. »Wie besprochen, ich kümmere mich um die Kunden, Tom und du, ihr kümmert euch um die Marie.«

Dann sollte es schnell gehen. Sie zogen sich die Gesichtsmasken über und liefen die vier Stufen der breiten Zugangstreppe hinauf. Das erste Missgeschick passierte Falk, dem auf der Treppe die Pistole aus dem Anorak rutschte, derweil Winnie schon im Kassenraum stand und »Überfall« rief. Tom hielt die Tür auf, und Falk erschien mit kleiner Verzögerung, weil er zurück zum Fuß der Treppe musste, um seine Knarre aufzuheben. Der Überfall selbst lief routinemäßig ab, wenn man einmal davon absieht, dass die Polizei sehr schnell informiert war, sei es durch einen Passanten, der die Sache mit der verlorenen Waffe beobachtet hatte, sei es, dass eine der Angestellten den Alarmknopf betätigte, noch ehe die Räuber Kontrolle über die Menschen im Schalterraum gewonnen hatten. Um die oben an einem Pfeiler angebrachte Videokamera außer Gefecht zu setzen, hatte Tom sie gleich nach dem Eindringen mit einer Spraydose erblindet. Wie dem auch sei, noch ehe die Scheine in der mitgebrachten Sporttasche steckten, waren schon zwei Streifenwagen unterwegs. In der Bank befanden sich zu dem Zeitpunkt drei Kunden und vier Angestellte. Letztere hatten sich auf den Boden zu legen, die Kunden, ein älteres Ehepaar beorderten sie, sich mit dem Gesicht zur Wand zu stellen, sich nicht umzudrehen und auf keinen Fall »a Gschrei« zu veranstalten. Falk packte die gehbehinderte Dame unsanft beim Kragen und drohte, sie zu erschießen, falls irgendwer nicht parieren sollte. Läuft so ein Banküberfall nach Plan, dauert es in der Regel nicht lange, ehe alles vorbei ist, aber wann verlaufen die Dinge schon nach Plan … Was im Fall der drei Tiroler die Sache verkomplizierte, war der Umstand, dass schon nach wenigen Minuten die Polizei vor der Bank Position bezogen hatte. Mit dem Megafon forderte sie die Verbrecher auf, sich zu ergeben. Der Variant war längst als der Fluchtwagen identifiziert. Inzwischen hatte Winnie die Beute aus den beiden Kassen im Sack, und forderte den Filialleiter auf, ihn zum Tresorraum zu begleiten, der im Keller lag. Das erwies sich indes als überflüssig, denn eine Angestellte, die von dem Überfall bislang noch nichts mitbekommen hatte, war dort gerade mit dem Deponieren von Devisen beschäftigt, der Tresor war demnach schon geöffnet, als Tom und Winnie mit dem Direktor unten auftauchten. Letzterem wurde die verantwortliche Aufgabe übertragen, das Bargeld aus dem Safe in die Sporttasche zu packen.

Unterdessen stand Falk noch oben im Kundenbereich und hielt die gehbehinderte Frau in Schach. Draußen war inzwischen Verstärkung angerückt: Ein Dutzend »Grüne« wie die Polizei in den 70er Jahren im Volksmund noch genannt wurde. Die Idee der SEKs war wegen der allgegenwärtigen Terroristenfahndung gerade erst geboren. Dass Falk, der Angestellte und Kunden im Auge behalten sollte, mit jeder vertickenden Sekunde nervöser wurde, bemerkte auch die Dame, der er die ganze Zeit die Pistole an die Schläfe hielt. Draußen die Durchsagen der Polente, drinnen gespenstische Ruhe, aus dem Untergeschoss ab und zu ein Geräusch, aber von den Komplizen keine Spur. Gemäß dem Plan hätten sie längst wieder oben in der Schalterhalle sein sollen. Die Sache gefiel Falk nicht.

»Wenn du mir versprichst, mich nicht zu erschießen, dann helfe ich euch bei der Flucht. Ich kenne den Hinterausgang«, flüsterte ihm seine Geisel ins Ohr. Die Frau hatte die Nervosität des jungen Mannes gespürt und sah eine Chance, den unerwartet verlaufenden Bankbesuch ohne weitere Gewaltanwendung zu einem wenigstens für sich und die übrigen Geiseln baldigen Ende zu führen. Falk dachte kurz nach, überlegte wie sich Winnie wohl entscheiden würde und richtete dann das Wort an die an der Wand stehenden Senioren und die am Boden kauernden Angestellten.

»Ich gehe mal nach unten nachschauen, wo meine Freunde bleiben. Die Frau hier nehme ich mit. Sie bleiben bis auf weiteres wo Sie sind. Keiner bewegt sich! Sollte ich irgendetwas hören, dann haben Sie das Leben dieser Dame auf dem Gewissen!«

Sprachs und bedeutete der Geisel, zur Treppe nach unten vorzugehen. Als sie unten ankamen, hatten Tom und Winnie gerade den Filialleiter und das Bankfräulein in den Tresorraum eingesperrt. Den Schlüssel für den Hinterausgang hatte Winnie in der Hand. Wie allerdings die Lage draußen aussah, das wusste zu diesem Zeitpunkt keiner von ihnen. Vorsichtshalber beschlossen sie, ihre Geisel bis zu dem um die Ecke geparkten Alfa mitzunehmen, in der Hoffnung, dass dieser noch nicht entdeckt worden war. Sie schlossen die Hintertür der Bank auf und lauschten. Nichts zu hören, nichts zu sehen, niemand auf der Gasse. Vom Vorplatz hörten sie das Megafon, sonst nichts, in der Ferne ein Martinshorn. Aus einem vorerst noch nicht ersichtlichen Grund schaltete sich nun die Geisel wieder ein.

»Wenn ihr wollt, nehme ich euch mit zu mir nach Hause. Ich wohne nämlich nicht weit von hier, dort seid ihr erst einmal in Sicherheit«, schlug die Frau den Gangstern vor.

In Ermangelung einer besseren Alternative, ließen sie sich auf den Vorschlag ein.

»Wir haben einen zweiten Wagen gleich hier um die Ecke«, erklärte Winnie. »Sollte der noch nicht entdeckt worden sein, fahren wir zu deiner Wohnung. Wie weit ist das denn?«

»500 Meter, vielleicht ein wenig mehr«, sagte die Frau. »Ich bin übrigens die Rosi.«

»Also gut, Rosi, versuchen wir's. Aber versuche nur ja nicht, uns zu verarschen!«

»Mein Ehrenwort«, schwor sie und brachte damit die drei Kerle fast zum Lachen.

Die Straße war tatsächlich »sauber«, die gesamte Polizei hatte sich vor der Bank postiert und den vermeintlichen Fluchtwagen schon blockiert. Dutzende Schaulustige bevölkerten den Vorplatz. So gelang es der Bande, mit Hilfe der ortskundigen Rosi, deren Status inzwischen von dem der Geisel zur Komplizin mutiert war, im Alfa im weiten Bogen zu ihrer Wohnung zu gelangen, die zur Erleichterung der Jungs aus Tirol sogar über eine Tiefgarage verfügte.

Unterdessen hatte die Polizei die Bank gestürmt und von den Zeugen erfahren, dass die Gangster mit einer Geisel durch den Kellerausgang geflüchtet waren. Zunächst wurden der Filialleiter und seine Kassiererin befreit, die allerdings auch nicht mehr wussten, als dass die Bande den Tresor komplett lehrgemacht hatte. Knapp 120.000 Mark fehlten, die Beute aus den Schalterkassen nicht einmal mitgerechnet. Ohne Zeit zu verlieren, wurde eine Ringfahndung rund um Bad Tölz eingeleitet, jedes Auto, dass die Stadt verlassen wollte, wurde misstrauisch inspiziert. Alles was man wusste: Es handelte sich um drei junge Männer mit Tiroler Akzent, die eine bislang unbekannte Geisel genommen hatten, eine Frau um die Vierzig, die wohl bald als vermisst gemeldet würde. Die Auswertung der Kamera dürfte nicht viel ergeben, denn sie war schon nach wenigen Sekunden unbrauchbar gemacht worden.

Für die Räuber galt es jetzt, stillzuhalten und zu hoffen, dass niemand etwas Verdächtiges bemerkt hatte, insbesondere dass der elegante Fluchtwagen keinem aufgefallen war. Jetzt saßen sie bei Rosi in der Küche, tranken Bohnenkaffee und aßen Kekse. Man machte sich miteinander bekannt, und Tom drehte dazu einen Joint, was der Stimmung nicht schadete. Die aus der Not geborene Freundschaft zwischen den Österreichern und der Tölzerin festigte sich mit jedem Zug an der Tüte. Eine Stunde später, draußen fuhren die Grünen mehrmals am Haus vorbei, waren die Gangster dabei, die Beute zu zählen, und als Rosi bemerkte, dass Winnie vier Häufchen anlegte, ahnte sie, dass sie wohl mitbedacht werden sollte. Und so kam es dann auch. Während in und um die Stadt verzweifelt nach den bewaffneten Verbrechern mit der Geisel gesucht wurde, vor denen im Radio alle halbe Stunde gewarnt wurde, saßen die Komplizen in Rosis Küche und rauchten Gras. Im Backofen schmorte ein Nudel-Gemüse-Auflauf, im Fernseher war der Raub von Bad Tölz das große Thema. Nach wie vor konnte der Sprecher der Behörde keinen Fahndungserfolg melden, die Geisel, die auf der Kamera nur von hinten zu sehen war und von keinem der Angestellten beachtet worden war, blieb bis auf Weiteres ebenso unbekannt wie unauffindbar. Lediglich das ältere Ehepaar hatte beobachtet, dass die Dame leicht das Bein nachzog, die Frau war sich sicher, es war das rechte, ihr Mann aber bestand darauf, dass es das linke war. Also wurden die Krankenhäuser der Umgebung um eine Liste der Patientinnen gebeten, die in den letzten zwei Monaten an Füßen oder Beinen operiert worden waren. Angaben zur erbeuteten Summe wollte das Bankinstitut nicht machen, man hatte schließlich einen Ruf zu verlieren. Wenngleich gerade das die Leute am meisten interessiert hätte. Leben und Schicksal der Geisel wurden nur am Rande erwähnt. Alle Hinweise aus der Bevölkerung erwiesen sich als unbrauchbar, der Leiter der Tölzer

Polizei raufte sich die Glatze. Die Verbrecher schienen wie vom Erdboden verschluckt zu sein.

An dieser Stelle muss ich eine Lanze für Rosi brechen, die mir, je weiter Winnie mir die Geschichte erzählte, zusehends sympathischer erschien. Mir ist dabei durchaus bewusst, dass es sich bei einem bewaffneten Bankraub um kein Kavaliersdelikt handelt, wie etwa beim Anbau oder Verticken eines Zentners Marihuana, auch wenn keine Schüsse fallen und kein Blut fließt. Niemand kann bei Gewalttaten irgendwelcher Art vorhersehen, wie die Opfer reagieren, ob sie traumatisiert werden, und wie lange sie sich mit den Folgen herumplagen. Dasselbe gilt übrigens auch für den Einbruchdiebstahl, bei dem die Geschädigten meist sehr emotional reagieren, zuweilen nie mehr ruhig in den geschändeten vier Wänden schlafen können. Aber im Gegensatz zum Einbrecher, haftet dem Räuber traditionell beim Volk ein Nimbus von Heldentum an, eine klammheimliche Sympathie. Vielleicht werden Presseberichte zu geglückten Banküberfällen deshalb meist mit emotionsloser Sachlichkeit kommentiert, ich weiß es nicht. Um zurück zu Rosi zu kommen: Ich bewunderte den Mut dieser Frau, wenngleich, wie wir gleich sehen werden, ihr Handeln nicht in seiner Gänze idealistisch war.

Nachdem die glücklichen Gangster gespeist hatten, holte Rosi eine Flasche Schaumwein aus dem Kühlschrank, und weil es gute Gründe gab, mehr als einmal anzustoßen, öffnete Falk noch eine zweite. In Rosis geräumiger Wohnung herrschte ausgelassene Laune.

»Was ich dich die ganze Zeit schon fragen wollte; Was hast du für Probleme beim Laufen? Mir ist aufgefallen, du hinkst ein wenig«, sagte Tom aus einem bequemen Sessel heraus.

»Das fällt auf, nicht wahr? Obwohl ich mir alle Mühe gebe, es zu verbergen. Ich hatte vor zehn Jahren einen Autounfall, war selbst dran schuld«, erklärte Rosi. Und weil keiner der Männer weitere Fragen stellte, fuhr sie fort. »Man hat mir den linken Unterschenkel amputiert, ich habe links nur noch ein halbes Bein, wenn man so will.«

»Wie ist das mit dem Unfall denn passiert?«, erkundigte sich Tom weiter.

Wir wollen uns die Einzelheiten des Unfallbericht ersparen, den Rosi den Jungs gab, die mit einem Mal ganz betreten zuhörten. Sie war unter Alkoholeinfluss bei Glatteis von der Straße abgekommen, gegen eine Hausmauer geprallt und dabei wurde das linke Bein so schwer gequetscht, dass es unterhalb des Knies amputiert werden musste. Rosi erzählte von dem Unfall, der ihr ganzes Leben auf den Kopf gestellt hatte, erstaunlich sachlich. Die Tränen, die es sie damals gekostet haben musste, waren inzwischen versiegt. Und weil ihre ganz ruhig gewordenen Gäste weiterhin schwiegen – was soll man zu einem solchen Schicksal als denkfauler Ganove auch sagen – ergriff die Frau wieder das Wort.

»Als ihr heute Mittag in die Bank gestürmt kamt, fiel mir mein Unfall wieder ein. Um Gottes Willen dachte ich, hoffentlich schießen sie mir nicht auch noch in mein gesundes Bein!«

»Das hätten wir nie getan«, stellte Winnie klar, der während des Berichtes kein Wort gesagt hatte. »Du hast also seit zehn Jahren ein Holzbein?«

»Holzbeine«, lachte Rosi, »die gibt es schon lange nicht mehr. Inzwischen hat die Orthopädie-Technik Fortschritte gemacht. Ihr habt doch sicher schon mal im Fernsehen ein Laufduell bei den Paralympics gesehen. Die haben spezielle Sportprothesen. Aber meine neue Prothese, die ich seit zwei Jahren trage, ist auch ein technisches Meisterstück. Soll ich sie euch mal zeigen?«

»Würde mich schon interessieren«, sagte Falk, der von den Dreien am meisten betroffen schien.

Rosi erhob sich aus dem Sessel, zog ihre Sneakers aus und streifte die Levis ab, und was die Jungs zu sehen bekamen, war zunächst das, was von ihren wohlgeformten Beinen übrig war; und dann diese erstaunliche Konstruktion aus Edelstahl, Kunststoff und High-Tech, mit Gelenken und einer Fußimitation, die problemlos in ihre Schuhe passte.

»Wahnsinn!«, kommentierten sie quasi im Chor, und meinten damit die Perfektion dieser Prothese. »Seit zehn Jahren bist du damit unterwegs«, stellte Falk fest.

»So ist es. Und was mir fast genauso zu schaffen macht: Seit zehn Jahren hatte ich keinen Sex mehr!« Dann zog sie ihre Hose wieder hoch und blickte die Burschen ein wenig verlegen an. »Welcher Mann will schon mit einem Krüppel ins Bett?«

»Immerhin lebst du noch und hast uns heute vor dem Knast bewahrt«, kommentierte Winnie, merkte aber sogleich, wie unangemessen sein blöder Spruch angesichts Rosis Schicksal war.

Unterdessen war es draußen dunkel geworden, es fuhr zwar immer noch Polizei in der Stadt herum, aber ganz offensichtlich hatten sie keinen Plan, wohin sich die Bankräuber verdrückt hatten. Während des ganzen Trinkgelages lagen die vier Packen Geldscheine auf dem Tisch. Es wurde Zeit zu teilen. Das übernahm Winnie, der das vierte Bündel wie selbstverständlich zu der Frau hinschob, die sie gerettet hatte. Danke, war alles, was sie dazu sagte. Spät in der Nacht, Rosis Vorrat an Alkoholika war aufgebraucht, teilte sie jedem einen Schlafplatz zu. Auf dem Winkelsofa im Wohnzimmer konnten zwei schlafen, einem bot sie den Platz in ihrem Doppelbett an. Kurz schien es, als könnten sie sich nicht darauf verständigen, wer bei Rosi schlafen sollte, aber dann erklärte Falk, dass er ihr Angebot gern akzeptierte.

Dass Falk und Rosi in dieser Nacht nicht viel Schlaf fanden, überraschte mich kaum, als Winnie mir die Geschichte erzählte. Es ist nicht einfach für zwei Menschen, die zum ersten Mal zusammen in einem Bett schlafen, nicht beim Sex zu landen. Und schon gar nicht, wenn die Dame Rosi heißt und seit zehn Jahren auf den Dildo angewiesen war. Das soll hier keine pornografische Ausschweifung werden, aber Rosis sexuelles Wiedererwachen gehört nun einmal zu dieser Geschichte dazu. Prothese hin, Alkohol her, und von Falk war nicht bekannt, dass er die Techniken des Kamasutras beherrschte: Er brachte die Frau durch seine Zärtlichkeit in dieser Nacht fast um den libidinösen Verstand. *Bref:* für Rosi wurde es zur Nacht der Nächte, mehr noch, zur geilsten aller geilen Wochen. In den folgenden Tagen wechselte sie ihre Liebhaber: erst Winnie, dann Tom, dann wieder Falk. Rosi hatte einfach Lust, jahrelang angestaute Lust, und die konnte ihr von den neuen Freunden befriedigt werden. Sie kam sich vor, als bestiege sie mit jeder neuen Penetration einen weiteren Gipfel der Alpen …

In den Pausen erschien sie bester Laune in der Küche und kochte für ihre Männer, um sie bei Kräften zu halten, dann schlief sie für einige Stunden sacht ein, träumte sich sogar ihre sexuellen Phantasien aus der Seele, und wenn sie dann sanft erwachte, schmuste sie sich an den Galan ihrer Wahl heran. Dass diese Tage ungehemmten Fickens mit Rosi auch in Winnies Herz noch präsent waren, erkannte ich an seinen Augen, während er mir diese erstaunliche Geschichte erzählte: Sie leuchteten.

Am dritten Tag ließ sie die Liebhaber für ein paar Stunden allein zurück, um die Vorräte in der Küche aufzufüllen. Kurz dachte sie daran, zur Bank zu gehen und einen Teil des ergaunerten Geldes auf ihr Konto einzuzahlen, aber eine innere Stimme riet ihr davon ab, weibliche Intuition. Stattdessen gab sie Geld aus, schleppte den besten Champagner nach Haus, besorgte kubanische Zigarillos und hakte die Wunschliste ab, die die Gäste ihr mitgegeben hatten. Wieder zurück, ging die Party weiter. Am vierten Tag klingelte es an der Haustür, aber Rosi ließ niemanden ein. Winnie, der hinter der Gardine stand, sah, wie sich kurz darauf zwei Polizisten entfernten. Offenbar bestand keine akute Gefahr, aber die Sache schmeckte ihm nicht. Man besprach sich, und obgleich Rosi beschwichtigend auf die Tiroler Gäste einzuwirken versuchte, beschlossen sie, am folgenden Morgen mit dem Frühverkehr die Stadt zu verlassen. Ihr Alfa stand in der verschlossenen Garage, und wenn man dem Radio Glauben schenken konnte, wurde danach auch nicht gesucht. Die Ringfahndung war längst eingestellt, wenngleich man davon ausgehen musste, dass die Kripo weiter mit Hochdruck ermittelte.

Am Abend des Abschieds wurde noch einmal ausgelassen gefeiert, diesmal nicht mit Rotkäppchen, sondern mit Dom Pérignon. Marlboro waren out, Davidoff hieß der Stoff der Stunde. Und dass der letzte Tag nicht ohne Sex stattfand, hätte Winnie nicht eigens betonen müssen, als er mir den Rest der Geschichte erzählte. Aber davon hatte ich genug gehört, ich wollte wissen, wie sie am Ende doch noch geschnappt worden waren.

»Piano, mein Freund«, sagte der Österreicher. »So weit sind wir noch nicht.«

Ich spitzte die Ohren.

»Rosi zeichnete uns einen Plan, wie wir Bad Tölz über eine kleine Seitenstraße verlassen konnten.«

Dann ging sie hinunter zur Tiefgarage, um zu sehen, ob mit dem Alfa alles in Ordnung wäre. Anschließend machte sie noch einen Spaziergang, lief die geplante Route einen Kilometer ab, und sah sich diskret nach verdächtigen Fahrzeugen mit noch verdächtigeren Insassen um, fand aber nichts Beunruhigendes. Nachdem sie zurück war, erklärte sie ihren Komplizen noch einmal die Strecke, dann ging es ans Adieu. Die Männer umarmten sie, Winnie schärfte ihr noch einmal ein, dass sie mit dem geraubten Geld vorsichtig umgehen solle, keine auffälligen Investitionen (immerhin hatte sie etwas mehr als 30.000 Mark ›verdient‹), keine Änderung in ihrem normalen Lebensstil. Sie versprachen ihr, sich bei ihr zu melden, wenn sie in Sicherheit wären, also aus Österreich.

»Fandet ihr es nicht ein wenig riskant? Schließlich hätte ihr Telefon ja abgehört werden können«, gab ich zu bedenken.

»Das mit dem Abhören war damals noch nicht sehr in Mode bei den Bullen, das wussten wir. Also gab sie uns ihre Nummer, die ich übrigens heute noch im Kopf habe, und wir schlichen durch das Treppenhaus in den Keller, von wo aus man durch eine Stahltür in die Garage gelangen konnte …«

»Lass mich raten: Dort wurdet ihr dann verhaftet?«

»Keineswegs«, lachte Winnie. »Wir setzten uns in den Wagen, Rosi öffnete uns das Tor und dann waren wir wieder auf uns allein gestellt.«

Winnie machte es spannend. Ich wollte endlich wissen, wann und wo sie geschnappt worden waren. »Und, seid ihr aus der Stadt herausgekommen?«

»Ja, das sind wir. Problemlos. Wir fuhren am Tegernsee vorbei, kamen durch Bad Wiessee und hielten ein paar Kilometer hinter Rottach auf einem Parkplatz an. Das erbeutete Geld und die Knarren hatten wir zuvor schon in einem Hohlraum unter dem Armaturenbrett versteckt. Wir warteten einen ausländischen Fernlaster ab und hängten uns hinter den. Wir dachten, der wird sicher an der Grenze angehalten und bindet somit Personal. Über den Achenpass gelangten wir ohne von den Deutschen oder den Tirolern angehalten zu werden ins Inntal. Dann fuhren wir nach Innsbruck, wo wir Freunde hatten, und quartierten uns für ein paar Tage in einer kleinen Pension ein«, beendete Winnie den Bericht.

Ein wenig enttäuscht blickte ich ihn an. »Wie seid ihr denn am Ende hochgegangen? Hatte Rosi einen Fehler gemacht, euch gar verraten?«

»Spinnst du! Die Rosi war voll in Ordnung. Wir sind nach diesem ersten Deutschland-Coup überhaupt nicht erwischt worden«, grinste er. »Geschnappt wurden wir zwei Jahre später in Passau, als wir wieder eine Bank in Deutschland machen wollten. Dort lief dann einiges schief, und vor allem, es war keine Rosi im Schalterraum. Aber das ist eine neue Geschichte, die erzähle ich dir ein anderes Mal.«

»Unglaublich«, war alles was mir dazu einfiel. »Habt ihr wenigstens die Rosi nochmal getroffen?«

Wahrscheinlich wollte ich wissen, ob sich noch eine Liebesgeschichte entwickelt hatte.

»Ein Jahr danach kam sie uns in Salzburg besuchen. Du kannst dir nicht vorstellen, was das für eine Fete war! Inzwischen hatte Tom sich von uns getrennt und den Job eines Kurierfahrers in Graz angenommen. Deshalb sitzt er auch nicht im Knast. So hätten Falk und ich es auch machen sollen, aussteigen. Jetzt haben wir beide noch zwei Jahre, bis wir abgeschoben werden.«

»Was habt ihr denn gefangen für die Sache in Passau?«, wollte ich noch wissen.

»Sechs Jahre und vier Monate sowohl für Falk als auch für mich. Ganz schön viel, wie ich finde.«

»Jetzt mach mal sachte. Mir haben sie 15 aufgebrummt, und ich habe nicht einmal Gewalt angewendet.«

»Ich weiß, dir haben sie kräftig eingeschenkt«, sagte Winnie. »Aber was mich dabei schon eine ganze Weile interessiert: Wie schaffst du es, jeden Tag so gut gelaunt deine Runden im Hof zu drehen?«

»Frag mich was Leichteres. Alles was ich sagen kann, ich habe mich mit meinem Schicksal ausgesöhnt. Anders kann man so eine lange Zeit wohl nicht aushalten.«

»Stelle ich mir schwierig vor …«

»Mag sein, ist aber wichtig. Der Mensch muss sich mit seinem Schicksal abfinden, sonst wird er krank vor Stress und geht zugrunde. Es ist die Pflicht eines jeden Sklaven, Unterdrückten und Gefangenen, Widerstand zu leisten, und das, mein Freund, ist auch ein Schicksal«, schmunzelte ich.

## Der Spanier

Eines schrecklichen Tages im Jahr 1986 besuchte mich ein Sanitäter, der im Lazarett der JVA Straubing bei der Versorgung der erkrankten Häftlinge eingesetzt war. Er bat mich darum, ihn an seinem Arbeitsplatz zu besuchen, es gehe um einen Spanier, der weder Deutsch noch Englisch spreche. Ich möge bei Gelegenheit bitte mal vorbeischauen und mit dem Mann reden. Selbst die Ärztin werde nicht schlau aus dem Kerl.

»Was hat er denn?«, wollte ich wissen.

»Schmerzen.«

»Oh je. Richte deiner Chefin aus, dass ich morgen nach der Arbeit vorbeikomme.«

Als ich am Tag darauf auf der stationären Abteilung des Lazaretts eintraf, begegnete ich einem Mann, der alles andere als zufrieden wirkte. Damit ist im Knast ohnehin nicht zu rechnen, aber dieser Spanier sah besonders unglücklich aus. Er litt unter Osteoporose, und noch mehr litt er darunter, dass er sich seit Wochen mit niemandem hatte verständigen können. Der Umstand, dass er endlich jemanden gefunden hatte, der seine Sprache verstand, wirkte Wunder: Zusehends hellte seine Laune auf, und als die Ärztin auftauchte und ihm mitteilte, dass sie außer dem schmerzlindernden Medikament wenig für ihn tun könne, schlug ich vor, man möge den Mann ins Zellenhaus verlegen, wo ich mich täglich mit ihm unterhalten könne und zukünftig bei allen Belangen als Übersetzer zur Verfügung stünde. Im Krankenhaus war man offenbar froh, ihn los zu sein, denn noch am selben Tag zog er in den Flügel des Hauses um, in dem auch ich untergebracht war.

Sein Name war José-María Solla-Perez, er war 62 Jahre alt und hatte erst zwei der zehn Jahre hinter sich, zu denen das Landgericht Aschaffenburg ihn aufgrund eines Verstoßes gegen das Betäubungsmittelgesetz verurteilt hatte. Es dauerte nicht lange, und José und ich wurden Freunde. Er erwies sich als höflich und großzügig, war bescheiden, und er glaubte an Gott. Was mich zunächst irritierte, war der Zorn, wenn er über seinen Prozess sprach. Er behauptete nämlich, unschuldig zu sein.

»Unschuldige« gab es im Gefängnis zuhauf, und es gab wenig Gesprächsstoff, der die »Schuldigen« stärker ermüdete oder gar erboste, als die Geschichten der Unschuldigen. Wer sich für unschuldig erklärte, stieß schnell auf Desinteresse oder gar Widerwillen. Selbst wenn ein Gefangener die Tat für die man ihn verurteilt hatte, tatsächlich nicht begangen hatte, was schon tragisch genug war, tat er gut daran, seine Unschuld nicht auf dem Gefängnishof zu vermarkten. Unschuldsgeschichten kamen einfach nicht gut an bei den Mitgefangenen, und es dauerte Monate, bis ich endlich begriffen hatte, dass dieser Spanier tatsächlich Opfer übler Machenschaften geworden war, die ihn in den Knast gebracht hatten. Von dem Tag an, als ich das verstanden hatte, verspürte ich eine ungesunde Rachsucht in mir aufsteigen, die sich gegen den Zeugen richtete, dessen falsche Aussage Josés Lebensglück zerstört hatte. Konnte ich den Verrätern, die mich selbst vor Gericht belastet hatten, noch verzeihen – was mir nicht leichtgefallen war – so hegte ich gegen den Verleumder Josés Hass und Verachtung. Darin wurzelte schließlich die Solidarität, die ich meinem spanischen Mithäftling entgegenbrachte.

Je mehr mir José im Laufe der kommenden Jahre von sich und seinem Leben erzählte, wurde mir bewusst, hier handelte es sich wirklich um ein Schicksal, um mehr als eine tragische Geschichte, und Schicksale müssen vom Anfang bis zum Ende erzählt werden.

José wurde 1924 im spanischen Baskenland geboren, das damals zum Königreich Spanien gehörte. Mit der spanischen Monarchie ging es nach dem 1. Weltkrieg bergab, im April 1931 trat König Alfons VIII. zurück. Spanien wurde zur Republik, und die Gesellschaft spaltete sich in zwei Lager: in Traditionalisten und Progressisten. Zu Ersteren zählten der Adel, die katholische Kirche, die Großgrundbesitzer und die Militärs, Letztere waren Sozialisten, Anarchisten und Gewerkschaftler. Bei den ersten freien Wahlen siegten die Linken. Es kam zu Plünderungen von Kirchen und Klöstern, zu Ermordungen von Polizisten und Priestern, es herrschte Chaos. Bei den nächsten Wahlen übernahmen die Rechten die Macht. Innerhalb von zwei Jahren saßen 30.000 Linke in den Gefängnissen, aber bei den Wahlen des Jahres 1934 gewannen wieder die Linken, die umgehend alle politischen Gefangenen amnestierten. Es herrschte Terror und Gegenterror. 1936 übernahm der General Franco die Initiative und startete mit der Unterstützung Mussolinis und Hitlers den Spanischen Bürgerkrieg, der nach drei Jahren mit dem Sieg der Faschisten endete.

Das war also der politische Hintergrund, vor dem José seine Kindheit und Jugend erlebt hatte. Seine baskische Familie stand auf der Seite der Arbeiter, sein ein Jahr älterer Bruder Juan engagierte sich im Krieg als Nachrichtenüberbringer. Eines Tages wurde er von Francos Leuten aus der Schule geholt und erschossen. José, der schon seine Eltern in den Kämpfen verloren hatte, floh im Alter von 15 Jahren über die Grenze nach Frankreich. Dort beendete er seine Ausbildung und verbrachte den größten Teil seines Lebens im Exil. In der französischen Handelsmarine fand er eine Anstellung, erwarb zu Beginn der 60er Jahre das Kapitänspatent und fuhr auf in Panama registrierten Hochseeschiffen.

Der Spanische Bürgerkrieg kostete das Volk etwa 600.000 Menschenleben, von denen 30.000 auf das Konto der deutschen Luftwaffe (»Legion Condor«) gingen. Eine halbe Million Spanier gingen wie José ins Ausland, 80.000 Verdächtige wurden nach dem Krieg hingerichtet, und zwei Millionen wurden in Konzentrationslager und Gefängnisse gesperrt, wo sie bis zu 30 Jahre Haft und Zwangsarbeit erdulden mussten. Aufgearbeitet ist dieses nationale Trauma bis heute nicht wirklich.

1975 starb der langjährige Diktator Franco und das Land wurde zur konstitutionellen Monarchie, zu dem Spanien also, wie wir es heute kennen. Nach fast 40 Jahren im Exil kehrte José zurück in seine Heimat und heiratete 1980 Marisa, eine 30 Jahre jüngere Baskin, die ihnen kurz darauf eine Tochter gebar. Die Familie siedelte 1984 über nach Luxemburg, wo sie in dem Ort Beaufort unweit der Grenze zu Deutschland ein Anwesen erwarben. Aus seiner jahrzehntelangen Arbeit als Schiffskapitän erhielt José eine gute Rente. Da er sich aber noch fit für eine Aufgabe fühlte, erwarb er einen Lastwagen und gründete eine Spedition. Den LKW fuhr sein spanischer Freund Paco, der seit Jahren in den Niederlanden arbeitete. Die Firma importierte Obst und Gemüse aus Valencia nach Deutschland, und auf dem Rückweg nahm man Blumen aus

Holland mit nach Barcelona. José schickte sich an, eine Symbiose zwischen junger Familie und Lebensabend zu verwirklichen. Privat schaffte er sich einen 250er Mercedes an. Er sprach Spanisch und Französisch, konnte sich aber auch auf Italienisch verständigen.

Im Frühjahr 1985 gab der Motor seines Mercedes den Geist auf. Weil das Fahrzeug ansonsten in einem guten Zustand war, riet ihm die Luxemburger Werkstatt, sich in Deutschland einen gebrauchten Motor zu besorgen. In der Zeitung fand er eine Annonce, in der ein Wiesbadener Autohändler einen gut erhaltenen Motor anbot, der in seinen Daimler passte. Der Besitzer der Werkstatt arrangierte den Kauf zum Preis von 4.000 Mark. Nach ein paar Tagen brachte der Wiesbadener, ein Mann namens Hans Reinhardt, den Motor zu José nach Beaufort. Die Hälfte des Kaufpreises zahlte er an, den Rest versprach er zu überweisen, sobald das Aggregat sich auf dem Prüfstand als tauglich erwiesen habe. Schon tags darauf stellte die Werkstatt fest, dass der Austauschmotor nichts taugte. Reinhardt kam erneut nach Luxemburg, um zu sehen, wo das Problem lag. Schließlich nahm er die Maschine wieder mit. Da er kein Geld dabeihatte, versprach er, dem Käufer die Anzahlung alsbald zurückzuerstatten.

Als sich die Rückabwicklung in die Länge zog, und auch nach Wochen von Herrn Reinhardt keine Nachricht eingegangen war, machte sich José mit dem Gedanken vertraut, einem Betrüger aufgesessen zu sein. Er hatte sich inzwischen einen neuen Wagen angeschafft. Seine Überraschung war groß, als er am 12. Mai einen Anruf von Hans Reinhard erhielt. Der Mann teilte ihm mit, er sei gerade geschäftlich in Trier und habe das Geld dabei, das er ihm noch schulde. Da Herr Reinhardt weder Spanisch noch Französisch sprach und José kein Deutsch, kommunizierten die Männer auf Italienisch, welches beide ein wenig verstanden. Reinhard bat José, um 21 Uhr zu dem LKW-Parkplatz in Wasserbillig zu kommen, der gleich nach der Grenze auf der deutschen Seite liege. Er, Reinhardt, werde ihn dort erwarten, um ihm das Geld zu übergeben. Er wäre gerne bis nach Luxemburg gekommen, habe aber leider kein Ausweisdokument einstecken. José sagte zu.

Als er in Begleitung seines Fahrers Paco in Wasserbillig eintraf, wartete der Wiesbadener schon auf dem Parkplatz. Mittels Lichthupe gab er sich zu erkennen. José stieg aus und ging hinüber zum Fahrzeug des Deutschen, der ihm die Beifahrertür öffnete und ihm bedeutete, einzusteigen. Auf dem Rücksitz saßen zwei weitere Männer, die sich kurz vorstellten, ehe Reinhardt zur Sache kam. Er holte einen Umschlag aus der Innentasche seiner Jacke und übergab ihn dem Spanier mit den Worten, dies sei der Rest, den er ihm aus dem letzten Geschäft noch schuldig sei. José, der das Geld zählte, alles Hundert-Mark-Scheine, bedankte sich auf Italienisch, und da eine weitere Kommunikation weder notwendig noch möglich war, schickte er sich an, das Auto zu verlassen. In diesem Moment hörte er hinter sich die Worte »Polizei! Sie sind verhaftet.« Wie aus dem Nichts tauchten weitere Polizisten auf dem Parkplatz auf und umstellten den Wagen. José wurde unter vorgehaltener Waffe genötigt auszusteigen, seinem Fahrer Paco, der sich auf die Sache ebenso wenig einen Reim machen konnte, erging es ebenso. Das Geld wurde beschlagnahmt, die beiden Spanier unter dem dringenden Verdacht des Rauschgifthandels festgenommen. Wie sich herausstellte, waren vier Zivilfahnder an der Aktion beteiligt. Sie legten José und Paco Handschellen an und brachten sie zum Polizeipräsidium Trier. Bei einem ersten Verhör erfuhr José durch einen hinzugezogenen Dolmetscher, dass er beschuldigt werde, am Tag zuvor dem Hans Reinhardt in Luxemburg 25 Kilogramm Haschisch übergeben zu haben. Nachdem Paco und ihm der Haftbefehl eröffnet worden war, überführten sie die beiden Spanier nach Aschaffenburg. Es dauerte Tage, bis Frau Perez einen Anwalt ausfindig gemacht hatte, der Spanisch sprach und der José im Gefängnis besuchte. Eine Woche verging, ehe die Staatsanwaltschaft dem Verteidiger Akteneinsicht gewährte. Der Verdacht stützte sich allein auf eine Aussage des Hans Reinhardt, der behauptet hatte, José habe ihm am Tag zuvor im Beisein Pacos in Luxemburg 25 Kilo Haschisch übergeben. Den gesamten Kaufpreis sollte Reinhardt am nächsten Tag vorbeibringen. Beide Spanier bestritten von Anfang an kategorisch, irgendetwas mit dieser Sache zu tun zu haben. Wie konnte es dazu kommen?

Während ich diese skandalöse Geschichte zu Papier bringe, sind seit den Ereignissen im Jahre 1985 fast vierzig Jahre vergangen.

Als Gedächtnisstütze dienen mir die Gespräche mit José, aber hätte ich in meinem Archiv nicht die Ermittlungsakten nebst dem Gerichtsurteil gefunden, wäre es mir kaum möglich, den Fall noch einmal so nachvollziehbar aufzurollen. Daher stammen also die Daten und Fakten, wobei ich die Namen teilweise geändert habe. Das was mir José damals erzählte, deckt sich weitgehend mit den im Gerichtsurteil des Landgerichts Aschaffenburg vom 22. Januar 1986 erkannten Tatsachen.

Der aus der Oberlausitz stammende Hans Reinhardt setzte sich im Mai 1948 nach Bayern ab und bestritt den größten Teil seines Erwachsenenlebens durch Hilfsarbeiten in der Landwirtschaft, als Fliesenleger und Kraftfahrer. Zu Beginn der 60er Jahre heiratete er die Tochter eines Schrotthändlers aus Wiesbaden, in dessen Betrieb er zehn Jahre lang Altautos zerlegte, ehe er sich als Autoschrauber selbstständig machte. Weil 1977 ein Ermittlungsverfahren gegen ihn eröffnet wurde, um was genau es dabei ging, geht aus den Akten nicht hervor, setzte sich Reinhardt nach Italien ab, wo er sich in verschiedenen Häfen als Schiffsanstreicher durchschlug. Daraufhin trennte sich seine Ehefrau von ihm. 1980 wurde er verhaftet und nach Deutschland abgeschoben. Dort angekommen, erfuhr er, dass das ominöse Ermittlungsverfahren gegen ihn eingestellt worden sei. Trotz Schulden machte er sich daran, in Wiesbaden eine Autowerkstatt aufzubauen. Das ist im Wesentlichen alles, was die Kammer des Landgerichts zu Reinhardts Vorleben festgestellt hat. Mehr zu seinen Umtrieben hatte allerdings das Bundeskriminalamt herausgefunden: Ein verdeckter Ermittler (»Nick«) erfuhr durch einen V-Mann (»Netzer«), dass ein gewisser Hans Reinhardt im Haschischhandel des Rhein-Main-Gebietes aktiv sei. Das Rauschgift käme aus den Niederlanden und stamme ursprünglich aus Marokko. 1984 machte es sich der BKA-Fahnder Braunmann aka Nick zur Aufgabe, diesen Hasch-Importeur zur Strecke zu bringen. Im Mai 1985 stellte Netzer schließlich seinen »Kunden« Braunmann dem Lieferanten Reinhardt vor und die beiden vereinbarten einen lukrativen ersten Deal: Braunmann hatte (zum Schein) Interesse an 25 Kilo Haschisch, als Preis wurden 5.200 D-Mark vereinbart. Als Übergabeort einigte man sich auf das Hotel Sheraton am Frankfurter Flughafen, wo am Sonntag, dem 12. Mai um 13 Uhr der Deal abgewickelt werden sollte. Ehe sich Reinhardt die 25 Kilo Ware besorgte, bewaffnete er sich noch mit einer Pistole Kaliber 7.65, die er seinerzeit aus Italien mitgebracht hatte. In Frankfurt angekommen, überzeugte der Kunde Braunmann den Dealer Reinhardt, der Flughafen eigne sich nicht für eine derartige Drogenübergabe, dort seien viel zu viele Bullen vor Ort. Er schlage den an der Autobahn gelegenen Rastplatz Rohrbrunn vor, auch unter dem Namen »Rasthaus im Spessart« bekannt. Reinhardt ließ sich überreden, noch einmal 70 Kilometer zu diesem Autobahnrastplatz zu fahren. Dort angekommen, öffnete er den Kofferraum seines Mercedes, in welchem das Haschisch in zwei Säcken verpackt lag und, wen wundert es jetzt noch, er wurde von einem Sonderkommando aus Bayern festgenommen. Als der Scheinkäufer Braunmann sich als Polizist zu erkennen gab, dürfte Reinhardt ziemlich belämmert dreingeschaut haben.

Wie dem auch sei, wir fragen uns, wie, wann und wo kommt José ins Spiel, der an diesem Sonntagnachmittag mit Frau und Freunden in Luxemburg in seinem Garten Kaffee und Kuchen genoss?

Während einer ersten Befragung auf dem Rastplatz Rohrbrunn, machte die Polizei Herrn Reinhardt ein Angebot: Sollte er bereit sein, seinen Lieferanten zu benennen und gar bei dessen Festnahme mitzuwirken, werde sich das positiv bei der anstehenden Gerichtsverhandlung auswirken. Der Mann kann nicht sehr lange überlegt haben, denn die holländische Bande ans Messer zu liefern, mit der er seit Jahren Geschäfte machte, dazu fehlte ihm der Mut.

Da passte es gut, dass der Konflikt um den Mercedesmotor noch nicht beigelegt war, schließlich schuldete der Deutsche dem Spanier noch 2.000 Mark. Den Polizisten gegenüber erklärte Reinhardt, der Lieferant der 25 Kilo sei ein in Luxemburg lebender Spanier, mit dem er die Gesamtsumme von 120.000 Mark vereinbart habe. Im Beisein der Beamten rief er von Aschaffenburg aus bei José in Beaufort an und erklärte diesem, er habe eine Autopanne, aber er käme gegen 21 Uhr auf den Rastplatz bei Wasserbillig, wo er ihm »sein Geld« übergeben könne. Der Spanier war einverstanden. Die Polizei hörte mit. Das Gespräch wurde in italienischer Sprache geführt, besser: geradebrecht, denn zumindest José sprach kaum Italienisch. Immerhin hatte er zu verstehen geglaubt, dass Reinhardt ihm die 2.000 Mark zurückzahlen wollte, die er ihm aus dem geplatzten Motorengeschäft noch schuldete. Und so nahm das Schicksal seinen Lauf. Die Fahnder, der V-Mann und der Verräter machten sich in zwei Fahrzeugen auf den Weg an die Mosel, wo José und sein Angestellter Paco pünktlich eintrafen ..., um verhaftet zu werden.

Was mich, der ich mich in diesen Geschäften und Gepflogenheiten auskannte, stutzig machte, war die angebliche Art der Bezahlung der Ware. Wenn wir den Angaben, die Reinhardt dazu gemacht hat, folgen, müssen wir davon ausgehen, dass José ihm am Morgen des 11.05.1985 die 25 Kilo in Luxemburg übergeben hat, weil aber Reinhardt keine Kohle dabeihatte, er ihn mit dem Versprechen fahren ließ, die vereinbarten 120.000 Mark plus die 2000 Rückzahlung am nächsten Tag vorbeizubringen. Das halte ich, ehrlich gesagt, für völlig unglaubwürdig. Ich kann mir beim besten Willen nicht vorstellen, dass José, so er denn wirklich der große Hasch-Zampano war, als den man ihn vor Gericht hinstellte, einem Typen, der ihm wenige Wochen zuvor einen Schrottmotor hatte andrehen wollen und ihm daraus noch Geld schuldete, soviel Vertrauen entgegengebracht hätte. Eigenartig auch, dass die Polizei, die den Dealer Reinhardt ja schon länger auf dem Schirm hatte, keinerlei eigene Erkenntnisse bezüglich des oder der Lieferanten gewonnen hatte.

Lapidar lese ich im Urteil, dass weder José, noch sein Adlatus Paco vorbestraft waren, immerhin Männer im Alter von 61 und 41 Jahren. Alle Zeugen, die aus Luxemburg geladen waren und die die beiden Spanier in irgendeiner Form entlasteten, wurden später vom Gericht für befangen erklärt, oder sie hätten sich geirrt, oder im Falle von Marisa Perez, sie sei unglaubwürdig, da sie mit dem Angeklagten verheiratet sei. Es fand sich kein einziges Indiz, dass auf Josés und Pacos Verwicklung in diese Sache hingedeutet hätte, alles was gegen sie sprach, war das »Geständnis« des Wiesbadeners.

Am 19. Dezember 1985 fand der Prozess vor dem Landgericht Aschaffenburg statt. Die Sache stand von Anfang an schlecht für die Spanier. Die Staatsanwältin war eine militante Karrierejuristin, die bei Rauschgifthändlern keine Nachsicht gelten ließ, und weil José das Gefühl hatte, dass weder sein Anwalt, noch der spanische Konsul, der dem Prozess beiwohnte, ihm Glauben schenkten, gab er seinem Unrechtsbewusstsein nach und begann, alle und jeden im Saal zu beschimpfen. Der Staatsanwältin schleuderte er »Nazischlampe« entgegen, dem Konsul des Königreichs Spanien sprach er jedes Ehrgefühl ab, der Mann sei gar kein spanischer Ehrenmann, sondern ein dahergelaufener Straßenköter, dem man die Staatsbürgerschaft aberkennen solle. Am übelsten kriegte es der vorsitzende Richter ab, den er als korrupten braunen Lümmel titulierte, ein Haufen Scheiße in der Robe … Was den Verteidiger angeht, so war schon die Kommunikation gestört, er sprach kaum Spanisch, kassierte aber fette Honorare. Ich wäre gern dabei gewesen, aber José hat mir den Verlauf der Verhandlung haarklein erzählt, und dabei ging ihm völlig der Humor ab. Wann immer wir über den Fall und die Gerichtsverhandlung sprachen, geriet der Mann in eine Rage, dass ich zuweilen Angst hatte, seine Erregung könne in einem Herzinfarkt enden. Wenn die Beobachtung stimmt, dass der Mensch nur mit dem Herzen gut sieht, dann war ich recht bald überzeugt, es bei Josés Verurteilung mit einem Justizirrtum zu tun zu haben, wenn nicht sogar mit niederträchtiger Justizwillkür.

Hans Reinhard wurde wegen »unerlaubten Handeltreibens mit Betäubungsmitteln in Tateinheit mit dem Besitz einer Selbstladepistole« zu einer Freiheitsstrafe von 5 Jahren verurteilt.

José María Solla-Perez wurde wegen »unerlaubter Einfuhr von Betäubungsmitteln« zu einer Freiheitsstrafe von 10 Jahren verurteilt.

Der Angeklagte Paco Insua-Delgado wurde »der Beihilfe zum unerlaubten Handeltreiben mit Betäubungsmitteln« für schuldig befunden und zu einer Freiheitsstrafe von 3 Jahren und 6 Monaten verurteilt.

Im Namen des Volkes, setzen! In der mündlichen Urteilsbegründung wurde klar, dass das Gericht den Ausführungen des Hans Reinhardt »vollumfänglich« geglaubt hat, was auch aus dem schriftlichen Urteil hervorgeht, welches mir vorliegt. Die Polizei, der es nur um einen Erfolg im Kampf gegen die Drogen ging, trug nichts zur weiteren Erhellung des Hintergrunds bei. Weder wurde ermittelt, welche Rolle »Netzer« spielte, noch, warum Reinhardt so oft in den Niederlanden war.

Nachdem die Revision verworfen wurde und das Urteil rechtskräftig, verschwanden die Verbrecher in drei verschiedenen Haftanstalten: José, der böseste Bube, kam nach Straubing zu den Schwerverbrechern, wo wir uns dann kennenlernten. Er erlebte das Gefängnis sehr schmerzhaft, stand all die Jahre unter Stress, nur selten gelang es mir, ihn durch Galgenhumor zum Lachen zu bringen. Weil wir als Strategie eine Entlassung nach der Hälfte der Strafe anpeilten, vermittelte ich ihm zwei meiner Anwälte, beides Männer, die das Herz am rechten Fleck hatten und vor allem, die nicht gleich wie weiland mein eigener Strafverteidiger zum ersten Termin fragten, wie es mit der Kohle aussehe! Die Rechtsanwälte Frank und Lieder, der eine aus Burghausen, der andere aus Aschaffenburg, nahmen sich Josés Sache an und erreichten zunächst die Verlegung ihres Mandanten in eine Anstalt in Hessen.

Zuvor, noch in der JVA Straubing, geschahen merkwürdige Dinge, über die berichtet werden muss. Eines Tages herrschte Aufregung in der Gefängnisverwaltung. Bundespräsident von Weizäcker, der die Gefangenen noch im Jahr davor besucht hatte, erkundigte sich nach dem Spanier und wollte wissen, ob man den Mann nicht entlassen und abschieben könne. Herr von Weizäcker hatte nämlich einen Brief des spanischen Königs erhalten, in welchem Juan Carlos nahelegte, der spanische Ehrenmann José Maria Solla-Perez sei mit hoher Wahrscheinlichkeit einem Justizirrtum zum Opfer gefallen, niemand in Madrid und Bilbao könne sich vorstellen, dass der honorige Kapitän zur See und Träger diverser Verdienstorden in einen Drogenfall verstrickt sei … Kurz darauf kam ein ähnlich lautendes Schreiben vom Papst aus Rom, welches über den Bischof von Regensburg an den Gefängnispfarrer weitergeleitet wurde. Wie ich von José erfuhr, waren beide Initiativen von seiner Frau angestoßen worden, die inzwischen nach Spanien zurückgekehrt war und von dort aus ihre Beziehungen spielen ließ. Die Familie war offenbar gut vernetzt, sowohl in der Politik als auch beim Klerus. Die Fürsprache von ganz oben bewirkte zwar keine sofortige Haftentlassung, aber der Ton wurde netter. Mitte 1989 gelang es den Anwälten endlich, dass José nach Butzbach verlegt wurde, was bedeutete, dass wir in Briefkontakt blieben. Leider ging es meinem inzwischen 65-jährigen Freund gesundheitlich gar nicht gut. Die Hessen überwiesen ihn zweimal zu Venenoperationen in eine Spezialklinik, und die schon vor Jahren in Luxemburg diagnostizierte Osteoporose wurde mangels geeigneter Ernährung auch nicht besser. Im Januar 1990 stellte einer der Anwälte ein Gesuch, den kranken Gefangenen nach der Hälfte der Strafe zu entlassen. Dem wurde stattgegeben, wohl auch deshalb, weil die »Nazischlampe«, nach wie vor zuständig für den Verurteilten, sich gerade in Tunesien im Urlaub aufhielt. José sollte also nach fünf Jahren »Buße« abgeschoben werden. Dann ging alles schneller als erwartet, zwei Wochen vor dem angepeilten Abschiebetermin wurde er nach Frankfurt zum Flughafen gebracht und in die nächste Maschine nach Madrid gesetzt. Dort angekommen, brachte man ihn in die Universitätsklinik, von wo aus er mir einen Brief schrieb und sich für meine Unterstützung bedankte. Drei Tage später verstarb er, sein Brief erreichte mich also erst, als er schon tot war. Seine Frau Marisa teilte mir die Nachricht eine Woche später mit, die mich damals so sprachlos machte, wie noch jetzt, wo ich Josés Geschichte aufschreibe. Vom weiteren Schicksal seiner beiden Mitangeklagten weiß ich nichts, aber es ist davon auszugehen, dass Paco nach Verbüßung der Hälfte der Strafe ebenfalls nach Spanien abgeschoben wurde. Hans Reinhardt, der in dieser Geschichte die Rolle des Schurken verkörpert, weiß wahrscheinlich ebenso wenig wie die Damen und Herren der großen Strafkammer, welches Leid sie damals über José und seine Familie gebracht haben. Bleibt zu hoffen, dass seine Frau Marisa und ihre Tochter, die inzwischen 40 Jahre alt sein dürfte, dieses Trauma im Laufe der Zeit verarbeitet haben.

## Hoher Besuch

Unter den Insassen der Hochsicherheitsgefängnisse von Diez und Straubing befanden sich viele, die auf Grund eines Tötungsdeliktes verurteilt waren, hunderte würde ich sagen. Die meisten waren von den Schwurgerichten als Mörder verurteilt, die weniger spektakulären Fälle als sogenannte Totschläger; oder ihr Urteil hatte ihnen schwere Körperverletzung mit Todesfolge bescheinigt. Wegen schwerer Seelenverletzung mit Traumafolge hingegen war niemand in Haft. So etwas ist im Strafgesetzbuch scheinbar nicht normiert ...

Äußerlich, also durch ihren Habitus oder ihre Physiologie war es nicht möglich, einen Mörder oder Totschläger zu identifizieren. Oder sie von Einbrechern und Drogenhändlern zu unterscheiden. Zuweilen war ich überrascht, wenn ich erfuhr, dieser oder jener sei ein Kindermörder oder ein Auftragskiller, man sah es ihnen einfach nicht an. Ausnahmen bestätigen die Regel.

Wem man die Mordbereitschaft ansah, ohne dabei seine Phantasie allzu sehr strapazieren zu müssen, war ein Mann namens Boris Gruhn. In Böhmen geboren, war seine Familie nach dem Krieg aus der Tschechoslowakei vertrieben worden und über Umwege in Bayern gelandet. Gruhn selbst sprach nie über seine Vergangenheit, ebenso wenig über die beiden Menschen, die er aus Habgier ermordet hatte. Man wusste wenig über ihn. Freunde hatte er keine, sein Leben in der Haft spielte sich nach inzwischen zwanzig Jahren in der Einzelzelle, dem Kraftsport und dem Arbeitsplatz in der Gefängnisdruckerei ab. Wenn es einen unter den knapp tausend Schuften im Straubinger Zuchthaus gab, dem ich nicht nachts im Walde begegnen wollte, dann war es Boris Gruhn. Er maß ein wenig mehr als einen Meter achtzig, er war austrainiert aber was an ihm auffiel, war sein auf starken Schultern und Nacken sitzender Kopf. Besser gesagt, sein kantiges Cranium. Auf die Gefahr, die Leser mit einem Klischee zu langweilen: Boris Gruhn sah aus wie man sich den Mongolenherrscher 2.0 vorstellen mag, Dschingis Khan. Ein kahlgeschorener, polierter Schädel, borstige schwarze Brauen, tief in den Höhlen lauernde Augen, Farbe undefinierbar, sowie ein dunkler Schnurrbart, der hinter den Mundwinkeln den

Fallgesetzen gehorchend nach unten strebte. Gruhns Alter war schwer zu bestimmen, ich schätzte ihn damals auf Mitte Fünfzig. Auch wenn nicht bekannt war, dass er jemals einen Mithäftling verletzt hätte: Man respektierte ihn, selbst hartgesottene Schurken blieben auf Abstand. Sein wortkarges Wesen bewirkte überdies, dass Wärter wie Häftlinge ihn in Ruhe ließen. Wurden Tratsch oder dummes Geschwätz an ihn herangetragen, dann warf er dem Überbringer einen drohenden Blick zu, der diesen den unverzüglichen Rückzug antreten ließ.

Man hatte Gruhn den verantwortlichen Posten des Papierzuschneiders übertragen. Er bediente die neue Papierschneidemaschine, erst vor einigen Monaten in der Anstaltsdruckerei installiert. Und einer der Gründe, weshalb man ausgerechnet Gruhn diese Aufgabe zugeteilt hatte, war zweifellos die Tatsache, dass er mit seinen schraubstockartigen Pranken sechzig Kilo Papier von der Palette auf den Schneidetisch heben konnte. Den Rest erledigte die computergesteuerte Maschine praktisch allein, sobald die Maße einmal eingegeben waren. Aber das im Format A1 angelieferte Papier auf den Tisch zu packen, darin war Boris Gruhn unübertroffen, den Job machte ihm niemand streitig.

Es geschah zur Regentschaft der bayrischen Justizministerin Mathilde Brauhäuser-Welser gegen Ende der Achtzigerjahre. Die Ministerin hatte der JVA Straubing den jährlich stattfindenden Pflichtbesuch angekündigt, was hektische Aktivitäten mehrerer Putzkommandos in Gang setzte. Überall entlang des festgelegten Weges durch Zellentrakte und Arbeitsbetriebe wurde gewienert und gescheuert, ausgebessert und frisch gestrichen.

Am Tag des hohen Besuches erschienen die Beamten mit aufpolierter Uniform und dem Anlass gemäß sauberer Rasur. Ich hatte gerade das Chefbüro verlassen, als mir die Ministerin mit ihrer Entourage begegnete. In ihrer Kielspur drängten sich ein Dutzend Wichtigtuer, allen voran der Anstaltsleiter, mehrere arrivierte Ministerialbeamte, der Sicherheitschef und seine *Proud Boys*. Beim Eintreten in die Druckerei machte der Direktor Ottokar die Ministerin auf die neue Hardware aufmerksam.

»Das ist übrigens die Papierschneidemaschine, Frau Minister, die Sie so freundlich waren, uns Anfang des Jahres zu genehmigen.«

Frau Brauhäuser-Welser blieb stehen und schaute sich das beeindruckende Gerät an. Jetzt sah ich sie zum ersten Mal in ihrer matronenhaften Korpulenz. Um die stattliche Taille hatte sie einen Rock gewickelt, der mich an eine Zeltplane aus meiner Zeit als Pfadfinder gemahnte. Das schmucklose Textil reichte ihr eine Handbreit über die Knie, aber an ihrer Wade trug sie einen Verband, der wenige Zentimeter unter dem Rock sichtbar war. Das sah nicht sexy aus, wirklich nicht.

»Sie da«, richtete die Ministerin nun das Wort an Boris Gruhn, der mit dem Rücken zur Besuchergruppe stand und ohne sich stören zu lassen, dicke Papierpacken unters Messer wuchtete. »Wie arbeitet es sich an der neuen Schneidemaschine?«

Doch Boris drehte sich nicht einmal um, er ließ sich nicht aus dem Rhythmus bringen.

»Wie heißt der Mann?«, wollte Frau Minister jetzt vom Anstaltsleiter wissen, doch der musste passen und die Frage an seine Sicherheitsleute weitergeben.

»Gruhn«, rief ein Wärter. »Das ist unser Gruhn!«

»Ich gib's dir gleich, ›unser Gruhn‹, du gescheiterter Limoausfahrer«, schnappte Boris verärgert nach dem Mann. Doch darin, dass er überhaupt etwas sagte, erkannte die Ministerin grundsätzliche Dialogbereitschaft.

»Wie kommen Sie mit der neuen Maschine zurecht, Herr Gruhn?«

»Wer bist du denn?«, wandte sich der Arbeiter mies gelaunt an die Frau.

»Ich bin Ihre Justizministerin!«, stellte Frau Brauhäuser-Welser klar, und blickte dem Gefangenen tapfer ins Auge.

»Dann zieh dir erst einmal die Monatsbinde hoch, du alte Schlampe, ehe du mit mir quatschst!«

Originalton Dschingis Kahn. Das hatte gesessen. Die Dame errötete schneller als ein Krebs in kochendem Wasser. Um weiteren Beleidigungen zuvorzukommen, schlug ihr der Direktor flüsternd vor, weiterzugehen, es gebe noch mehr zu besichtigen. Unter dem schadenfrohen Gelächter einiger umherstehender Häftlinge zog die Truppe weiter. Dass auch ich laut gelacht habe, zum Verdruss der Sicherheitsbeamten, muss ich zu meiner Schande gestehen.

»Sauber, Boris«, sagte ich und traute mich sogar, ihm auf die Schulter zu klopfen, ehe ich mich in Richtung Versandbüro auf den Weg machte. Kurz darauf berichtete ich Hagen von dem Vorfall.

»Das wird dem Boris ein paar Wochen Bunker einbringen«, bemerkte der.

»Vergiss es. Keiner von diesen Feiglingen, weder der Ottokar noch seine Hanswurste von der Sicherheit, haben auch nur den Versuch gemacht, die Ehre der Alten wiederherzustellen.«

»Wundert mich nicht. Im Grunde sind das alles Hasenherzen«, meinte Hagen. »Wenn es hart auf hart kommt, ziehen unsre Wärter die Schwänze ein.«

»Es sei denn sie sind im Rudel, und ein Befehl treibt sie an«, gab ich zu bedenken.

Im Nachhinein konnten wir beobachten, dass die entwürdigende Beleidigung für Boris Gruhn keinerlei Konsequenzen hatte. Offenbar wollten sich weder der Anstaltsleiter noch die Männer von der Sicherheit mit ihm anlegen. Und dass seitens des Justizministeriums ein Strafantrag gegen Boris gestellt worden wäre, konnte auch Monate später nicht festgestellt werden. Schließlich, und da liegt wohl die Wahrheit, brauchten sie Gruhn an der Schneidemaschine, die außer ihm keiner bedienen konnte.

## Haberfeld

Diese Geschichte handelt von Ludwig Lugmeier, einem der erstaunlichsten Menschen, die mir im Gefängnis begegnet sind. Erstaunlich deshalb, weil er neben seinen abenteuerlichen Raubzügen, über die er übrigens in seinem Buch »Der Mann der aus dem Fenster sprang« wunderbar erzählt, weitere Talente offenbarte, die zu finden man im Knast nicht unbedingt erwarten kann. Wir lernten uns im Schachclub kennen, wo er mir mehr als eine Lektion erteilte und mir die Chance bot, mich als fairer Verlierer zu zeigen. Dann inspirierte er mich, gute Literatur zu lesen, Joyce, Nabokov, Borges und Neruda zum Beispiel, anstelle der leicht zu konsumierenden Werke, die ich bis dahin bevorzugt hatte. Was mich am meisten an ihm faszinierte, war die Haltung, mit der er seinem Schicksal, dem Knast und dessen krimineller Willkür gegenüberstand. »Luggi«, wie wir ihn nannten, leistete Widerstand: Gegen das System, gegen Menschenrechtsübergriffe, gegen jedwede Form der Dummheit: Er hinterfragte alles, was von der bayerischen Staatsregierung kam und dem ein Geruch von Korruption und Manipulation anhaftete. Im Übrigen war Luggi ein Abenteurer, der seinen Mut eindrucksvoll bei spektakulären Raubüberfällen bewiesen hatte, er gehörte somit zu der Kategorie von Verbrechern, für die ich von Anfang an ein Faible mitbrachte. Es wundert mich daher keineswegs, dass wir bald nach meiner Einlieferung in die JVA Straubing Freunde wurden. Details zu seinem bisherigen Lebenslauf wollen wir uns an dieser Stelle ersparen, sind sie doch in seinen Büchern und im Internet leicht zu erfahren. Was mich motivierte, Luggi im März 2022 in seiner Heimat Berlin zu besuchen, war die Geschichte der damals in der BRD einzigen unzensierten Gefangenenzeitung »Haberfeld«, die ich erzählen wollte, und zu der er mir Auskunft geben konnte. Neben Gerhard Linner, einem anarchistisch militanten Knastsponti, war Luggi der Redakteur, der für die literarische Präsentation verantwortlich zeichnete. Lassen wir ihn also selbst erzählen, ich melde mich gegen Ende seines Berichts wieder.

*Es war nicht meine Idee, diese Zeitschrift herauszugeben. Das ging von Gerhard Linner aus, der an mich herangetreten ist, weil er gewusst hat, dass ich schreibe. Unser erstes Gespräch diesbezüglich fand im Schachclub statt, ich erinnere mich noch, wie wir am Fenster standen, ganz »konspirativ«, denn uns war natürlich klar, dass das Projekt einer unzensierten Gefängniszeitung von Beginn an seitens der Anstalt torpediert werden würde. Nachdem er mir seine Idee nahegebracht hatte, erklärte ich mich spontan bereit, mitzumachen und den literarischen Teil redaktionell in die Hand zu nehmen. Er wollte über knastrelevante Themen berichten, politische Themen – ich hab das nicht mehr alles im Kopf – und das machte er auch gut, ein bisschen ironisch und kritisch, und ich hab Sachen reingenommen, Gedichte, Prosatexte, auch was von mir selbst. Dann sind fünf oder sechs Nummern gemacht worden, und während dieser Zeit fing ich dann an, Themen zu recherchieren, zum Beispiel beschäftigte ich mich mit dem Haus 3, (der psychiatrischen Abteilung des Straubinger Gefängnisses, red.), mit den Gefangenen, die dort behandelt wurden und den Psychopharmaka, die man ihnen zwangsverabreichte, zum Beispiel Haloperidol und Leponex. Auf der Abteilung, wo ich damals lag, waren zwei oder drei Gefangene, die regelmäßig dort rübergingen. Die konnte ich dann beobachten, der eine, der hat sich immer den Kopf aufgekratzt, und sie hatten einen eigenartig unsicheren Gang. Das waren zum Teil ältere Männer, die schon zwanzig Jahre oder mehr im Gefängnis gesessen hatten, Lebenslängliche oft, einfache Leute, der eine war Maurer und die anderen weiß ich nicht mehr. Jedenfalls habe ich angefangen, mich damit zu beschäftigen, habe Interviews mit den Leuten gemacht und so herausgefunden, dass sie regelmäßig da drüben (im Haus 3) waren. Beim Hofgang sind sie ganz steif gegangen, saßen oft wie Hasen oder Kaninchen herum, unterhalten konnte man sich auch schwer mit ihnen, aber ich hab dann nach und nach herausgefunden, wie das da läuft im Haus 3, wie die Leute behandelt werden, was für »Medikamente« die bekommen, wie sie gespritzt werden … Dann habe ich mich auch über die pharmakologischen Mittel sachkundig gemacht, in erster Linie Haloperidol, dann habe ich herausgefunden, dass es sich um ein Neuroleptikum handelt, und es war ja bekannt, dass die zwangsweise Verabreichung von Neuroleptika wider Willen zu Folter gerechnet wird, und die Bundesrepublik hat ja damals immer auf die Dissidenten im Ostblock hingewiesen, die dort mit eben diesen Neuroleptika zwangsbehandelt wurden …. aber dasselbe ist hier in der BRD genauso praktiziert worden.*

*Ja …, dann habe ich auch darüber geschrieben, und dann wurde von einem Grünen-Abgeordneten, ich erinnere mich, das war der Thilo Weichert, der war im Landtag von Baden-Württemberg, der hat sich an mich gewandt und ließ mich wissen, da käme demnächst ein Mann namens Stipe Roso aus Jugoslawien von Bruchsal nach Straubing, ob ich mich um den kümmern könne. Der Jugoslawe sei mit Neuroleptika gespritzt worden, aber der Mann sei ungebrochen und lasse sich nichts gefallen. Als Stipe Roso dann in Straubing eintraf, habe ich gleich den Kontakt zu ihm hergestellt. Er erzählte mir seine Odyssee durch die verschiedenen Gefängnisse und von dem Widerstand, den er geleistet hatte, indem er reihenweise Zellen demolierte und überall Chaos verursachte. Er war so eine Art, wie soll ich sagen, jugoslawischer Partisanencharakter, einer, für den es kein Zurückweichen gab. Nach dem Motto: Entweder ich gehe dabei drauf oder ich mache sie fertig. Er ist dann tatsächlich vorzeitig abgeschoben worden, die wollten diesen Mann bloß noch loswerden. Jedenfalls habe ich mir das damals angehört und dann eine Reportage geschrieben. Zu der Zeit hatten wir ja auch schon eine Kamera in den Knast geschmuggelt, und dann haben wir Fotos von Stipe Roso beim Hofgang mit Hand- und Fußfesseln gemacht.*

*Schließlich kam die Zeitung heraus, die wir Haberfeld nannten. Der Name kam von mir, wenngleich ich damals noch wenig mit dieser oberbayerischen Tradition anfangen konnte. Ich hatte aus meiner Kindheit in Kochel am See noch solche Bilder im Kopf, wie einer auf einem Balkon stand und zu Fasching eine Art Büttenrede gehalten hat. Später habe ich dann herausgefunden, dass es sich bei diesem Haberfeldtreiben um eine eher rechte Tradition handelte, die sich gegen unfügsame Frauen und unangepasste Leute im Dorf richtete … Wie dem auch sei, wir nannten unsere Zeitschrift »Haberfeld«. Zu der Zeit, als die Ausgabe mit meiner Reportage über Stipe Roso herauskam, ich denke, da hatte die Zeitung schon eine recht große Auflage, na ja, über tausend Exemplare glaub ich. Die wurden dann draußen im Land verteilt, unter anderem an verschiedenen Universitäten. Und da Stipe ja Jugoslawe war, wurde von unseren Unterstützern draußen auch eine Zeitung an die jugoslawische Botschaft geschickt. Und als die dort meinen Bericht gelesen hatten, leiteten sie eine Kopie weiter nach Jugoslawien an eine der aufla-*

*genstärksten Zeitungen des Landes. Die haben das dann übersetzt und zusammen mit den Fotos veröffentlicht. Und falls du dich erinnerst, es gab doch bei uns auf dem Flur einen Jugoslawen, ein gewisser Babic, der hatte eben diese jugoslawische Zeitung abonniert. Als er den Artikel las und die Fotos aus dem Knast sah, kam er ganz aufgeregt zu mir, um mir das Blatt zu zeigen. Das hat dann außenpolitische Verwicklungen mit sich gebracht, denn dadurch wurde erstmals publik, dass das, was die Deutschen den Ostblockstaaten vorwarfen, in der BRD genauso praktiziert wurde. Im Anschluss an diese Geschichte wurden der Gerhard Linner und ich dann in andere Gefängnisse verlegt, die Redaktion wurde sozusagen zerschlagen. Bis dahin hatten wir sechs Ausgaben herausgebracht, alle zwei oder drei Monate eine. Insgesamt gab es acht Ausgaben. Wenn ich überlege, wie viele Exemplare von Haberfeld es in den Knast schafften, so waren das nicht sehr viele, vier oder fünf vielleicht, über die Grünen und vereinzelte solidarische Rechtsanwälte. Die erste Ausgabe kam Mitte 1985 heraus, die letzte erschien im Februar 1987, getarnt als religiöse »Schrift an die Gefangenen« unter dem Titel »Der Herr ist die Kraft meines Lebens«, herausgegeben von »Kardinal Josef Moser«. Auf dem Klappentext war zu lesen:*

*Anstelle der sauren Pflicht haben wir die süße Lust, den Zensoren ein Schnippchen zu schlagen gewählt. Von Haberfeld Nummer 6 kamen legal sage und schreibe 4 Hefte rein … Zensur verstößt gegen das Grundgesetz. Sie muss öffentlich gemacht werden, bekämpft und aufgehoben. Bisher findet sie hinter Gefängnismauern statt – Zeitungen und Bücher werden beschlagnahmt, »zur Habe genommen«, private Briefe gelesen und beurteilt ob ordnungsgefährdend und daher verboten. Schafft die Zensur ab – für eine Gesellschaft ohne Knäste!*

*Wie ich dann später von Gerhard erfahren habe, der immer politisch-anarchistisch engagiert war, war der Hintergrund folgender: Er hatte Kontakt zu Ramona, einer Frau, die mit dem Enkel des Großindustriellen Robert Bosch verheiratet war, dem unser Projekt gefallen hat. Er spendete 5.000 Mark, und mit diesem Geld wurden Satz und Druck der Zeitung finanziert. Ramona kümmerte sich dann auch um die Verteilung, sie hatte eine Liste von Universitäten und linken Gruppierungen. Nachdem ich entlassen wurde, habe ich Leute in Hamburg kennengelernt und erfahren, dass Haberfeld draußen durchaus wahrgenommen wurde. Man nahm zur Kenntnis, dass es da eine Gefangenenzeitschrift gab, die nicht zensiert wurde. Auch konnte ich sehen, was unsere Zeitschrift auf die Gefangenen im Straubinger Knast für eine Wirkung hatte. Das war ja vorher wie ein Totenhaus. Schließlich wurde die Reportage in die an der Uni Oldenburg herausgegebene Zeitschrift »Psychologie und Gesellschaftskritik« aufgenommen. Daran sieht man, was eine freie Presse eigentlich bedeutet … Das ist, was ich mehr oder weniger heute noch dazu sagen kann.*

Soweit das Interview mit Ludwig Lugmeier. Was ich aus eigener Erinnerung noch dazu anmerken kann ist, dass die Haberfeld-Initiative viele Gefangene in der JVA Straubing und darüber hinaus politisiert hat. Nachdem unsere Vorkämpfer Gerhard und Ludwig aus der JVA Straubing entfernt worden waren, fand sich dort ein Kreis von vielleicht zehn Gefangenen zusammen, die mit einer gewissen Militanz gegen die Anstaltsleitung und die bayerische Justiz vorgingen. In Form einer Petition an den Landtag in München beschwerten wir uns über die von Haberfeld öffentlich gemachte zwangsweise Verabreichung von Psychopharmaka, die im Knastjargon so genannten »Betonspritzen«; des Weiteren ging es um die willkürlich vom Anstaltsleiter Otto abgesetzten gewählten Gefangenenvertreter, sowie um das Thema Isolationsfolter. Als die Süddeutsche Zeitung von der Petition Wind bekam, brachten sie einen Artikel unter der Schlagzeile »Die Hölle von Straubing«, der Unruhe unter die Abgeordneten im Landtag brachte, in erster Linie unter die der Grünen und der SPD. Das führte kurz nach Ostern 1990 zu einem parlamentarischen Untersuchungsausschuss, bei dem ich als Zeuge geladen war, dies zu einer Zeit, als auch ich längst von Straubing nach Diez an der Lahn zwangsverlegt worden war. Und als der von der CSU dominierte Ausschuss nach mehreren Sitzungen zu dem Ergebnis kam, dass in der JVA Straubing wohl einiges dumm gelaufen sei, aber von Menschenrechtsverletzungen könne keine Rede sein, kletterten mehr als 150 Gefangene auf das Dach der Anstalt und protestierten gegen die Ignoranz, mit der die Staatsregierung die Missstände im Strafvollzug öffentlich abwiegelte. Die »Meuterer« wurden von Sondereinheiten der Polizei und Gefängniswärtern gewaltsam vom Dach geholt und in den Tagen danach auf verschiedene bayerische Gefängnisse verlegt.

Diese Entwicklung fand ihren Ursprung in der journalistischen Arbeit, die Linner und Lugmeier in Haberfeld geleistet hatten. Dort berichteten sie über Themen wie die Inhaftierung von Schwangeren und Mütter mit Kindern, die Abolitionismus-Bewegung, die Lage der RAF-Gefangenen, die Praxis der Zwangspsychiatrierung, über Isolationshaft als Folter, über institutionellen Rassismus und zur Lage politischer Gefangener in anderen Ländern. Haberfeld griff Themen auf wie Zwangsarbeit im Knast, die Forderung nach freier Arztwahl, die Menschenversuche des Dr. Last und die mangelnde Transparenz im Strafvollzug. Haberfeld gab Wissenschaftlern und Rechtsanwälten und Justizbeamten die Möglichkeit, in Kommentaren und Leserbriefen Stellung zu den relevanten Themen zu nehmen, Gefangene konnten öffentlich machen, wie mit ihnen umgegangen wurde. Redaktionell blieb das Thema »Zensur« immer auf der Agenda.

Wenn ich heute, 35 Jahre nach der letzten Ausgabe der Gefangenenzeitung Haberfeld in den Heften blättere und lese, muss ich feststellen, dass vieles von dem, was sage ich, das meiste von dem, was die Macher damals kritisierten und anmahnten, bis heute nicht verbessert oder abgeschafft wurde. Immerhin: Im Anschluss an die Meuterei im Jahr 1990 erlaubte das Justizministerium den Gefangenen private Fernsehgeräte auf den Zellen.

Mit ihren Angehörigen zu telefonieren, war ihnen in Bayern bis zum Jahr 2022 nicht erlaubt …

## Besuch beim Juwelier

Fotografien aus ihrer Gefängniszeit besitzen die wenigsten ehemals Inhaftierten. Kameras sind im Knast verboten, nur in vereinzelten Anstalten und dann auch bloß zu besonderen Anlässen wird einem Fotografen der Zutritt gestattet, um Aufnahmen von den Häftlingen zu machen, sofern diese einverstanden sind. So kommt es, dass ich noch ein paar Dutzend Fotos besitze, die in den Jahren hinter Gittern geknipst wurden. Als ich sie mir kürzlich wieder einmal anschaute, entdeckte ich auf einer Aufnahme der Schwimmstaffel der JVA Straubing einen Räuber, der mir eine bemerkenswerte Geschichte erzählt hatte (es gab dort ein Freibad und ein jährlich im August von der DLRG veranstaltetes Schwimmfest, bei dem Gefangene das Rettungsschwimmabzeichen erwerben konnten).

Heiko Jeroske war einer von drei Söhnen einer Arbeiterfamilie und stammte aus München Giesing. Während seiner Jugend hatte er gelernt, sich in den Vorstadtstraßen mit rivalisierenden Gangs zu prügeln und sich gegen »die Schmier« zu Wehr zu setzen. Gewalt war in seinem »Milljöh« an der Tagesordnung, sogar von einem Anschlag auf eine Polizeiwache war die Rede. Einmal warfen Heiko und seine Freunde einen gutgefüllten Molotov-Cocktail durch das Fenster des Giesinger Reviers, wie er mir voller Stolz erzählte. Was mich aber weitaus mehr interessierte waren die offensichtlich von einer Schussverletzung übrig gebliebenen Narben auf seiner Brust und dem Rücken.

»Hattest du mal eine Schießerei mit den Bullen?«, wollte ich wissen, während wir nach dem Schwimmen auf der Wiese in der Sonne saßen. Wie bitte: Knast, Schwimmen, Wiese, Sonne, höre ich die erstaunten Leser im Geiste aufmerken, aber so war das im Straubinger Zuchthaus, wo sich nicht alles miserabel anfühlte.

»Schon des Öfteren«, grinste Heiko mich an. »Die Narben hat mir allerdings kein Bulle beigebracht. Der Arsch hätte mir um ein Haar das Licht ausgeblasen, stell dir das mal vor!«

»Erzähl! Wie kam's dazu?«

»Das war vor sieben Jahren. Mein Kumpel und ich hatten einen Juwelier in Schwabing ausbaldowert. Bei dem lagen eine Menge Uhren und Schmuck und Gold im Schaufenster. Schräg gegenüber war ein unbewachter Parkplatz, wo wir parkten und von wo aus man den Laden gut im Auge hatte. Wir beobachteten ihn ein paar Tage lang und fanden heraus, dass der Besitzer mit seiner Familie in der Wohnung über dem Geschäft lebte.«

»Wie habt ihr das herausgefunden?«

»Weil wir festgestellt haben, dass er nach Geschäftsschluss, wenn er die Tür absperrte und die Gitter runterließ, nicht aus dem Haus kam. Am dritten oder vierten Tag, an dem wir auf dem Parkplatz warteten, sahen wir ihn im ersten Stock auf dem Balkon. Er kam heraus und rauchte hintereinander zwei Zigaretten. Da wussten wir, dass er dort wohnt. Später beim Prozess erfuhr ich, dass ihm das ganze Haus gehört. Die Hütte allein war schon 'ne halbe Million wert. Sein Name ist Liebermann.«

»Aber ihr hattet ja wohl nicht vor, ihm sein Haus wegzunehmen«, scherzte ich.

»Naa, wie man den Leuten das Haus wegnimmt, das wussten der Kurti und ich net. Das is 'ne andere Branche«, grinste Heiko. »Nachdem wir also wussten, dass der Mann mit seiner Frau und der Tochter dort wohnte, legten wir uns einen Plan zurecht.«

»Lass mich raten: Ihr habt ihn nach Feierabend in der Wohnung überfallen?«

»Was heißt überfallen. Wir haben ihm einen Besuch abgestattet«, sagte Heiko, indem er sich mit dem Handtuch den Schweiß von der Stirn wischte.

»Und er hat euch einfach so ins Haus gelassen?«

»Mehr oder weniger. Wir hatten uns zuvor einen großen Blumenstrauß gekauft und uns über die Sprechanlage als Bote vom Fleurop-Dienst ausgegeben. Das heißt, der Kurti hat den Part übernommen, während ich mich vor dem Eingang des Nebenhauses versteckt hielt.«

»Verstehe, der Fleurop-Bote kommt nie zu zweit«, stellte ich fest.

»So ist es. Als der Kurti einen Blumengruß für seine Frau ankündigte, summte der Türöffner, und drin waren wir im Haus. Wie wir die Treppe hoch kamen, stand seine Frau schon vor der Tür. Die war natürlich neugierig, wer ihr den Blumenstrauß geschickt hatte. Mein Kumpel übergab ihr die Rosen, und gleichzeitig zogen wir unsere Waffen. Das Gesicht von der Alten hättest du mal sehen sollen!«

Hätte Heiko Jeroske sich mein Gesicht angesehen, als er den Schrecken der Frau des Juweliers beschrieb, dann hätte er wohl festgestellt, dass ich ganz ähnlich abgetörnt dreinblickte wie seinerzeit die Geisel. Denn um eine solche handelte es sich in dem Augenblick, in dem die Gangster sie mit der Waffe bedrohten. Sie drängten die Frau in die Wohnung und brachten im Nu die ganze Familie unter ihre physische Kontrolle. Während Kurti die Leute in Schach hielt, band Heiko Frau und Tochter Kabelbinder um die Handgelenke. Für den Mann hatten sie Handschellen mitgebracht. Warum, das werden wir gleich sehen.

Zunächst befahlen die Eindringlinge der Gattin des Juweliers und deren Tochter, sich flach auf den Boden zu legen, mit dem Gesicht nach unten. Dann trat einer der beiden dicht an das 15-jährige Mädchen heran, drückte ihr den Revolver an den Hinterkopf und versicherte dem Vater, dass sein Kind erschossen werde, sollte er nicht spuren, sollte er »Mätzchen machen«. Wie zuvor abgesprochen, forderte Komplize Kurti den Goldschmied auf, ihn hinab in den Laden zu begleiten. Heiko blieb unterdessen in der Wohnung bei den Frauen. Eine äußerst unangenehme Situation für den Mann, der nichts unternehmen konnte, ohne das Leben von Frau und Kind zu gefährden.

Kurti und der Juwelier betraten das Treppenhaus und gingen nach unten. Die Schlüssel vom Geschäft hatte er dem Mann schon abgenötigt. Dann löste er ihm die Handschellen und forderte ihn auf, die Sicherheitstür aufzusperren. Drei Schlösser waren zu öffnen, und die Alarmanlage musste vor Betreten des Geschäftslokals auch noch deaktiviert werden. Um draußen auf der Straße kein Aufsehen zu erregen, blieb die Beleuchtung ausgeschaltet. Der Räuber und der Beraubte bewegten sich im schwachen Schein einer Taschenlampe.

»Wo hast du denn die Schätze versteckt?«, wollte Kurti von seinem Opfer wissen.

»Was denn für Schätze?«, entgegnete der Juwelier verwirrt, der noch immer nicht begriffen zu haben schien, in welch aussichtsloser Lage er sich mit einem Mal wiederfand.

»Die hier zum Beispiel.« Kurti deutete auf eine Vitrine, in der eine Reihe sündhaft teurer Luxusuhren präsentiert wurde. »Pack diese Uhren schon mal ein! Und beweg er sich, wir haben nicht vor, hier zu übernachten!«

So leerte der Mann Vitrinen und Schubladen, packte Diamantencolliers und Smaragdbroschen in die Tasche, dicke 585er Goldketten, sogenannter »Ludenschmuck« und jede Menge anderes Edelmetall. Die Inventarprüfung unter vorgehaltener Waffe dauerte etwa zehn Minuten. Dabei war Kurti aufgefallen, dass der Goldschmied eine kleine Schublade noch nicht geöffnet hatte. Der Gangster vermutete, dass dort die Kasse aufbewahrt würde.

»Mach mal die unterste Schublade vom Tresen auf. Vielleicht finden wir da ja noch was Interessantes ...«, forderte er.

»Dazu benötige ich den kleinen blauen Schlüssel«, sagte Herr Liebermann leise. »Der ist am Bund.«

Kurti warf ihm den Schlüsselbund in das mit rotem Samt ausgekleidete Präsentiertablett, welches auf der polierten Mahagonifläche stand.

»Aufsperren!«

Während der Goldschmied die Schublade öffnete, stand der Gangster hinter ihm, neugierig, was jetzt wohl noch zutage gefördert würde. Er fühlte sich gut, der anfängliche adrenalinbedingte Stress war von ihm gewichen, seit er mit dem Mann im Laden allein war. Und als er das Geldbündel sah, dass ihm der am Boden knieende Juwelier reichte, da fühlte er sich gleich noch besser. Tausendmarkscheine hatte er noch nicht oft in der Hand gehalten. Er betrachtete die banderolierten Scheine und stopfte sie in die Innentasche seiner Lederjacke. Hätte Kurti Huber geahnt, dass dies das letzte war, was er im Leben tat, er hätte Herrn Liebermann genauer auf die Finger geschaut. Denn plötzlich kam der hoch und hatte seinerseits eine Pistole in der Hand. Der Schuss traf den Verbrecher aus kurzer Distanz direkt ins Herz. Er taumelte zwei Schritte nach hinten, ehe er fiel. Seinen Revolver hielt er noch in der Hand.

Nachdem Liebermann sich vergewissert hatte, dass ihm keine unmittelbare Gefahr mehr drohte, nahm er die Waffe des Toten an sich, ging hinüber zum Telefon und alarmierte die Polizei. Dort riet man ihm, auf die Einsatzkräfte zu warten, auf keinen Fall sollte er zurück in die Wohnung gehen, wo er Gefahr liefe, von dem zweiten Verbrecher zusammen mit seiner Familie ermordet zu werden.

Oben in der Wohnung hatten alle den Schuss vernommen. Zweifellos ging Heiko Jeroske davon aus, dass sein Komplize den Juwelier, wenn nicht erschossen, so doch zumindest verletzt hatte. Gespannt erwartete er die Rückkehr seines Komplizen. Kurz dachte er daran, die Geiseln allein zu lassen und hinunterzugehen, blieb aber dann doch auf seinem Posten.

Unten im Laden lief der Goldschmied wie ein Panther im Käfig auf und ab und erwartete die Polizei. Nach drei Minuten verließ ihn jedoch die Geduld, und er verließ den Laden mit dem Toten, dessen Blut auf den mit Marmor verlegten Boden sickerte. Die entsicherte Waffe in der Hand, stieg er die Treppe hoch, entschlossen, auch den zweiten Mann unschädlich zu machen und seine Frau und das Kind zu befreien.

Die Pistole in der Rechten, klopfte er mehrmals an die Wohnungstür. Dabei fiel ihm auf, dass er noch immer keinen Türspion hatte einbauen lassen, ein Glück, denn sonst hätte ihn der Gangster vor der Tür erkannt. Heiko eilte herbei und lauschte aufmerksam.

»Kurti, bist es du?«

»Jou«, kam es zurück. »Mach auf!«

Der Gangster hatte keinen Zweifel, dass es sich im Treppenhaus nur um seinen Kumpel handeln konnte. Er öffnete die Tür, und dann krachte auch schon der zweite Schuss des Abends. Lange hallte die Detonation im Inneren des Hauses nach. Der Juwelier, der beide Eindringlinge unschädlich gemacht hatte, hob zunächst die Pistole auf, die Heiko Jaroske hatte fallen lassen. Der Mann lebte noch, obwohl auch bei ihm die Kugel in die Brust eingedrungen war, sie hatte aber das Herz knapp verfehlt. Während der Familienvater im Wohnzimmer Frau und Tochter von den Fesseln befreite, flog unten die Haustür aus den Angeln und ein Sondereinsatzkommando stürmte die Treppe hinauf. Zu tun gab es für die Polizisten nicht mehr viel. Sie forderten einen Rettungswagen an und vergewisserten sich, dass sich kein weiterer Geiselnehmer im Haus aufhielt. Nachdem Heiko schwerverletzt ins Krankenhaus rechts der Isar transportiert worden war, nachdem Kurt Huber im Blechsarg das Haus verlassen, und nachdem die Liebermanns ihre

Aussagen gemacht hatten, musste die Familie die Wohnung verlassen. Bis auf Weiteres würden sie im Hotel unterkommen müssen. Dann kamen die Spurensicherer und begannen mit ihrer Arbeit.

»Leider habe ich nie erfahren, was mit unserer Ledertasche passiert ist, die ja wohl noch vollgepackt im Juwelierladen stand«, spekulierte Heiko Jahre später mir gegenüber auf der Wiese neben dem Swimmingpool.

»Die werden die Bullen als Beweismittel mitgenommen haben«, vermutete ich.

»Und sich das ein oder andere eingesteckt haben«, war sich Heiko sicher. »Die klauen doch wie die Raben!«

Da war zwar was dran, wie ich aus eigener Erfahrung weiß, aber mich interessierte, wie sich die Begegnung zwischen den Liebermanns und Heiko Jaroske bei der Gerichtsverhandlung abspielte.

»Gar nicht gut. Überhaupt nicht gut. Der Alte hat mich voll in die Pfanne gehauen«, sagte er noch immer empört. »Dabei haben wir doch keinem von denen irgendwas getan!«

»Na ja«, wandte ich ein. »Immerhin habt ihr die Leute als Geisel genommen und der Tochter einen Kopfschuss angedroht.«

»Das war doch bloß, damit sie keinen Quatsch machen. Wir hätten doch das Mädel nicht abgeknallt, wie der Liebermann den Kurti.«

Plötzlich wurden wir von einem Geschrei am Pool abgelenkt. Dort hatten die gefangenen »Bademeister« einen Türken aus dem Wasser gezogen, der, in Ermangelung einer Badehose mit der Knastunterhose ins Becken gesprungen war. Dass der Feinripp-Schlüpfer eine deutlich sichtbare »Bremsspur« aufwies, machte die Angelegenheit zu einer akuten, was die kriminellen Rettungsschwimmer hektisch auf den Plan rief. Das Geschrei entfuhr dem armen Anatolier, dem einer der Jungs ob des ekelhaften Eingriffs in die Badehygiene eine Serie von Ohrfeigen verpasste.

»Und stell dir mal vor, da lese ich im Jahr drauf in der Bild, dass der Killer meines besten Kumpels noch einen Verdienstorden verliehen bekommen hat«, fuhr Heiko fort.

»Von wem?«

»Von wem schon, vom Strauß persönlich. Für seinen couragierten Einsatz gegen das Verbrechen. Oder so ähnlich … Möchte mal wissen, was daran couragiert ist, jemand ohne Vorwarnung aus nächster Nähe abzuknallen.«

Heiko blickte mich an in Erwartung meiner Zustimmung. Ich sah ihn an und fragte mich, wieso einer nicht begreift, dass so ein bewaffneter Überfall auf eine Familie zu einer höchst stressbehafteten Ausnahmesituation führt, die jede Form von Notwehr rechtfertigt. Das Risiko geht jeder Räuber ein, der seine Opfer mit der Waffe in der Hand konfrontiert und sie dadurch zwingt, sich seinem Willen zu beugen. Geht die Sache gut, ohne dass geschossen wird, mag man im Volk sogar Sympathie ernten, geht sie aber wie im vorliegenden Fall schief, darf man sich hernach nicht beschweren. Wer anderen Menschen mit der Waffe vor der Nase herumfuhrwerkt, nimmt auf jeden Fall in Kauf, dass sein Gegenüber traumatisiert wird, das heißt, Verletzungen an der Seele erleidet. Dem ist wenig Sympathisches abzugewinnen. Jeder, der anderen Menschen Angst einjagt oder ihnen Schmerzen zumutet, hat ein Empathie-Problem. Aus psychologischer Sicht sind diese Täter krank, aber das wird im Knast weder ernsthaft diagnostiziert, noch therapiert. Bestenfalls dient der in Gutachten postulierte Mangel an Empathie der Justiz als Argument, die Leute nicht vorzeitig auf Bewährung zu entlassen.

Heiko Jaroske, der gescheiterte Juwelenräuber mit den beiden Narben, war zu vierzehn Jahren Haft verurteilt worden. Die Hälfte davon hatte er abgesessen als wir uns an jenem sonnigen Tag am Schwimmbad der JVA Straubing unterhielten. Er war kein schlechter Kerl, aber wenn er nicht therapiert würde, könnte er nach weiteren sieben Jahren als schlechter Kerl entlassen werden. Bereut hatte er bis dahin nichts. Aber das ist ein anderes Thema: Wie sollen Menschen ihre Taten bereuen, Verantwortung übernehmen, wenn sie sich durch den Freiheitsentzug und die soziale Entsolidarisierung in erster Linie als Opfer fühlen. Merkt ihr was? Die Gleichung mit der Resozialisierung im Knast stimmt hinten und vorne nicht …

## Der Sittenstrolch

Irgendwo in meinem Archiv, in dem sich noch Dutzende von Dokumentationen, Berichten und Gerichtskorrespondenzen befinden, die ich seinerzeit für Mitgefangene verfasst habe, müssten sich auch die Unterlagen über den erstaunlichen Fall des Horst Schober befinden, mit dem ich mich damals recht intensiv beschäftigt hatte. Aber auch eine mehr als einstündige Suche heute Abend förderte sie nicht zutage. Also muss ich mich bei der Rekonstruktion der Geschichte auf meine Erinnerung verlassen.

Horst Schober war, als ich ihm im Straubinger Gefängnis begegnete, etwa fünfzig Jahre alt, ein unauffälliger Mann, bei dem man nichts Böses im Schilde vermutete. Er litt an einer hartnäckigen Gürtelrose, die, vom Gefängnismediziner mit Cortison behandelt, für sein aufgedunsenes Gesicht und die krebsroten Hände verantwortlich war. Andererseits schien mir sein Herz an der richtigen Stelle zu schlagen, er war also kein Feigling. Eines Tages benötigte er meine Hilfe beim Abfassen einer Beschwerde gegen den Leiter der Krankenstation, ein Sanitätsbeamter, mit dem ich persönlich keine Schwierigkeiten hatte, wahrscheinlich deshalb, weil er mich ab und zu zum Dolmetschen benötigte. Da ich aber wusste, dass der Hauptsekretär Vinzenz Rabe ein rassistisch verdorbenes Menschenbild hatte, fand ich kein Problem darin, dem Mitgefangenen Schober behilflich zu sein und dem Rabe die Laune ein wenig zu vergällen.

Der Sanitäter hatte anlässlich eines von Horsts Besuchen im Spital den Fehler begangen, den Gefangenen vor Zeugen als »Kinderficker« zu betiteln, was diesem naturgemäß den Kragen platzen ließ und er seinerseits nach adäquatem Vokabular suchte, dem Rabe eine Retourkutsche zu servieren. Egal wie man es drehen und wenden wollte, das »Kind« welches Horst »gefickt« hatte, war zur Tatzeit 16 Jahre alt und arbeitete am südlichen Münchener Stadtrand als Straßendirne. Aber das nur zum besseren Verständnis vorab. Rabe hatte kein Recht, egal welchen Verurteilten er wie sehr verachtete, diesen aufgrund seiner Tat zu beleidigen. Generell hat ein Justizbeamter den Gefangenen mit »Herr« und »Sie« anzusprechen, keineswegs ist es in Ordnung, wenn er einen

Mörder Mordbube nennt oder einen Vergewaltiger als Sittenstrolch bezeichnet. Dies war also der anhängige Konflikt zwischen Horst Schober und dem Bediensteten Rabe, anlässlich dessen Horst mich um Hilfe bat. Ich sagte zu. Und da wir Herrn Rabe im weiteren Verlauf dieser Geschichte nicht mehr begegnen, nur noch so viel: Die Dienstaufsichtsbeschwerde wurde vom Anstaltsleiter als unbegründet verworfen. Wenngleich zwei Mitgefangene die Beleidigung bestätigten, stritt Rabe alles ab und behauptete dreist, der Schober sei ein Lügner. Und da im Knast die Aussage eines Beamten mehr Gewicht hat als die dreier Gefangener, wurde der Fall zu des Wärters Gunsten entschieden.

Wegen dieser Sache hatte ich also des Öfteren mit Horst zu tun, und wie üblich, erkundigte ich mich nach seinem bisherigen Leben. Je mehr er mir erzählte, um so spannender wurde die Geschichte, die ich leider nach all den Jahren nicht mehr lückenlos nacherzählen kann. Beschränken wir uns auf das, was mir im Gedächtnis geblieben ist.

Geboren wurde Horst Schober in Mainz, irgendwann Mitte der 30er Jahre. Seine Eltern starben bei einem Bombenangriff auf Mainz-Weisenau Mitte August 1942, was den kleinen Horst zunächst in ein Waisenhaus bei Wiesbaden verschlug. Aus mir heute nicht mehr geläufigen Gründen landete er Anfang 1943 in der Psychiatrie von Hadamar, wo ihn ein Onkel, der einen Posten bei der SS bekleidete, vor der Kinder-Euthanasie rettete und in seine eigene Familie integrierte. Vom Ende des Krieges bis in den Herbst 1957 lebte Horst im Rhein-Main-Gebiet, ab 1950 als rosa Licht im Frankfurter Rotlichtmilieu. Kurz vor Weihnachten 1957 wurde er unter dem Verdacht verhaftet, der Mörder der Düsseldorfer Prostituierten Rosemarie Nitribitt zu sein, was sich aber nach ein paar Wochen Untersuchungshaft als falsch herausstellte. Danach zog Horst Schober nach München, inzwischen war er 23 Jahre alt.

Bis hierher ist festzuhalten, dass es mehrere Gründe für eine tiefgreifende Traumatisierung des jungen Mannes gab: der Bombentod beider Eltern, seine Erlebnisse in der Euthanasie-Anstalt Hadamar und schließlich die Anschuldigung der Frankfurter Kripo, der Mörder einer Prostituierten zu sein, die er zwar gekannt hatte, mit deren Tod er aber nicht in Verbindung gebracht werden konnte. In München versuchte Horst, in der Szene der Huren und Zuhälter sein Auskommen zu finden, hatte dabei allerdings mächtige Konkurrenten. Zudem litt oder erfreute er sich – je nachdem wie man die Sache betrachtet – an einer psychischen Anomalie, die als Nymphophilie oder Lolitakomplex bekannt ist. Erfüllung beim Sex erlebte Horst mit zunehmendem Alter nur bei jungen aber geschlechtsreifen Mädchen. In der katholisch-prüden bayerischen Volksfront waren die Eltern eher zögerlich, ihre gerade erwachenden Töchter einem Lustmolch wie Schober anzuvertrauen. Um seine Lust zu befriedigen, war er größtenteils auf den Straßenstrich angewiesen, deren erfolgversprechendste Bordsteine seinerzeit an der Freisinger Landstraße und der Landsberger Straße verlegt waren. Dort stand eines Abends im Scheinwerferlicht seines Autos ein junges Mädchen, das exakt seiner erotischen Phantasie entsprach. Nach einem ersten Stelldichein blieben Katja und Horst in Verbindung und freundeten sich in der Folgezeit an. Bemerkenswert an dieser Beziehung war, dass Katja mit einem CSU-Politiker und Strauß-Spezi verwandt war, der als Verkehrsminister 1983 unter Alkoholeinfluss einen Unfall auf der Autobahn verursachte, bei dem ein Mensch ums Leben, er selbst mit einer moderaten Geld- und Bewährungsstrafe davonkam. Will heißen: mit Katja hatte Horst einen Spatz an der Hand, der ihm Beziehungen und vor allem regelmäßige Erektionen garantierte. Die Freundschaft zu diesem Mädchen, das zwar 19 Jahre alt war, aber wie 15 aussah (was wohl auch ihren Erfolg als Dirne ausmachte) festigte sich schnell. Wenn ich mich recht entsinne, heirateten die beiden schon ein Jahr danach. Katja machte Karriere: von der Hure zur Hurenhausbesitzerin. Wie sie es schafften, mitten in der Innenstadt einen Nobelpuff zu gründen, ein Haus von höchster Diskretion und mit edelsten Arbeitskräften, kann nicht allein an Horsts einschlägigen Erfahrungen im Milieu gelegen haben, da müssen politische Beziehungen der jungen Frau Schober eine Rolle gespielt haben. Horst berichtete mir arglos über diese Zeit vom Ende der 60er bis zum Beginn der 80er Jahre, als der Laden lief, als die prominente Kundschaft zahlte und das Bankkonto der Inhaberfamilie Schober wuchs. Dazu muss man wissen, dass ein Rotlichtkönig namens Walter Staudinger an fast jedem bezahlten

Fick in München mitverdiente, und er nur ungern Konkurrenten neben sich duldete. Selbst Größen wie der »Metzger Dieter« und der »Lambo-Hardy«, die bestens mit der Polizei verdrahtet waren, hatten sich hinter dem Besitzer der Samenstation »Leierkasten« in der zweiten Reihe zu bewegen.

Aus jeder Lolita wird einmal eine Lola, und Horst verlor irgendwann das erotische Interesse an seiner Ehefrau. Die leitete den Münchener Laden und organisierte ihre erotischen Stelldicheins fortan anderweitig. Dabei war sie ihrem Gatten behilflich, von Zeit zu Zeit »Frischfleisch« zu beschaffen. Mitte der 70er Jahre kauften die Schobers ein Anwesen in der Nähe von Ingolstadt, renovierten das Haus gemäß ihrem Anspruch an den Komfort und zogen dort ein. Für das Bordell hatte sich inzwischen ein zuverlässiger Geschäftsführer gefunden, sodass Katja und Horst nicht mehr oft persönlich vor Ort sein mussten. Längst wurde das Haus mit eigener Tiefgarage von prominenten Politganoven und Großunternehmern frequentiert, die allergrößten Wert auf Diskretion legten. Und die war auch unter der neuen Geschäftsführung gewährleistet.

Das Leben auf dem Land in der Nähe der Donau brachte für Horst die Unpässlichkeit mit sich, dass Lolitas dort nicht inflationär am Ufer entlang spazierten. Um sich die geeigneten Partnerinnen zu suchen, musste er oft weite Wege fahren, zuweilen bis nach Nürnberg oder Regensburg. Eines Tages erfuhr er, dass an einem bestimmten Touristenparkplatz südlich von Grünwald eine Clique Gymnasiastinnen an den Wochenenden erotische Dienstleistungen feilboten. Dort wollte Horst sich einmal umsehen, und tatsächlich saßen an dem Samstag, als er sich in seinem BMW auf den Weg machte, einige passende Kandidatinnen auf den Parkplatzbänken, deren Outfit (kecke Minis und heiße Höschen) keinen Zweifel aufkommen ließen, welchem Geschäft die Mädels nachgingen. Horst stellte den Wagen ab und gesellte sich zu den jungen Damen. Da er nicht wegen eines Quickies auf den Ledersitzen gekommen war, worin sich der übliche Service hier erschöpfte, bedurfte es neben einer großzügigen Gage noch ein wenig Überredungskunst, ehe er eines der Mädchen soweit hatte, mit ihm über Nacht nach Ingolstadt zu fahren. Er spendierte jeder der Kolleginnen noch eine Dunhill, dann stieg Silvie, so nannte sich die Kleine, zu ihm in den

Wagen. Horst war zu lange im Geschäft, um eine Katze im Sack zu kaufen. Er hieß sie, ihm ihren Busen zu zeigen und das Röckchen zu heben, aber nach Silvies Alter erkundigte er sich nicht. Warum auch, denn alles was ihn an Frauen interessierte, waren ihr nymphenhaftes Aussehen und die sexuelle Expertise. Anschließend machten sich die beiden auf den Weg nach Norden.

Als sie in der Villa an der Donau angekommen waren, öffnete Katja ihnen die Tür und begutachtete die erotische Akquise ihres Mannes. Nach einer Brotzeit mit Bier setzte sich Frau Schober im Wohnzimmer vor den Fernseher, während sich Horst und Silvie zurückzogen. Nachdem die junge Frau aus dem Bad kam, forderte Horst, wie die meisten phantasielosen Kerle, sie zunächst auf, ihm »einen zu blasen«, was sie auch zu seiner Zufriedenheit erledigte. Als es aber dann weiter zur Sache gehen sollte, gestand Silvie, dass sie gerade ihre Tage habe. Darüber muss Horst wohl die Contenance verloren haben, denn er regte sich fürchterlich auf. Wieso sie ihm das nicht vorher gesagt habe, er hätte sich eines der anderen Mädchen mitgenommen; was sie sich eigentlich dabei gedacht habe, ihn wegen einmal Blasen den weiten Weg bis Ingolstadt zurücklegen zu lassen. Schließlich beschimpfte er sie so lautstark, dass Katja aufmerksam wurde und im Schlafzimmer auftauchte.

Bis dahin war noch alles, wenn nicht befriedigend, so doch konfliktfrei verlaufen. Zu Dritt wurde die Sache besprochen, Katja versuchte zu vermitteln, schlug spontan einen Dreier vor, wobei sie sich sofort zur Penetration bereit erklärte. Sie war ja schließlich die Ehefrau ... Das hätte eine Lösung sein können, hätte sich Horst nicht so kompromisslos dem Lolita-Sex verschrieben gehabt. Unterdessen war sein Ständer wieder zum Hänger geworden, Katjas Alternativvorschläge lehnte er kategorisch ab. Silvie war ob der Eskalation, was eine alternative Lösung anging, überfordert. In seiner Frustration beschloss Horst, das Mädchen solange als Geisel zu behalten, bis ihre Menstruation beendet sei. Und um zu verhindern, dass sie sich heimlich aus dem Staub machte, sperrte er sie in einen Lagerraum ein, welcher hinter der Garage lag und kein Fenster besaß. Zu allem Überfluss erkannte auch seine Frau nicht, dass sie und ihr Mann sich gerade des Verbrechens des Menschenraubes und der Freiheitsberaubung schuldig machten, was Horst dann am Ende eine 12-jährige Freiheitsstrafe einbrachte.

Aber der Reihe nach: Nach zwei Tagen meldete Katja ihrem Mann, dass Silvie zum Sex bereit sei. Der wurde dann mit der Kälte, in der Bordellsex üblicherweise stattfindet, vollzogen. Anschließend brachte Horst das Mädchen nach Ingolstadt an den Bahnhof und kaufte ihr ein Billett nach München. Wobei er ihr einschärfte, ihren Verbleib während der letzten Tage tunlichst zu verschweigen, anderenfalls ihre Eltern davon erführen, und wenn der Fall einmal in der Presse auftauchte, wäre ihr Ruf für alle Zeiten dahin. Es versteht sich von selbst, dass Silvie seit drei Tagen von ihren Eltern vermisst wurde, sie dies eigenartigerweise aber nicht bei der Polizei angezeigt hatten. Horst hätte sich besser Gedanken um den eigenen Ruf gemacht, denn schon nach ein paar Tagen wurde er zuhause verhaftet. Seine Frau wurde nicht einmal zum Verhör mitgenommen, sie wusste angeblich von nichts. Obwohl sie Silvie während der Tage in Gefangenschaft versorgt hatte (Essen, Bad, Toilette), schwieg die kleine Prostituierte über Katjas Rolle. Was Fragen aufwirft: Wurde da etwa von ganz oben eingegriffen?

Zum Gerichtsprozess, der ein paar Monate danach in Ingolstadt anberaumt wurde, erschien Silvie im Dirndl mit weißer Bluse, ihre Haare waren zu Zöpfchen geflochten, sodass sie wie ein braves bayerisches Schulmädchen aussah, katholisch, keusch, jungfräulich. Dementsprechend kochte der von der Boulevardpresse entfachte Volkszorn gegen Horst Schober hoch. Von einem Bekannten, der die Mädchenclique vom Parkplatz kannte, der selbst schon Kunde bei zweien von ihnen gewesen war, erfuhr ich später, dass die kleinen Biester es faustdick hinter den Ohren hätten, dass sie seit mindestens einem Jahr samstags nach Sonnenuntergang dort Bares für Rares unterm Mini eintauschten.

Noch während Horst in Untersuchungshaft saß, reichte Katja die Scheidung ein. Alle Strafanzeigen, die ihr Ex-Mann in der Folgezeit gegen die Familie einreichte, in die er vor Jahren eingeheiratet hatte, wurden von den jeweiligen Staatsanwaltschaften nicht bearbeitet. Dabei ging es um Korruption, Steuerhinterziehung und Diebstahl. Alle Verfahren gegen die Familie, die ich ihm anzustrengen half, wurden eingestellt. Horst wurde im Knast forensisch begutachtet und für unzurechnungsfähig erklärt. Der gesamte gemeinsame Besitz ging an Katja. Am Ende hatte Horst Schober alles verloren, aber er lebte noch.

Ich will nicht sagen, dass er mir besonders sympathisch war, aber da ich ja seine Vorgeschichte kannte, und ich zweifele nicht an deren Wahrheitsgehalt, hatte ich Mitgefühl mit ihm. Er war von dem Tag an ein Opfer, als seine Eltern bei dem verheerenden Bombenangriff der US-Airforce auf Mainz getötet wurden. Was weiter aus ihm wurde, nachdem man mich in ein anderes Gefängnis verlegte, entzieht sich meiner Kenntnis. Meine Briefe wurden nie beantwortet, wahrscheinlich hatte man sie Horst nicht einmal ausgehändigt.

## Ein sicherer Arbeitsplatz

Als der Freiheitskämpfer Trifan Gashi gegen Ende des Jahres 1944 in sein Dorf zurückkehrte, hatte er zwei Jahre lang den Italienern Widerstand geleistet, die sein Land 1939 überfallen hatten, anschließend als Partisan gegen die deutschen Besatzer gekämpft und schließlich noch über ein Jahr an der Seite Enver Hoxhas im Bürgerkrieg gegen die Nationalisten aus dem eigenen Volk. Bei der Staatsgründung Albaniens 1946 war Trifan Gashi 24 Jahre alt und die Familie fand, es sei an der Zeit für ihn, sich eine Frau zu suchen. Mit Aische, der jüngsten Tochter der angesehenen Familie Demiri aus Fllak fand sich bald ein gesundes und fleißiges Mädchen. Das 200-Seelen-Dorf Fllak, in den Bergen unweit der Hafenstadt Durres gelegen, besteht aus einer verstreuten Ansammlung von etwa zwei Dutzend Häusern. Dort wurde dem verdienten Kommunisten Gashi im Zuge der Güterumverteilung der Hof eines Nationalisten zugewiesen, der im Bürgerkrieg ums Leben gekommen und dessen Familie nach Mazedonien geflohen war. Als Aische Gashi im Frühjahr 1947 den ersten Sohn zur Welt brachte, nannten sie ihn dem Staatspräsidenten zu Ehren Enver. Nach und nach kamen noch sieben weitere Kinder zur Welt, aber es sollte Enver, dem Erstgeborenen, vorbehalten sein, das elterliche Anwesen weiterzuführen. Die langen Jahre unter der kommunistischen Herrschaft, mal an der Seite Russlands, dann an der Chinas, später im isolierten Alleingang, die mageren Jahre des planwirtschaftlichen Landbaus, all dies erlaubte es den Bauern nie, zu Wohlstand zu gelangen. Die Ernten brachten gerade genug ein, um nicht hungern zu müssen.

Als Enver Gashi im Jahre 1975 seine Frau Tufie kennenlernte, und sie im Jahr darauf heirateten, hatte sich daran noch nichts geändert. Viele Menschen in den Dörfern und vor allem die in den Bergen konnten ihre Kinder nach wie vor nicht zur Schule schicken, nach wie vor war der Ochse verbreiteter als der Traktor, nach wie vor gehörte der Lebensstandard in Albanien zu den niedrigsten in ganz Europa. 1977 brachte Tufie Adil zur Welt, 1979 Ervin und als letztes Kind 1980 die Tochter Mira. Unter großen Entbehrungen gelang es Enver und Tufie, wenigstens die beiden Buben zur Schule nach Vrin zu schicken, was für die Kinder einen Fußweg von zwei Kilometern bis zur Straße bedeutete, und anschließend noch eine halbe Stunde mit dem Bus.

Erst als zu Beginn der neunziger Jahre der eiserne Vorhang fiel, hörte auch die Planwirtschaft in Albanien auf. Von der kommunistischen Partei willkürlich mit Ämtern bedachte Plünderer mussten die Zügel nach 45 Jahren an demokratisch gewählte Ganoven übergeben, aber das verbesserte das Los der Bauern in Fllak auch nicht. Als dann 1997 aufgrund eines politisch manipulierten Anlagebetrugs fast alle kleinen Leute im Land über Nacht ihr angespartes Geld verloren, stand das Land wieder vor einem Bürgerkrieg. Enver und Tufie Gashi hatten die Ersparnisse von zwanzig Jahren bei der Bank Sudja angelegt, fast zwei Millionen Lek (knapp 3.000 Mark), die als Anzahlung für einen Traktor dienen sollten. Entschlossen holte der alte Trifan den Karabiner aus der Kammer, ölte ihn und übergab ihn seinem Sohn. Tufie packte ihren Männern eine Wegzehrung aus Brot, Käse und Oliven ein, und dann brachen Enver und sein ältester Sohn Adil zur Hauptstadt auf. Erst nach über einer Woche kehrten die beiden aus Tirana zurück. Geld hatten sie zwar keines mehr sicherstellen können, aber zwei nagelneue russische Sturmgewehre und eine Thermoskanne, die sie bei der Plünderung einer Polizeikaserne erbeutet hatten. Es dauerte danach noch einige Monate, bis sich die Hoffnung, wenigstens einen Teil der verlorenen Ersparnisse vom Staat zurückzubekommen, völlig zerschlug. Die zwei Millionen waren futsch.

Dennoch hatte Adil von der Reise etwas mitgebracht, eine Idee, die ihn fortan nicht mehr in Ruhe ließ. In Tirana hatte er einen Burschen kennengelernt, der seit drei Jahren in Deutschland arbeitete, und der es – das war unübersehbar – dort zu einigem Wohlstand gebracht hatte. Schon seine elegante Kleidung verriet, dass er reich war, die japanische Armbanduhr und die massive Goldkette ließen daran keinen Zweifel. Als Hamdi bei einem Glas Raki erzählte, in Stuttgart, wo er bei seiner deutschen Freundin wohne, habe er einen BMW in der Garage stehen, war Adils Neugier schon von offener Bewunderung unterlegt. Als die beiden sich verabschiedeten, schrieb Hamdi ihm seine Adresse in Deutschland auf, und außerdem noch die eines Kontaktmanns in Durres, der illegale

Überfahrten nach Italien organisieren könne. Das neue Wissen geisterte zunächst ungeordnet in Adils Kopf herum, keimte aber in den folgenden Wochen zu einem ernsthaften Plan. Selbst sein Vater Enver, sonst nicht leicht für abenteuerliche Projekte zu begeistern, fand die Idee seines Sohnes, ins reiche Deutschland aufzubrechen, um sich dort eine Arbeit zu suchen, überlegenswert. Einen ganzen Abend diskutierte die Familie das Für und Wider eines derartigen Schrittes, um schließlich der Verlockung zu ein wenig Wohlstand nachzugeben. Die Anschaffung eines gebrauchten Traktors – eine unerlässliche Investition, wollte man endlich bessere Ernten einfahren – war durch die Finanzkrise und den Verlust der Ersparnisse in weite Ferne gerückt. Da hörte sich Adils Vorschlag, eine Zeit lang in Deutschland zu arbeiten, praktikabel und vernünftig an. Dabei war allen klar, dass der legale Weg nach Deutschland nur großen Ganoven offenstand, die entweder über gute politische Beziehungen verfügten oder über das nötige Kleingeld, sich das Visum zu erkaufen. Nur wer den Beamten auf der deutschen Botschaft in Tirana glaubhaft nachweisen konnte, dass er über die Mittel zu einer Reise und zum Aufenthalt in Deutschland verfügte, durfte mit der Ausstellung eines Visums rechnen, und da die Familie Gashi weder Geld noch Beziehungen hatte, war von Anfang an klar, dass Adil, sollte er denn aufbrechen, den illegalen Weg würde nehmen müssen. Schon wenige Tage später bestieg er den Autobus nach Durres, um dort den Mann zu suchen, der die Kontakte zu den italienischen Schmugglern unterhielt. Der Gesuchte wohnte auf einem alten Kutter im Fischereihafen. Bledar Bytici, den im Hafen jeder kannte, und den alle nur den »Taucher« nannten, betrieb ein Reisebüro der besonderen Art: Bei ihm gab es nur Hinfahrkarten. Rückreisen vermittelte er grundsätzlich nicht. Der Taucher machte Adil folgendes Angebot: Überfahrt mit dem Schnellboot an einen nicht näher bezeichneten Ort nördlich von Brindisi und von dort aus weiter per Kleinbus nach Mailand. Reisekosten: 1.000 Mark. Als die beiden handelseinig waren, lag es an Adil, das notwendige Geld aufzutreiben. 800 Mark hatte die Oma noch im Sparstrumpf, der Verkauf eines Kalbes brachte weitere 300 und den Rest steuerte Herr Muca bei, ein Olivenhändler aus Durres, der der Familie Gashi seit Jahren schon die Ernte abkaufte.

Im April 1997 machte sich Adil Gashi schließlich auf den Weg nach Deutschland. Außer knapp 200 Mark und der Adresse von Hamdi Berisha in Stuttgart hatte er nicht viel dabei. An Gepäck, so hatte ihm der Taucher klargemacht, sei lediglich eine kleine Reisetasche an Bord gestattet, die italienischen Bootsführer machten da keine Ausnahme. Zusammen mit vierzehn weiteren albanischen Glücksrittern kauerte Adil in der Nacht zum 18. April im Heck eines ausgemusterten Küstenschnellbootes der italienischen Marine und als sie nach vier Stunden schneidiger Fahrt über die Adria endlich an einem düsteren Strand landeten, kam es ihm so vor, als habe er die ganze Zeit über den Atem angehalten. Zum Nachdenken blieb ihm keine Zeit: Verdeckt hinter Wacholdersträuchern und Pinien wartete ein klappriger Kastenwagen auf das illegale Transportgut, und kaum zehn Minuten nachdem das harte Schlagen der Wellen gegen den Bootsrumpf aufgehört hatte, hörte Adil nur mehr das Schnarren des überalterten Motors und das Singen der Reifen auf dem groben Asphalt. Unterwegs verteilte der Fahrer kalte Pizza mit Paprikawurst und Peperoncini, und nicht nur Adil kam es so vor, als habe es ihm nie besser geschmeckt. Die Stimmung im Laderaum war ausgelassen. Zweimal verließ das Fahrzeug die Schnellstraße zu einer kurzen Rast an abseits gelegenen Gehöften, wo geräuschlos nachgetankt und frische Verpflegung an Bord genommen wurde. Dann ging es nonstop hinein in die Po-Ebene, vorbei an Parma in Richtung der Berge. Spätabends erreichte der Transport die Stadtgrenze von Mailand, wo der Fahrer seine Passagiere nach und nach an Bushaltestellen in den Vororten absetzte. Von nun an war jeder auf sich allein gestellt. Adil hatte Glück und erwischte gleich einen Bus in die Stadtmitte.

In Mailand hielt er sich nicht lange auf. Am Hauptbahnhof studierte er die Fahrpläne und wenig später hatte er einen Schnellzug gefunden, der in Kürze nach Stuttgart abfahren sollte. Noch während der Zug am Bahnsteig stand, erkundete Adil die einzelnen Abteile. Unterwegs im Auto hatte ihm einer der Mitreisenden, der die illegale Reise nach Deutschland schon einmal erfolgreich gemacht hatte, berichtet, dass es über den Toiletten im Zug Hohlräume gebe, in die ein Erwachsener hineinkriechen könne. Um die Luke zu öffnen sei außer einer Münze kein weiteres Werkzeug nötig. Bequem sei die Reise unter dem Waggondach zwar nicht, dafür kostenlos, und den Pass müsse man dort oben auch keinem zeigen. Diesen Weg, die Grenzen zur Schweiz und später nach Deutschland zu passieren, wählte auch Adil. Es war erstaunlich einfach: Kaum, dass der Zug Mailand verlassen hatte, merkte er sich die fahrplanmäßige Reisezeit und kletterte in sein düsteres Versteck. Von der schönen Schweiz kriegte er nur das monotone Schienengeräusch mit. Nach zehn Stunden hielt der Zug endlich in Schaffhausen und kurz danach, unterwegs in der Schwäbischen Alb, kroch Adil ein wenig steif, aber guter Dinge aus seinem Versteck. In Stuttgart sprang er aus dem Zug und rief bei Hamdi Berisha an. Der war überrascht, aber dann freute er sich und machte sich gleich auf den Weg, seinen Landsmann am Bahnhof abzuholen.

Fürs erste kam Adil bei Hamdi und dessen Freundin unter, doch Christine stellte von Anfang an klar, dass sie ihre Wohnung nicht als Auffanglager für obdachlose Bekannte ihres Freundes betrachtete. Nach drei Tagen brachte Hamdi Adil nach Karlsruhe-Durlach zur Aufnahmestelle für Asylsuchende, wo er sich als Kosovo-Albaner aus Prizren ausgab und um politisches Asyl nachsuchte. Nachdem er eine Erklärung unterschrieben hatte, gab man ihm Unterkunft im Asylantenwohnheim, wo er bis zur offiziellen Entscheidung über seinen Antrag wohnen bleiben sollte. Er wohnte dort mit einem Bosnier, einem Afghanen und einem Mann aus dem Sudan zusammen auf einem Zimmer, alles Männer, die angaben, in ihrer Heimat politisch verfolgt zu werden. Die Tatsache, dass Adil weder aus dem Kosovo stammte, noch von irgendwem politisch verfolgt wurde, bereitete ihm kein Kopfzerbrechen. Instinktiv spürte er, dass alle Menschen das Recht haben, nach Glück und Wohlstand zu streben, und dass jede Grenze und jede nationale Diskriminierung eine Willkür darstellen. Sich bei den reichen Europäern, die zudem sein Land zur Jugendzeit seines Großvaters Trifan überfallen hatten, heute ein paar Brotkrümel am überladenen Tisch aufzuheben, machte ihm keine Gewissensbisse. Als er den Worten Bajrams lauschte, der vom Krieg in Bosnien berichtete, und davon, wie er Frau und Kind verloren hatte, wie man ihn seiner Religion wegen wie ein Tier in die Berge gehetzt hatte, da begann Adil zu ahnen, dass es auf der Welt wenig Gerechtigkeit gibt. Wer dafür sorgen wolle, so Bajram, sich und seiner Familie ein gutes Leben zu ermöglichen, der müsse sich selbst die Bedingungen zum Glück schaffen. Menschen wie er, denen das Schicksal Leid und Tod gebracht habe, dürften fortan nach dem eigenen Gesetz leben. Gegen diese Erkenntnis des verbitterten Mannes ohne Familie wagte der junge Adil keinen Einwand.

Das Leben im Wohnheim war organisiert wie eine schwäbische Gärtnerei: Es herrschte Ordnung, verschwendet wurde nichts. Neben der freien Unterkunft und der Verpflegung erhielt jeder Asylant ein monatliches Taschengeld von 80 Mark. Sosehr Adil sich auch einschränkte, das Geld reichte ihm nicht. Zur Monatsmitte waren seine Taschen leer. Es war ihm jedoch nicht entgangen, dass einige der Mitbewohner ihr Los besserten, indem sie eine illegale Arbeit annahmen. So wusste er von den beiden Pakistanern gegenüber, dass sie jeden Morgen in einem Lokal in der Karlsruher Altstadt sauber machten und in der Küche halfen. Oder der freundliche Vietnamese, der angeblich in der Universitäts-Gärtnerei einen Job gefunden hatte. Keiner redete darüber, aber wenn jemand Arbeit hatte, blieb das nicht lange verborgen. Da es unter Umständen viele Monate dauern konnte bis eine Entscheidung über sein Asylersuchen getroffen würde, sah auch Adil sich bald nach einer Verdienstmöglichkeit um. Er schämte sich, den Eltern jede Woche im Brief schreiben zu müssen, er habe noch immer keine Anstellung gefunden. Er wusste, wie dringend die Familie auf Geld wartete. Knapp drei Wochen nachdem er in der Unterkunft für politisch Verfolgte eingezogen war, erreichte ihn ein Anruf aus Stuttgart. Hamdi Berisha kündigte seinen Besuch an. Am Wochenende kam er mit Nezir Ceka, einem Mann aus Tirana, vorbei. Sie holten Adil ab und luden ihn zum Essen bei McDonalds ein. Wenn Adil unbedingt Geld verdienen wolle, und das wollte er, so könne er für Herrn Ceka Kurierfahrten übernehmen. Es gehe dabei um kleinere Gepäckstücke, die ihm in München übergeben würden, und die er mit dem Zug von Fall zu Fall nach Stuttgart oder nach Frankfurt zu bringen habe. Dabei handele es sich um eilige Medikamente, wobei es ganz auf Zuverlässigkeit und Diskretion ankomme. Und weil die Geschäfte mit den Arzneien nicht immer ganz legal seien – wer zahle schon gerne Steuern –, würden die Kuriere auch gut bezahlt. Pro Fahrt seien 1.200 Mark üblich, die bei Übergabe des Paketes vom Empfänger in bar bezahlt würden. Die Reisekosten gebe es beim ersten Mal als Vorschuss, anschließend sei es Sache des Kuriers, schließlich bezahle man ihn ja gut ... Das fand auch Adil, und er benötigte keine lange Bedenkzeit, um Herrn Ceka zu versichern, ein zuverlässiger und guter Kurier zu sein. Noch ehe er den Cheeseburger aufgegessen hatte, war der Deal perfekt. Hamdi schärfte ihm dann noch ein, sollte es jemals zu Ärger mit der Polizei kommen, es in Adils bestem Interesse wäre, keinen Ton über die Geschichte verlauten zu lassen. Herr Ceka würde sich in diesem unwahrscheinlichen Fall um einen Anwalt kümmern, um ihn aus der Sache herauszupauken. Oberstes Gebot sei in jedem Fall Verschwiegenheit. Als denkbar schlimmstes Szenario stellte Hamdi den Verrat hin. In diesem Falle könne er leider nichts mehr für Adil tun. Das hätte man ihm nicht in dieser Deutlichkeit sagen müssen, denn Solidarität ist in Albanien von jeher ein hoher ideeller Wert, den insbesondere auf dem Land jedes Kind verinnerlicht hat. Adil hatte gewiss nicht vor, Herrn Ceka oder Hamdi zu betrügen oder gar an die deutsche Polizei zu verraten. Per Handschlag und Bruderkuss wurde die Zusammenarbeit besiegelt, und ehe sie sich verabschiedeten, stellte Nezir Ceka Adil den ersten Einsatz für die darauffolgende Woche in Aussicht.

Seine erste Dienstreise nach München verlief ohne Zwischenfälle. Von der Stadt sah er jedoch nicht viel, weil er schon im Vorort Pasing ausstieg, wo er von Sali, einem albanischen Kontaktmann, erwartet wurde. Die beiden fuhren in Salis elegantem Mercedes um ein paar Häuserblocks, wobei sich Sali vergewisserte, dass ihnen niemand folgte, nahmen dann die Unterführung nach Obermenzing und hielten schließlich am Ende der Marschnerstraße. Sali rief kurz mit seinem Mobiltelefon an, und zwei Minuten später tauchte von irgendwo eine junge Frau mit einer eleganten Sporttasche auf. Das Mädchen öffnete die hintere Wagentür, warf die Tasche auf den Sitz, verständigte sich kurz mit Sali und verschwand sofort wieder. Zehn Minuten später stand Adil mit der schwarzen Tasche am Bahnsteig und wartete auf den Intercity nach Stuttgart. Wie verabredet, war auch in Stuttgart jemand zur Stelle, der Adil wie einen alten Bekannten begrüßte, ihm im Austausch mit der Tasche ein Kuvert zusteckte und der dann ebenso diskret wie er gekommen war wieder verschwand. Adil ging hinaus auf die Straße, das Kuvert fest in der Hand. Erst in einer Telefonzelle, von wo aus er Hamdi Berisha anrief, zählte er das Geld. Hamdi schlug ihm vor, auf einen Raki vorbeizukommen, und es war schon spät, als Adil den Zug nach Karlsruhe bestieg.

Die nächste Kurierfahrt nach München fand zehn Tage später statt, in der Woche darauf kam er sogar zweimal zum Einsatz. Die erste Geldüberweisung nach Albanien brachte er Ende Mai auf den Weg, gerade mal ein Monat nachdem er die Heimat verlassen hatte. 2.800 Mark, fast so viel wie seine Eltern in 20 Jahren gespart und an einem Tag verloren hatten.

Als nächstes sollte er einen Tenniskoffer nach Frankfurt bringen. Davon, dass der Frankfurter Hauptbahnhof für Schmuggler, Dealer und sonstige Gauner ein glitschiges Pflaster ist, wusste Adil nichts. Im Nachhinein erschien es unbegreiflich, dass sowohl Hamdi als auch Nezir ihren Kurier in diesen öffentlichen Fernseh-Container schickten, wo Dutzende von Videokameras jeden Reisenden, jede Bewegung und erst recht jede verdächtige Transaktion erfassen. Beim Einlaufen des Zuges auf Gleis 16 wurde Adil von einem Mädchen erwartet. Sie hieß Veti und stammte aus Vlora in Südalbanien. Sie erklärte Adil, dass der Mann, bei dem sie den Koffer abgeben sollte, erst in einer guten Stunde zu Hause wäre. Sie könnten also vorher noch ein Eis essen. Der Junge übergab ihr den Koffer, leichtsinnigerweise genau unter dem Auge einer gut sichtbaren Kamera, deren Monitor von einer misstrauischen Beamtin der Bahnpolizei beobachtet wurde. Irgendwie hatte die Frau das Gefühl, der Tausch eines Tenniskoffers gegen ein Kuvert sei ein verdächtiger Vorgang, und sie verständigte per Funk ihre Kollegen vor Ort. Zwei zivile Sicherheitsbeamte hefteten sich dem Pärchen unauffällig an die Fersen.

Adil war vom ersten Augenblick an von Veti fasziniert: Die Selbstverständlichkeit, mit der sich das Mädchen unter den Menschen auf dem großen Bahnhof bewegte, die lässige Art ihrer

Kleidung, der erregende Duft, der ihren Haaren entströmte, als sie mit energischer Bewegung den Kopf drehte, all dies hob seine Laune. Zuversichtlich folgte er ihr zu einem Kiosk in der Schalterhalle. In Vetis großen dunklen Augen und in ihrem mitreißenden Lachen fand Adil zum ersten Mal seit er in Deutschland war ein Stückchen Albanien, und das gab ihm ein sehr, sehr gutes Gefühl. Deshalb benötigte er auch mehr als eine Schrecksekunde, als die Zivilpolizisten sich plötzlich zu erkennen gaben und die beiden aufforderten, sich auszuweisen. Die junge Frau zeigte einen albanischen Reisepass vor, der auf den Namen Veti Alia ausgestellt war. Adil Gashi hatte lediglich das provisorische Dokument der Ausländerbehörde Karlsruhe dabei, welches ihn als Asylbewerber aus dem Kosovo auswies. Das machte ihn in den Augen der Ermittler nur um so verdächtiger, und so wurden beide zur Gepäckkontrolle auf die Wache mitgenommen. Der Wortführer forderte Veti auf, den kleinen weißen Koffer zu öffnen und den Inhalt auf den Tisch zu packen. Als die beiden Beutel mit dem braunen Pulver zum Vorschein kamen, schien keiner der Beteiligten überrascht zu sein. Veti und Adil erklärten übereinstimmend, es handele sich um eine Medizin, die Polizisten glaubten es jedoch besser zu wissen: Wegen des Verdachts auf Besitz von 1027 Gramm Heroin wurden die jungen Leute festgenommen und noch am selben Tag dem Haftrichter vorgeführt. Adils Beteuerung, lediglich als Kurier für eine Arzneimittelfirma tätig gewesen zu sein, glaubte ihm weder der Richter, noch sein Sekretär. Spätestens als Adil sich weigerte, den Namen seines Auftraggebers zu nennen, war der Fall für den deutschen Richter klar: Er hatte es wieder einmal mit kriminellen Ausländern zu tun, die unter dem Vorwand politischer Verfolgung Asyl beantragt hatten, die tatsächlich aber nichts anderes im Sinn hatten, als Geschäfte mit illegalen Drogen zu machen und sich zu Lasten der deutschen Volksgesundheit zu bereichern. Die Tatsachen, dass Veti erst 19 Jahre alt war und Adil gerade 20, und dass beide bestritten, etwas von dem Rauschgift gewusst zu haben, war für Herrn Amtsrichter Dorn kein Grund zur Nachsicht. Er schickte beide in die Untersuchungshaft. Sie sollten sich nie mehr begegnen. Veti wurde in die Frauenanstalt Preungesheim gebracht, Adil kam nach Weiterstadt, wo er Dutzende von Landsleuten traf, die ihm, nachdem er seine Geschichte erzählt hatte, bescheinigten, sich wie ein Mann verhalten zu haben.

Schon nach drei Tagen erhielt er den Besuch eines Rechtsanwalts, den Hamdi Berisha beauftragt hatte, sich um Adil zu kümmern. Zu wissen, dass er nicht allein gelassen wurde, erleichterte ihm die Schande. Auf gar keinen Fall durften seine Leute in Albanien etwas davon erfahren. Rechtsanwalt Gerber zeigte sich zuversichtlich, Adil aus dieser Sache herauszuholen. Im Interesse seines Auftraggebers vergewisserte sich Herr Gerber, dass Adil im Verhör mit der Kripo und dem Dolmetscher keine Namen genannt hatte, dann ließ er sich die Vollmacht unterschreiben und verschwand wieder. Adils Verteidigung erwies sich indes als nicht so einfach. Der neue hessische Justizminister hatte seinem Wahlvolk gerade erst versprochen, gegen die organisierte Kriminalität durchzugreifen, und Adil Gashi ließ sich leicht als Vertreter einer Mafia aus Albanien vorführen. Der Presse wurden ausreichend Informationen zugespielt: Was nichts weiter als ein Zufallstreffer auf dem Frankfurter Hauptbahnhof war, wurde der Öffentlichkeit als ein von langer Hand vorbereiteter Schlag gegen die organisierte Kriminalität präsentiert. In Wirklichkeit hatte man lediglich zwei völlig unbedeutende kleine Kuriere erwischt, was die Geschäfte von Nezir Ceka nur kurzzeitig, und die Versorgung der Drogenszene im Rhein-Main-Gebiet überhaupt nicht beeinträchtigte. Gegen das in Deutschland flächendeckend ausgeworfene Netz zum Fang kleiner Fische haben Grünschnäbel wie Adil keine Chance: Die Überwachung öffentlicher Räume durch Kameras, die Durchsetzung des Milieus und der Drogenszene mit Spitzeln sowie die lockere Praxis bei den Gerichten, Telefonüberwachungen und das Abhören von Autos und Hotelzimmern anzuordnen, all dies sorgt dafür, dass der deutsche Staat über die Kleinkriminellenmilieus der Großstädte immer die Kontrolle behält. Die Polizei braucht sich bei den üblichen Verdächtigen aus Rotlicht- und Süchtigenszene quasi nur zu bedienen. Ende der neunziger Jahre gehörten, bedingt durch das politische und wirtschaftliche Chaos auf dem Balkan, viele junge Albaner und Jugoslawen zum jederzeit verfügbaren Kreis dieser Delinquenten. Ein dicker Fisch jedenfalls wurde in dem umstrittenen Hallenbad der Justizvollzugsanstalt Weiterstadt, wohin man Adil brachte, noch nicht gesichtet. Im Knast hatte er bald Anschluss an seine Landsleute gefunden. Schon nach vier Wochen teilte man ihm eine Arbeit in der Schlosserei zu. Das lenkte ihn von seinem Kummer ab, und dabei schien zudem die Zeit rascher zu verstreichen. Außerdem verdiente er genug, so dass es weiterhin für eine monatliche Überweisung an seine Familie reichte. Den Eltern schrieb Adil, er habe eine Arbeit als Schlosser gefunden, leider sei der Verdienst nicht sehr gut, aber er hoffe auf eine Lohnverbesserung in naher Zukunft.

Enver und Tufie Gashi waren zufrieden mit den 200 Mark, die ihr Sohn monatlich überwies und stolz erzählten sie im Dorf von ihrem Ältesten, der ausgezogen war, um in Deutschland das Glück zu finden. Eine Krise befiel Adil, als er nach zwei Monaten von seinem Rechtsanwalt erfuhr, dass Veti Alia sich im Gefängnis die Pulsadern geöffnet hatte und verblutet war. Auch wenn die beiden Briefe, die er ihr geschrieben hatte, vom Untersuchungsrichter als Beweismittel beschlagnahmt worden und nie bei ihr angekommen waren, hatte Adil die romantische Vorstellung gehegt, er und seine hübsche Komplizin, die er in Freiheit bloß drei Minuten gekannt hatte, könnten eines Tages als wohlhabendes Paar im eigenen Auto und mit Geschenken beladen nach Albanien zurückkehren. Als er nun durch Herrn Rechtsanwalt Gerber von Vetis Tod erfuhr, hatte er nicht bloß seine Mitangeklagte, sondern auch einen Traum verloren.

Der Prozess, der im Herbst stattfand, lief schlecht für Adil. Die Fragen des Richters nach seinem Vorleben und den persönlichen Verhältnissen erschienen ihm bloß eine lästige Routine zu sein: Alibi-Erkundigungen, um der Norm eines Strafprozesses gerecht zu werden. Das politische und wirtschaftliche Chaos in seiner Heimat, welches Adils Verteidiger als Grund angab, weshalb er Albanien im Frühjahr verlassen hatte, wurde zwar beiläufig zur Kenntnis genommen, konnte das Gericht aber nicht in seiner vorgefassten Meinung beeinflussen. Habgier war für die Kammer das Motiv des Verbrechens, kriminelle Energie und Skrupellosigkeit Adils dominante Charakterzüge. Selbst der Dolmetscher, ein zwielichtiger Kosovo-Albaner, den wer weiß welche korrupte Volte in diese öffentlich vereidigte Stellung gebracht hatte, schien eher aufseiten der deutschen Justiz als auf der seines Landsmannes zu stehen. Adils strikte Weigerung, etwas zur Herkunft des Rauschgiftes zu sagen, gab den Ausschlag für das harte Urteil. Nicht bloß, dass der Richter darin das typische Verhalten eines Mitgliedes der Mafia zu erkennen glaubte, noch gravierender kreidete er dem jungen Albaner an, dass er mit seinem stolzen Schweigen die Autorität des hohen Gerichts missachtete, ja quasi öffentlich verhöhnte. Die Tatsachen, dass Adil noch sehr jung war und keine Vorstrafen hatte, weckten auch keine Milde in ihm. Sechs Jahre Gefängnisstrafe für den Besitz eines Kilogramms Heroin lautete der Spruch im Namen des deutschen Volkes. Adil Gashi sah in diesem Urteil eine unerträgliche Willkür und Grausamkeit. Sein Gerechtigkeitsempfinden, seine Überzeugung, dass jeder junge Mensch nach einer Verfehlung eine zweite Chance verdient habe, wurde hart enttäuscht. Vor der Strafkammer des Frankfurter Landgerichts verlor Adil nicht bloß jede Hoffnung auf ein gutes Ende der Geschichte, sondern auch noch den Respekt vor den Deutschen. Bis dahin hatte er nicht einmal geahnt, dass er fähig wäre, Menschen so zu hassen, wie er diesen selbstherrlichen Staatsanwalt und den bigotten Richter hasste, die herzlos die kalte Axt ihrer Macht an den jungen Baum seines Lebens gelegt hatten. Sollte er die vor ihm liegenden Jahre überleben, das hatte er sich geschworen, er würde sich an den Männern in den schwarzen Roben rächen. Im Herbst des Jahres 1997 wurde Adil Gashi erwachsen. Er wusste jetzt, was Schmerz bedeutete. Verlegen murmelte sein Rechtsanwalt nach der Urteilsverkündung etwas von Revision, aber er wusste, das Urteil würde Bestand haben. Die einzige realistische Hoffnung lag in einer vorzeitigen Entlassung nach der Verbüßung von drei oder vier Jahren. Ein schwacher Trost für den Verurteilten, der einfach kein Schuldgefühl in sich verspürte. Was hätte er nach Lage der Dinge denn anders machen sollen? Ein Leben unter den gegebenen Bedingungen in Albanien, wo sich seine Väter seit Generationen abplagten, erschien ihm keine akzeptable Alternative zu sein. Adil trat zwar seine Haftstrafe an, aber Reue verspürte er nicht.

Kurz vor Jahresende wurde Adil Gashi ins Gefängnis von Butzbach verlegt, wo er wieder auf Landsleute aus dem Kosovo und aus Albanien traf. Einen von ihnen, Agron Sheku, hatte er schon in Weiterstadt während der Untersuchungshaft kennengelernt, und als er ihn am Tag seiner Einlieferung in Butzbach auf dem Hof entdeckte, kehrte nach langer Zeit wieder Freude in sein Herz. Agron war ein paar Jahre älter als Adil und eine höhere Strafe hatte er auch bekommen. Er stammte aus Tirana, hatte sich Mitte der neunziger Jahre über Jugoslawien, Ungarn und Österreich bis nach Bayern durchgeschlagen und anschließend fast drei Jahre illegal in Deutschland gearbeitet. Auch er hatte sein Geld im Drogenhandel gemacht und es nicht bereut. Immerhin, so erklärte er Adil, konnte er seiner Mutter die Operation und den Krankenhausaufenthalt finanzieren, bei der man ihr zwei Nierensteine entfernt hatte. Und weil er in dieser Zeit genügend Geld heimschicken konnte, besuchten seine drei jüngeren Geschwister jetzt die höhere Schule, sein Bruder sogar die Universität. Acht Jahre Knast seien zwar eine lange Zeit, aber andererseits habe er etwas für die Familie daheim getan, und deshalb sei er auch nicht unglücklich. Agron umarmte seinen Freund und da er sich in dem großen Zentralgefängnis schon ein wenig auskannte, half er Adil dabei, ein Bett in einer großen Vier-Mann-Zelle zu finden und einen relativ gut bezahlten Job bei der Firma Müller, die in der Anstalt Schubkarren montieren ließ. Agron stellte Adil den übrigen albanischen Gefangenen vor, sorgte dafür, dass er schon nach zwei Wochen in die Fußballmannschaft aufgenommen wurde und machte dem Kalfaktor, der das Essen austeilte, klar, dass im Blechnapf des Neuen eine korrekte Portion erwartet wurde. So kam es, dass Adil, dessen freundliche und geradlinige Art Gefangenen wie Wärtern gleichermaßen gefiel, schon nach sechs Wochen einen anerkannten Platz im sozialen Gefüge der asozialen Institution gefunden hatte. Nach einiger Zeit nahm er die regelmäßigen Geldüberweisungen nach Hause wieder auf, die er wegen des Prozesses und der anschließenden Verlegung ins Strafgefängnis zwei Monate ausgesetzt hatte. Herr Koch, der als Meister den Außenbetrieb der Firma Müller im Knast leitete, erkannte rasch, dass Adil keine zwei linken Hände hatte und gut zu gebrauchen war. Ein halbes Jahr nachdem er angefangen hatte, wurde er zum Vorarbeiter bestimmt, was abgesehen vom Prestige auch eine Lohnerhöhung bedeutete.

Wenn Adil gut arbeitete, das hieß, wenn er am Monatsende zwei Pensen über dem Soll lag, und wenn ihm der Meister sowohl den Schmutz- als auch den Fleiß-Zuschlag aufschrieb, brachte er es auf einen Monatslohn von knapp 300 Mark netto. 200 davon schickte er an jedem Ersten nach Albanien …

An die regelmäßigen Überweisungen hatte sich die Familie Gashi in Fllak bald gewöhnt. Als erstes brachte Enver seinen alten Vater Trifan in die Stadt, wo diesem beim Augenoptiker eine neue Brille angemessen wurde. Im Monat darauf meldete er seine Tochter Mira auf der Gastronomie-Schule in Durres an, wo sie ab Frühjahr des kommenden Jahres zur Kellnerin ausgebildet werden sollte. Schließlich kriegte auch der Olivenhändler Muca sein Darlehen zurück. Der Rest des Geldes wurde gespart: Daheim in einer Blechdose im Schlafzimmerschrank, denn den Banken oder dem Staat traute in Albanien keiner mehr, der seinerzeit betrogen worden war, jedenfalls keiner der Bauern aus Fllak, denen das Schicksal der geprellten Konteninhaber noch vor Augen stand. Im Frühjahr kaufte Enver zwei Kälbchen, im Sommer sechs Ferkel, und ehe der Winter des Jahres 1998 einsetzte, hatten Trifan, Enver und Ervin die Ställe renoviert, das Dach des Wohnhauses abgedichtet, über dem Brunnen eine neue Seilwinde installiert und den Weg zur Straße von den gröbsten Schlaglöchern befreit. Dem großen Projekt, der Anschaffung eines Traktors, schien nichts mehr im Weg zu stehen. Dafür sparten die Gashis nun wieder. Einmal im Monat schrieb Tufie, die auf ihren Sohn in Deutschland sehr stolz war, Adil einen Brief, in dem sie ihm alle Neuigkeiten aus dem Dorf und der Gegend mitteilte. Nicht alle jungen Männer, die fortgegangen waren, hätten so ein Glück wie er, schrieb sie ihm einmal. Von einem Brüderpaar aus Vrin war die Rede, die illegal in die Schweiz gereist waren, dort ein Auto gestohlen hatten, und die jetzt zur großen Schande ihrer Familie in einem Schweizer Gefängnis eine Strafe verbüßen müssten.

Um seiner Familie einen ähnlichen Ansehensverlust zu ersparen, hütete sich Adil davor, den Eltern oder Geschwistern die Wahrheit über sein Schicksal zu schreiben. Die Wahrheit, das wurde ihm damals klar, ist nicht die uneingeschränkte Tugend, für die sie gemeinhin gehalten wird: Zu oft stützt sich das Glück der Menschen auf Unwissenheit und Lüge. Die Zeit zeigte sich Adil im Gefängnis mit neuen Gesichtern: Der Vergangenheit, den verstrichenen Monaten, fehlte der Körper, das Gerüst aus Erinnerungen, das sie stützte und füllte: Als Schwarzes Loch gähnte sie in seinem Kopf. Zeit als Zukunft war ein Datum, ein Punkt, zu dem alle Gedanken strebten, an dem alle Pläne anknüpften, ohne den kein Traum auskam. Die Stunde der Gegenwart hingegen war breit und träge und ereignisarm, sie schien sich zum Tag blähen zu wollen, zuweilen zu brüten. Adil lernte die Zeit von ihrer schmerzhaften Seite kennen: Die Langeweile, die tägliche Wiederkehr der immer gleichen Handlungen. Morgens um Sechs wurde er geweckt, um Sieben stand er am Montagetisch, um 12 Uhr gab es Mittagessen, nach einer Stunde hieß es zurück an die Arbeit, am Spätnachmittag die Stunde auf den Gefängnishof, den Rest des Tages verbrachte er auf der Zelle, meist vor dem Fernseher. Montag, Dienstag, Mittwoch, Donnerstag, Freitag, Samstag. Sonntags gab es Braten. Einmal im Jahr musste er vor eine Kommission treten, deren Funktion ihm nie ganz klar wurde, er wusste bloß, die Leute hatten Macht. Macht, ihn eines Tages vorzeitig nach Hause zu schicken. Was sie sagten, verstand Adil nicht, die Mühe, die deutsche Sprache zu erlernen, machte er sich nicht. Aber er war zu allen freundlich, wie seine Mutter Tufie und sein Vater Enver es ihm vorgelebt hatten. Im Übrigen sah er den Sinn seines Lebens in der Arbeit bei der Firma Müller und in der monatlichen Überweisung seines Lohnes. Er wusste, wieviel 200 Mark in seinem Dorf wert waren, und er wusste, dass die Familie dieses Geld dringend benötigte. Die Briefe seiner Mutter, die ihn in diesen Jahren über den Fortschritt daheim unterrichtete, waren Adils Nabelschnur: Sie hielten seine Seele am Leben.

Gegen Ende des Jahres 1999 hatten die Gashis 3 Millionen Lek gespart, die Hälfte der für den Traktor veranschlagten Summe. Mira sollte in einigen Monaten die Ausbildung an der Gastronomie-Schule beenden und Adils Bruder Ervin hatte sich ein gebrauchtes Motorrad gekauft. Da brachte der Briefträger eines Tages einen

Brief aus Deutschland, der für einige Aufregung sorgte. Adil kündigte darin an, im Mai des Jahres 2000 nach Hause zu kommen. Die Arbeit habe er schon gekündigt, das Ticket schon gekauft. Er kehre mit dem Flugzeug heim, das sei angesichts der unsicheren Lage in Jugoslawien am vernünftigsten, den genauen Tag seiner Ankunft werde er noch mitteilen. Da dies das Ende der monatlichen Überweisungen aus Deutschland bedeuten würde, setzte sich Enver Gashi höchst selbst noch am nämlichen Abend an den Küchentisch und diktierte seinem Sohn Ervin eine Antwort. Mein lieber Junge, bedeutete er Ervin zu schreiben, wir sind alle sehr stolz auf dich. Du hast uns während der vergangenen drei Jahre sehr geholfen, und Mutter und ich verstehen, dass du Heimweh nach Fllak hast. Wir sehnen uns ebenso sehr nach dir. Dennoch muss ich dir sagen, dass es uns sehr gelegen käme, würdest du noch eine Weile in Deutschland weiterarbeiten, denn ich habe mich für einen ganz neuen Traktor entschieden, einen Fiat, den ich im Juni in Durres am Zollhafen abholen kann. Um den Traktor bezahlen zu können, benötigen wir noch zwei Millionen Lek, und ich muss dir nicht sagen, wie lange ein Mann hier schuften muss, bis er zwei Millionen Lek auf die Seite gelegt hat. Der sichere Arbeitsplatz in der deutschen Industrie, den du ja jetzt seit fast drei Jahren hast, garantiert uns diese Summe schneller und zuverlässiger, meinst du nicht auch? Daher bitten Mutter und ich dich im Namen der ganzen Familie, noch ein weiteres Jahr in Deutschland zu arbeiten und dort das gute Geld zu verdienen. Du wirst es nicht bereuen, wenn du anschließend nach Hause kommst und siehst, was sich hier bei uns alles verändert hat. Wir gehören nämlich jetzt zu den wohlhabenden Familien im Dorf, und das haben wir nur dir zu verdanken, lieber Junge … Anschließend ließ sich Enver den Brief von Ervin noch einmal vorlesen, rückte den Stuhl näher an den Tisch und setzte umständlich seinen Namen darunter.

Was war mit Adil geschehen? Eine neue Kriminalpolitik mit Namen *Zero Tolerance* war gegen Ende der neunziger Jahre von Amerika aus nach Europa geschwappt und bei den Deutschen auf fruchtbaren ideologischen Boden gefallen. Härtere und häufigere Urteile sorgten dafür, dass mehr Menschen für längere Zeitspannen in die Gefängnisse geschickt wurden. Insbesondere mit sogenannten kriminellen Ausländern fackelte man nicht lange. Bald kam es zu Engpässen, die Gefängnisse des Landes waren überfüllt, und wirksame Abhilfe sollte der Bau neuer Haftanstalten bringen. Bis dahin musste improvisiert werden. Und weil man sich bei aller christlichen Nächstenliebe im Land zu einer allgemeinen Amnestie nicht durchringen konnte, wurden einzelne Gefangene vorzeitig entlassen. In erster Linie traf es solche, gegen die ein Ausweisungsbeschluss vorlag. Ihnen bot man an, sie schon nach der Hälfte der Strafe in die Heimat abzuschieben. Mit diesem Vorschlag trat man in Butzbach auch an Adil Gashi heran, dessen Betriebsleiter bei der Firma Müller ihn zwar ungern ziehen lassen wollte, aber auch ihm war klar, dass er den fleißigen Jungen nicht ewig würde behalten können. Adil war einverstanden, und alles worauf er noch wartete, war ein Schreiben der Ausländerbehörde, in dem ihm der Tag des Abflugs mitgeteilt würde. Mit dem Flugzeug sollte es von Frankfurt nach Tirana gehen. Am Abend des Tages, als ihm all dies von Sozialarbeiter Schäfer, der mit der Organisation seiner Abschiebung befasst war, eröffnet wurde, setzte er sich an den Zellentisch, und während seine Leidensgenossen im Fernsehen ein Fußballspiel verfolgten, schrieb Adil seinen Eltern den besagten Brief, der eine Woche später vom Briefträger mit dem Fahrrad nach Fllak gebracht wurde. Wieder eine Woche darauf, als Adil gerade von der Arbeit bei der Firma Müller auf seine Zelle zurückkehrte, fand er die Antwort seines Vaters. Adil drehte den Ton des Fernsehers leiser, streckte sich aufs Bett und fing an zu lesen … Lange lag er da, selbst den Kaffee, den ihm Agron hingestellt hatte, ließ er kalt werden. Der Fall war kompliziert: Die Familie in Fllak wusste schließlich nicht, dass Adil seit drei Jahren im Gefängnis war, und jetzt, kurz vor dem Ende, wollte er sie auch nicht mehr mit dieser Nachricht enttäuschen. Um seinem Vater bei der Anschaffung des Traktors zu helfen, und das wollte er gewiss, wäre es notwendig, noch eine Zeit lang in Deutschland zu arbeiten. Aber seine Ausweisung war beschlossene Sache, keine Chance, als Vorbestrafter, dessen wahre Identität inzwischen bekannt und dessen Antrag auf Asyl längst abgelehnt worden war, ein weiteres Bleiberecht oder gar eine Arbeitserlaubnis zu bekommen. Nach der Haft würde er nach Albanien abgeschoben, das stand fest. Die einzige realistische Möglichkeit, dem Vater weiterhin Geld zu überweisen, war die, länger im Gefängnis zu bleiben, denn ohne seine ausdrückliche Einwilligung, konnte man ihn nicht entlassen. In Deutschland hat ein Verurteilter nämlich nicht bloß die Pflicht, seine Strafe abzusitzen, sondern er hat auch das Recht dazu: Gegen seinen Willen kann niemand vorzeitig entlassen oder abgeschoben werden.

Am nächsten Tag hatte Adil seine Entscheidung getroffen. Ohne Agron oder sonst einen seiner Freunde vorher ins Vertrauen zu ziehen, trat er zusammen mit einem Mithäftling, der ihm als Dolmetscher diente, den schweren Gang zum Sozialarbeiter an. Er ließ dem verblüfften Herrn Schäfer mitteilen, dass er eine Entlassung nach der Hälfte der Strafzeit ablehne. Als Gründe nannte er die verworrene politische Lage in Albanien, wo er nicht wisse, was ihn erwarte, weil der Kosovo-Konflikt die gesamte Region verunsichert habe. Das klang plausibel, und der halbherzige Versuch des Beamten, Adils Befürchtungen zu zerstreuen, erlahmte bald, weil er sah, dass der Gefangene seine Entscheidung getroffen hatte. In Sachen Strafvollstreckung des Adil Gashi vertagte man sich auf einen Termin im kommenden Jahr, wo es dann um die ins Auge gefasste Abschiebung nach der Verbüßung von zwei Dritteln der sechsjährigen Strafe gehen sollte.

Der Meister Koch im Betrieb der Firma Müller war zufrieden, dass sein fleißiger Vorarbeiter noch ein Jahr drangehängt hatte, wie er sich ausdrückte. Ohnehin, so lachte er jovial, indem er Adil die Hand auf die Schulter legte, wisse man nie, was draußen alles an Unglück auf einen warte. Im Knast habe man wenigstens gute statistische Chancen, weder bei einem Verkehrsunfall, noch beim Ausbruch eines Krieges zu Schaden zu kommen …

Daheim in Fllak bemerkte man nichts von Adils Gewissensnot. Weiterhin überwies er monatlich jede Mark, die er entbehren konnte. Weiterhin sprach seine Mutter zur Nachbarin stolz von ihrem fleißigen Jungen, der im fernen Deutschland eine gute Arbeit in der Industrie habe, weiterhin sparte sein Vater, bis er den neuen Traktor endlich bestellen konnte. Das vierte Jahr in Haft wurde für Adil das längste, aber auch das ging zu Ende. Als er im Mai des Jahres 2001 endlich in Tirana landete, war niemand am Flughafen, um ihn abzuholen. Diesmal hatte er seine Heimkehr nicht angekündigt, er wollte die Familie überraschen. Dem Zollbeamten steckte er zur Vereinfachung der Einreiseformalitäten (schließlich hatte er keinen Pass) einen Hundertmarkschein zu, und wenig später saß er im Autobus Richtung Küste. Etwa fünfzehn Kilometer vor der Stadt Durres bedeutete er dem Fahrer anzuhalten. Er stieg aus, schulterte sich den kleinen weißen Tenniskoffer, der nach dem Prozess, bei dem er als Beweismittel gedient hatte, im Gefängnis abgegeben worden war, und machte sich auf den staubigen Weg nach Fllak. Unterwegs verweilten seine Gedanken lange bei Veti Alia, und er malte sich aus, wie es hätte sein können, wenn ... Erst als seine Schwester Mira ihn als erste vom Haus her den Weg heraufkommen sah und ihm entgegenlief, um ihn zu umarmen, spürte Adil die Freude, wieder zu Hause zu sein. Und während er den Eltern von Deutschland erzählte, stellte er überrascht fest, dass ihm der Hass, den er einmal verspürt hatte, unterwegs verloren gegangen war. Adil Gashi schöpfte wieder Hoffnung.

## Gandalf

Auf dem Türschild seiner Einzelzelle war der Name Willem de Vries zu lesen, aber im Diezer Gefängnis nannten ihn alle »Gandalf«. Und weil ich erst wenige Monate zuvor die phantastischen Geschichten J.R. Tolkiens gelesen hatte, verstand ich sofort, warum sie ihm diesen Namen gegeben hatten. Der Mann sah tatsächlich aus, wie ich mir den Zauberer aus Alinor, welcher Mittelerde und Gondor besucht hatte, vorstellte: Ein wenig zwergig geraten war er, sodass er zu den meisten Wärtern und Mitgefangenen aufblicken musste, wenn er mit ihnen sprach. Sein Kopf hingegen hatte Volumen und saß fest auf einem starken Nacken. Die Haare fielen grau und voll herab, weit über die Schultern, zottelig, eher ungepflegt. Der lange graubraune Vollbart hätte jedem Ajatollah Autorität verliehen. Er wirkte gewiss älter als er war, vielleicht Mitte Vierzig. Seine Augen signalisierten Entschlossenheit, den Blicken seiner Mitmenschen auszuweichen, war Gandalfs Sache nicht. Der Mann hatte den festen Entschluss gefasst, der Welt und den Menschen zu beweisen, dass er kein schlechter Kerl war, kein Schurke, kein Verbrecher.

Wie hatte das Schicksal ihn bloß hierher verschlagen? Bald nachdem ich mich in Diez eingelebt hatte, kam es zwischen Gandalf und mir zu einem Gespräch.

»Was hast du denn eigentlich ausgefressen?«, wollte ich von ihm wissen. »Hab gehört, dir haben sie vierzehn Jahre eingeschenkt.«

»Wegen Mord! Eine Riesensauerei, denn es handelte sich um Körperverletzung mit Todesfolge, bei ungünstigster Betrachtung um Totschlag«, entgegnete er. »Diese Verurteilung kann ich nicht auf mir sitzen lassen.«

»Ich dachte immer, bei Mord gibt es zwangsläufig lebenslang?«

»Nicht unbedingt. Wie man an meinem Fall sieht, kann es auch weniger geben. Genau verstehe ich das bis heute nicht, aber es ist so, in besonderen Fällen kann das Strafmaß herabgesetzt werden.«

»Dann erzähl mal. Mir hat man gesagt, du hättest deine Frau in einer Badewanne voll Schwefelsäure ertränkt und ihre Leiche dabei gleich in Nichts aufgelöst!«

»So ein Schwachsinn. Was die Idioten für'n Scheiß erzählen«, empörte er sich. Eine Weile blickte er zu Boden und schien zu überlegen, wo und wie er mit seiner und der Geschichte seiner Frau beginnen sollte. Es ist offenbar gar nicht so einfach, den Hergang eines Mordes zu schildern. Wo fängt man an, wie erzählt man so eine schreckliche Geschichte, wenn man sich vornimmt, bei der Wahrheit zu bleiben und damit eine aufgewühlte Seele in Kauf nimmt? Gandalf beschloss, mit einem Geständnis zu beginnen.

»Irmel und ich waren seit zwölf Jahren verheiratet. Aber nach ein paar Jahren war die Luft raus. Ich konnte nicht mehr mit ihr schlafen, und sie konnte nicht mehr mit mir reden. Wie das so ist, wir hatten uns nichts mehr zu sagen. Kinder wollte sie auch keine. Wir hätten uns trennen sollen, aber dazu fehlte uns beiden der Mut. Irgendwann fing ich an zu trinken, erst Bier, dann härtere Sachen.«

»Hast du denn nicht gearbeitet?«

»Natürlich hab ich geschafft. Auf dem Bau. Aber da wurde auch Bier gesoffen, und nicht grad wenig.«

Ich blickte ihn aufmerksam an und schwieg.

»Hab nicht mal schlecht verdient, und meine Frau ging putzen, brachte jeden Monat einen Tausender nach Hause.«

Mir lag eine ironische Bemerkung auf der Zunge, aber gerade noch rechtzeitig wurde mir bewusst, dass dies nicht der Augenblick für spöttische Kommentare war. Ich hatte sagen wollen: Dass sie so wenig verdient hat, war also nicht der Grund, weshalb sie sterben musste, verkniff mir den Spruch allerdings. Stattdessen blickte ich Gandalf fragend an.

»Na ja. Eines Tages komme ich heim, hatte schon ein paar Bierchen intus, da macht sie mir die Tür auf, und als ich sie so ungepflegt und von ihren Tabletten gezeichnet dastehen sah, überkam mich so ein komisches Gefühl, wie soll ich sagen, so ne Mischung aus Scham, Ekel und Zorn. Sobald sie meinen Schwips bemerkte, beschimpfte sie mich als Penner und Saufkopp. Da war es schlagartig mit meiner guten Laune vorbei, wie man so sagt.«

»Hmm«, kommentierte ich, weil mir nichts einfiel.

»Ja und da hab ich ausgeholt und ihr mit der Faust voll auf die Nasenspitze geschlagen. Sie fiel hintüber auf unser Sofa und ich dachte, da liegt sie erstmal gut. Dann drehte ich mich um und ging in die Kneipe, um weiterzutrinken. Als ich drei Stunden später heimkehrte, lag die Irmel immer noch auf dem Sofa. Wie ich versuche sie zu wecken, merke ich, dass sie nicht mehr lebt. Ich hatte sie totgeschlagen.«

Gandalf blickte mich an, während er durch den leicht geöffneten Mund atmete.

»Jetzt sag du mir: war das Mord? War da Heimtücke bei? Habgier? Niedrige Beweggründe? Natürlich nicht. Ein Besoffener hat zu fest zugeschlagen, und das Opfer hatte Pech, dass es den Schlag nicht ausgehalten hat.«

»Wahnsinn«, war alles, was ich sagen konnte.

»Du sagst es. Und dafür soll ich nun 14 Jahre absitzen. Vielleicht die besten meines Lebens ...«

»Wie viele davon hast du denn schon rum?«, wollte ich wissen.

»Keine Ahnung, viel zu viele.«

»Du willst mir doch nicht erzählen, du wüsstest nicht, wie lange du schon sitzt ...«

Ich selbst saß unterdessen im 15. Jahr und hatte bis dahin noch keinen getroffen, der nicht wusste ..., ok, zuweilen erinnert sich ein Mann nicht, wie lange er verheiratet ist, das soll vorkommen, aber einen Gefangenen, der nicht zu sagen wusste, wann er seine Freiheit verloren hatte, war mir bis dahin noch nicht begegnet.

»Natürlich kann ich es dir sagen, oder besser zeigen. So lang diese Haare sind, solange bin ich jetzt eingesperrt«, wobei er sich mit den klauenhaften Fingern durch seinen Bart fuhr. »Haare und Bart schneide ich erst wieder, wenn ich rehabilitiert bin«, sagte er ebenso entschlossen wie bitter.

»Rehabilitiert? Strebst du denn ein Wiederaufnahmeverfahren an?«

»Das würde ich gerne, aber mir fehlt das Geld für einen Anwalt. Das ist es ja. Sonst hätte ich längst bewiesen, dass der Tod meiner Frau ein Unfall war.« Und als ich Gandalf fragend anblickte, fügte er hinzu: »Auf keinen Fall ein Mord. Ich wollte die Irmel doch nicht umbringen. Der Alkohol war schuld ...«

Jetzt wagte ich dann doch einen kleinen Scherz: »Hättest du damals gekifft statt zu saufen, wäre deine Frau noch am Leben, und ihr hättet gemeinsam einen Weg aus dem Eheschlamassel finden können.«

»Das stimmt«, nickte Gandalf, und zum ersten Mal schien mir der Anflug eines Grinsens aus den von Haaren verschleierten Augen zu blitzen.

Unser Gespräch zog sich durch den ganzen Hofgang hin. Es würde zu langwierig, Gandalfs Geschichte weiter im Dialog zu verfolgen, denn es war nicht einfach, ihm die furchtbaren Ereignisse zu entlocken, über die er mir im Fortgang berichtete. Ein wenig kannte ich schon von Mitgefangenen, aber Geschichten, die man auf dem Gefängnishof aufliest, holt man besser bei denen ab, die sie erlebt haben. Leicht wird sonst aus einem Diebstahl ein Raubüberfall und aus einer harmlosen Schubserei eine Massenschlägerei. Mit jeder Station der Kolportage wird die Sache spektakulärer.

So ein Gefängnishof gehört gewiss zu den spannendsten Orten überhaupt, denn mit den dort versammelten Verbrechern stehen gleichzeitig der Wahnsinn und die Kunst auf der Bühne. Nirgendwo kann man sich spannender unterhalten als auf dem Knasthof, dem Revier der Freibeuter und Verrückten, der Poeten und der Narzissten. Leider sind diese Refugien authentischer alternativer Lebensweise dem soziologischen Feldversuch weitgehend verschlossen, denn dort ließen sich interessante Beobachtungen treffen bezüglich des Transzendierens der Kunst in das Verbrechen, der Philosophie in den Wahnsinn. Ich selbst war ja Schmuggler von Beruf und weigere mich bis heute, diese hohe Kunst des Verbergens und Transportierens von Konterbande als Verbrechen zu betrachten … Ganz ähnlich Gandalf, der seine Tat ebenfalls anders einordnete, als sie das Gericht beurteilt hatte.

*Bref*: Nachdem er also auf der von seiner, wie soll ich sagen … Exfrau nicht beanspruchten Hälfte der Couch seinen Rausch ausgeschwitzt hatte und am späten Vormittag erwacht war, drang ihm die Tragik der Lage erstmals voll ins Bewusstsein. Zusätzlich fiel ihm auf, dass aus dem Hinterhof Gebell hinauf in den zweiten Stock drang. Max und Moritz, seine beiden Schäferhunde hatten Hunger, was ihn auf eine Idee brachte …

Wir ahnen es mit Grausen. Gandalf war bis zu diesem Zeitpunkt der Einzige, der vom Tod seiner Gattin Kenntnis hatte, und so sollte es tunlichst auch bleiben. Er beschloss, das familiäre Unglück zu vertuschen und die Leiche von Max und Moritz auf biologische Weise »entsorgen« zu lassen. Sie zu entkleiden und hinunter in den Hundezwinger zu schleppen, kam nicht in Frage, also beschloss Gandalf, den Leichnam ins Bad zu tragen und die beiden Hunde in die Wohnung zu holen.

Dass die hungrigen Raubtiere sich mit Appetit auf ihr Frauchen stürzen würden, war Gandalfs erste Fehleinschätzung. Zwei Tage lang ließ er die Hunde im Bad, in der Hoffnung, dass, würde der Hunger sie allzu sehr plagen, sie mit dem Zerfleischen der Leiche beginnen würden. Doch derlei hatten Max und Moritz, die immerhin gut erzogen waren, nicht im Sinn. Sie hinterließen zwei Haufen auf dem gefliesten Boden, aber die Irmel rührten sie nicht an.

Entnervt brachte Gandalf die Hunde am dritten Tag zurück in den Zwinger und gab ihnen zu fressen. Plan B musste jetzt greifen. In dem Film »Trio Infernal« hatte er gesehen, wie Michel Piccoli und Romy Schneider zwei Leichen in einer Badewanne in Schwefelsäure auflösen. So würde auch er es anstellen. Wo er innerhalb eines Tages die 40 Liter Säure auftrieb, ist mir entfallen, aber ich erinnere mich, dass die Schwefelsäure auf 20 Prozent verdünnt war, also bei der Leiche lediglich eine vornehme Blässe hinterließ. Fehlkalkulation Nummer zwei.

Inzwischen waren vier Tage vergangen, und Irmels weiteres Schicksal war immer noch ungewiss. Gleichzeitig ergriff Gandalf die Panik. Ein praktikabler Plan C wollte ihm nicht einfallen. Schließlich beschloss er, seine Frau ganz traditionell zu beerdigen und traf Vorbereitungen, sie in einem Wald in der Eifel zu bestatten. Im Baumarkt besorgte er Hacke, Schaufel und eine grüne Gartenplane. In die Plane wickelte er die steife Irmel ein, dann parkte er den Kombi vor dem Haus, vergewisserte sich, ob die Luft rein wäre, ging nach oben in den zweiten Stock, wo er es zwölf Jahre mit seiner Frau ausgehalten hatte, schulterte das Paket mit den sterblichen Resten und machte sich auf den Weg nach unten, wobei ihm die Irmel auf halber Treppe aus der Plane rutschte und hart auf dem Zwischenstock aufschlug; just in dem Augenblick, als der Herr Kaiser von ganz oben mit Fred, dem Spitz, vom Spaziergang zurückkehrte, der, als ihm die nackte Tote quasi vor die

Füße fiel, lediglich ein »Aber, Frau de Vries!« herausbrachte. Erst dann entdeckte er Herrn de Vries, der völlig entnervt und weinend auf der Treppe saß. Den fragenden Blicken von Spitz und Nachbar erklärte er schluchzend: »Ich gehe jetzt zur Polizei. Lassen Sie meine Frau bitte liegen!«

Wie die Sache vor Gericht betrachtet wurde, wissen wir. Gandalf konnte einem leidtun. Solange wir gemeinsam unsere Runden im Hof drehten, solange gelang es ihm nicht, sein Schicksal als Unglück zu akzeptieren. Er stand über Jahre unter ungesundem Stress. Weil er Holländer war, schoben ihn die Deutschen nach sieben Jahren in die Niederlande ab, wo er nach ein paar Monaten von der Königin begnadigt wurde. Irmel wurde übrigens auf dem Friedhof von Andernach beigesetzt. Auf ihrem Grabstein steht in roter Lackfarbe: Sorry!

## Die Briefgeliebte

Zu Zeiten als der Begriff »Internet« noch nicht geboren war, kursierten in den Gefängnissen dünne Kataloge, in denen junge Frauen aus der Dritten Welt Inserate mit Foto schalteten, durch die sie hofften, anständige Männer zu finden, die ihnen ein besseres Leben ermöglichen könnten, als das in ihren Heimatländern der Fall war. Wenige dieser Frauen suchten Freundschaften, die meisten hofften auf eine Heirat mit einem betuchten Mann im fernen Europa. Die größte Auswahl bestand bei Damen aus den Philippinen, aus Kolumbien und aus Ostafrika. Aber es fanden sich auch Inserate aus Ländern wie Mexiko, Indonesien und Marokko.

Eines Tages zeigte mir Boris Schenk, ein Frankfurter Gauner, einen Brief, und bat mich um eine Übersetzung. Der Brief war in Französisch verfasst, eine Sprache, die Boris nicht beherrschte. Ein Blick auf den Umschlag mit den exotischen Briefmarken sagte mir, dass die Post aus Mauritius kam. Er entnahm ihr einen kurz gehaltenen, in auffallend schöner Handschrift auf dünnem Papier geschriebenen Brief, und da es sich lediglich um ein paar Sätze handelte, will ich sie sinngemäß wiedergeben.

*Lieber Boris,*

*ich habe mich sehr über Deinen Brief gefreut. Ich bin ganz aufgeregt und habe einige Tage gebraucht, ehe ich Dir antworte. Der Name in meinem Inserat ist der meiner Freundin, weil ich nicht möchte, dass meine Eltern wissen, dass ich einen Freund in Deutschland suche. Mein Name ist Marine, und ich bin 19 Jahre alt. Ich möchte gern mit Dir befreundet sein. Bitte schreib mir bald an die Adresse meiner Freundin Eliane, sie wird mir Deinen Brief überbringen.*

*Liebe Grüße aus Mauritius, Deine Freundin Marine!*

Dann entnahm Boris dem Umschlag eine Fotografie, auf der ein attraktives dunkelhäutiges Mädchen zu sehen war. Sie hatte schöne Augen, lange schwarze Haare, und sie trug ein rotes Kleid. Während Boris das Foto betrachtete, leuchteten seine blauen Augen. Er trug die blonden Haare mittellang und war überhaupt ein fescher Bursch, dessen Äußeres der kleinen Marine sicher gefallen würde.

»Wie findest du sie?«, wollte er von mir wissen.

»Ein hübsches Täubchen«, sagte ich. »Dem Bild nach, eine Inderin. Wenn du Lust hast, komm am Wochenende vorbei, und wir antworten ihr.«

»Vorher geht's net?«

»Jetzt aber halblang, Alter. Mauritius liegt am anderen Ende der Welt. Bis dort die Post ankommt, vergehen ohnehin ein paar Wochen, da kommt's auf ein paar Tage nicht an«, sagte ich. »Schau doch mal auf den Poststempel!«

Wie wir sahen, war der Brief fast drei Wochen unterwegs gewesen. Ich holte den Weltatlas aus dem Regal und wir machten uns über die Lage von Mauritius sachkundig.

»Das ist ja eine Insel«, staunte Boris. »Nicht weit von Afrika!«

»Ich würde sagen, mitten im Indischen Ozean. Wenn mich nicht alles täuscht, eine Kolonie der Franzosen.«

Aber ich täuschte mich. Mauritius war von 1715 bis zur Zeit Napoleons eine französische Kolonie gewesen, als Frankreich sie an England übergab. Inzwischen war die Insel unabhängig, und wie ich dem Lexikon entnahm, sogar eine Demokratie.

Nachdem Boris sich für das anstehende Wochenende angekündigt hatte, machte ich mich, was Geographie und Geschichte der Insel anging, sachkundig. Schon allein deshalb, weil ich beim Beantworten des Briefes an Marine Boris nicht wie einen weltunkundigen Trottel dastehen lassen wollte. Tatsächlich las ich, dass zwei Drittel der Insel von Menschen bevölkert waren, die die Franzosen als Plantagenarbeiter aus Indien angeworben hatten, was das indisch anmutende Äußere des Mädchens erklärte. Um ehrlich zu sein, war ich ein klein wenig neidisch auf Boris, dass der auf der anderen Seite der Welt eine so adrette Frau gefunden hatte. Immerhin, so tröstete ich mich, korrespondierte sie ja in Wirklichkeit mit mir, denn mein Mithäftling wäre bei seinen miserablen Sprachkenntnissen nie und nimmer in der Lage gewesen auch nur *I love you* zu schreiben. Ich beschloss, mir Mühe zu geben und für Boris das Herz der jungen Frau zu erobern.

Das Projekt nahm Gestalt an, als Boris zum verabredeten Zeitpunkt bei mir auftauchte, den Brief im Gepäck und Laune im Herzen. Ich muss gestehen, dass ich ihn bis dahin nicht wirklich wahrgenommen hatte, nicht einmal wusste, weshalb das Schicksal ihn in den Knast geführt hatte. So begann ich unser Gespräch, indem ich ihn ein wenig zu seinem Leben befragte, um wenigstens eine Vorstellung zu bekommen, für wen ich diese Korrespondenz übernahm.

Dabei erfuhr ich, dass er früh von seiner Mutter in ein Heim gegeben worden war, dass sein Vater die Familie verlassen und Boris ihn niemals kennengelernt hatte. Geschichten, die man von Gefängnisinsassen immer wieder erfährt. Je öfter ich derartige Lebensläufe hörte, umso mehr war ich überzeugt, dass die im Erwachsenenalter auftretenden Schicksale wie Persönlichkeitsstörungen, Kriminalität und Drogensucht ihre Wurzeln in der frühen Kindheit haben. Boris war also, nachdem er mit 17 Jahren aus dem Heim entlassen wurde, in der Nürnberger Rotlichtszene gelandet, hatte dort ein paar Jahre den Laufburschen gegeben, um schließlich wegen schwerer Körperverletzung zum Nachteil eines Kunden, der eine Prostituierte nicht hatte bezahlen wollen und sie obendrein auch noch geohrfeigt hatte, verhaftet zu werden. Er war zu fünf Jahren verurteilt worden, seine Revision hatte keinen Erfolg. Jetzt, wenige Monate vor seiner Entlassung aus dem Gefängnis, wollte Boris ein neues Leben beginnen, eine Arbeit als Dachdecker aufnehmen, er wollte eine Familie gründen.

Ich ermutigte ihn und versprach, ihm dabei zu helfen, dieses Mädchen aus Mauritius kennenzulernen und sie dann im Sommer nach Deutschland einzuladen. Aber erst musste Boris einmal entlassen werden, denn er wollte auf keinen Fall, dass seine exotische Geliebte etwas über seine Vorgeschichte erführe. Für mich als sein Ghostwriter bedeutete das, ich musste dem Mädchen teilweise die Wahrheit vorenthalten. Aber angesichts der Stigmatisierung, mit der verurteilte Straftäter zu kämpfen haben, hielt ich das gelegentliche Verbiegen der Wirklichkeit für vertretbar. Positiv im Fall des Boris Schenk war der Umstand, dass er demnächst ein kleines Vermögen erben würde, nachdem seine Mutter plötzlich verstorben war. Sie besaß ein Mietshaus in der Frankfurter Gutleutstraße, eine Immobilie von einigem Wert. Das hieß, Boris würde seine maurizische Geliebte problemlos nach Deutschland holen können. Meinem Vorschlag, sie nach seiner Haftentlassung erst einmal in ihrer Heimat zu besuchen und ihre Familie kennenzulernen, konnte er nichts abgewinnen. Allein deshalb, weil er ihre Sprache nicht verstand. Boris meinte, und das sollte ich ihr im Brief mitteilen, Marine möge schon mal damit beginnen, Deutsch zu lernen, denn das müsse sie ohnehin, sobald sie mit ihm in Frankfurt leben würde. Er bat mich, diesen Punkt klarzustellen, sozusagen als Bedingung für die ins Auge gefasste Heirat. Von Heiraten war zwar bisher noch keine Rede gewesen, aber davon war nach Lage der Dinge auszugehen: Das Mädchen aus Mauritius hatte die Annonce sicher nicht aufgegeben, weil sie in Europa ein erotisches Abenteuer suchte. Also setzten wir uns an den Tisch und begannen mit dem Entwurf des Briefes. Boris legte Wert darauf, seine wirtschaftliche Lage zu betonen, klarzustellen, dass er noch nicht verheiratet, beziehungsweise geschieden sei, dass er Dachdecker von Beruf sei und dergleichen positive Signale mehr, alle geeignet, einem solchen Mädchen paradiesische Verhältnisse vorzugaukeln. Er teilte ihr sein Alter mit, betonte, dass er gesund sei und in seiner Freizeit oft ins Theater ginge, Tennis spiele und dass er sie abends gerne zum Tanzen ausführen werde. Im Übrigen versprach er ihr, im Haushalt behilflich zu sein und ihr, nachdem sie erst einmal den Führerschein in der Tasche hätte, ein hübsches Auto zu kaufen.

»Ich denke das reicht erstmal«, versuchte ich Boris zu bremsen. Mir war bei all dem Geprahle, das sich zwischenzeitlich auf dem Konzeptpapier versammelt hatte, nicht ganz wohl, dennoch notierte ich alle Stichworte, die der dreiste Hochstapler mir nannte. Im Übrigen war es ja *sein* Brief an *seine* Auserwählte, und ich hätte es übergriffig gefunden, dabei den Zensor zu spielen.

»Wenn du meinst«, stimmte Boris mir zu. »Wir müssen uns ja noch was für den nächsten Brief aufheben.«

»Stimmt. Ich hoffe, dir fällt dann noch was ein«, spottete ich. »Aber sag mal, stimmt es, dass du von deiner Mutter ein Haus in der Gutleutstraße geerbt hast?«

»Na klar. Denkst du ich erzähl dir einen Scheiß!«

»Und du bist der alleinige Erbe?«

»Sieht so aus. Ich hab zwar noch eine Schwester, aber die hat sich seit ich im Knast bin nicht bei mir gemeldet.«

»Du kannst aber sicher sein, dass sich das Nachlassgericht bei ihr gemeldet hat«, gab ich zu bedenken. »Hat deine Mutter denn ein Testament hinterlassen?«

»Nicht das ich wüsste. In dem Brief vom Gericht steht jedenfalls nix dergleichen.«

»Und von deiner Schwester steht da auch nichts?«

»Doch, ihren Namen hab ich da irgendwo gelesen, aber was genau da steht, habe ich nicht so recht verstanden«, gab Boris zu.

»Dann schlage ich vor, du bringst mir das Schreiben vom Gericht demnächst mal vorbei. Dann schauen wir uns das mal an.«

»Auf jeden Fall erbe ich die Hälfte von dem Haus. Außerdem hatte die Mutter ja noch ein Bankkonto. Und da wird sicher auch einiges drauf sein«, glaubte er.

Damit verabschiedete sich Boris, und am Abend, als es still wurde im Gefängnis, setzte ich mich hin und beantwortete Marines Brief. Da ich vermutete, dass Boris keine Briefmarken vorrätig hatte, spendierte ich ihm das Porto.

Am nächsten Tag tauchte mein heiratswilliger Kollege mit dem Schreiben des Nachlassgerichts auf, welches vor sechs Wochen eingegangen war. Dort war lediglich zu lesen, dass die Mutter verstorben sei, und dann die Frage, ob er das Erbe annehme. Außerdem war mit Boris Schwester Maxine eine weitere Erbin namhaft gemacht. Bis der Erbschein ausgestellt werden könne, müsse sich der Herr Schenk noch eine Weile gedulden. Optimistisch wie Boris gestrickt war, meinte er, das seien alles Formsachen, bis zur Klärung könne es wohl nicht mehr lange dauern. Dann übersetzte ich ihm den in Französisch abgefassten Brief an Marine, in dem ich die ein oder andere Angeberei ein wenig abgeschwächt, seine Anliegen ansonsten aber korrekt formuliert hatte.

»Willst du ihr nicht ein Bild von dir beilegen?«, fragte ich, als er dabei war, den Umschlag zuzukleben.

»Ich hab leider kein schönes, aber das ist auch nicht so wichtig, das kann ich beim nächsten Mal mitschicken. Derweil lasse ich mir welche machen.«

Boris gab den Brief nach Mauritius am nächsten Morgen im Dienstzimmer ab. Über einen Briefkasten verfügte das Straubinger Gefängnis damals nicht. Da der Beamte, der die Post zensierte, kein Ausländisch lesen konnte, ja nicht einmal erkannte, dass es sich um Französisch handelte, behielt er den Brief erst einmal zurück. Am Nachmittag während der Hofstunde bestellte er Boris ins Dienstzimmer, um Näheres zu erfahren. Nachdem der ihm erklärt hatte, dass es sich um ein Schreiben an seine Verlobte handele, und dass ich ihm bei der Abfassung geholfen hatte, drückte der Zensurbeamte ein Auge zu und ließ den ominösen Brief passieren, ohne dessen Inhalt zu kennen. Mit einem Tag Verspätung ging er schließlich zur Post.

Um die Geschichte ein wenig abzukürzen: Zwischen Boris und Marine entwickelte sich eine mehrmonatige Korrespondenz. Sie schrieb meist von ihrer Familie und ihren Freundinnen, vom Alltag in der Stadt Port Louis, wo sie lebte. Er erfand weiter Geschichten aus dem Leben eines vom Erfolg verwöhnten Lebemannes, die zu übersetzen mir teilweise schwerfielen, denn ich identifizierte mich ein Stück weit mit dem Inhalt, kam mir dabei selbst oft wie ein Angeber vor, zuweilen gar wie ein Betrüger. Hier das aufgeblasene Hochgestapel von Boris, dort die unschuldige Vertraulichkeit des naiven Mädchens. Nachdem der fünfte oder sechste Brief aus Mauritius angekommen war, und Boris ihn mir zur Übersetzung vorbeibrachte, verwandelte sich der Unmut, den ich inzwischen spürte, in offenen Widerwillen.

Boris Neugier hatte nämlich in seinem letzten Schreiben die Grenze zum Indiskreten überschritten und Marine gefragt, wie es denn mit ihrer erotischen Kompetenz aussehe, ob sie gut »blasen« könne, ob »ihre Muschi auch schön eng sei« und dergleichen obszöne Fragen mehr. Als Boris mir den Entwurf mitbrachte, den er wohl zusammen mit einem befreundeten Zuhälter konzipiert hatte, hatte ich längst die Lust an dieser Korrespondenzvermittlung verloren. Ich kam mir wie der Komplize bei einem Betrug vor.

»Ich finde, dass diese Dinge nicht unbedingt in einen Brief gehören. Ob sie gut blasen kann und eine deinen Vorstellungen entsprechende Muschi hat, kannst du früh genug herausfinden, wenn sie erst einmal hier ist«, versuchte ich ihn zu bremsen.

»Wieso denn nicht, das ist doch wichtig. Die soll doch für mich in Frankfurt im Eros-Center anschaffen gehen«, meinte er, ohne das leiseste Gespür dafür, wie ich über die Sache dachte, der ich an dieser Anbahnung einer Hurenkarriere bisher ahnungslos mitgewirkt hatte. Ohne Boris meinen plötzlich hochgekommenen Widerwillen zu zeigen, gab ich vor, weiterhin als Übersetzer zur Verfügung zu stehen. Indes: Ich wechselte die Seite.

»Hör mal, Alter«, sagte ich, »wenn du mit der kleinen Schlampe Kohle machen willst, dann solltest du mir für meine Arbeit auch was abdrücken. Ich schlage vor, du bringst mir mal ne Stange Tabak vorbei. Immerhin investiere ich seit Monaten ne Menge Zeit für dich. Was meinst du?«

»Mensch, Berger, dann sag doch was. Klar kriegst was dafür, ich bin doch kein Abzocker!«

»Hast du eigentlich den Erbschein schon?«, wurde ich indiskret.

»Die haben mich nochmal angeschrieben und gefragt, ob ich das Erbe annehme. Meine Schwester hat es ausgeschlagen. Die Alte hatte scheinbar doch ne Menge Schulden. Schöne Scheiße ist das. Muss erst mal mit dem Anwalt reden, was der meint.«

Während ich am Abend vor dem leeren Blatt Papier saß und überlegte, wie ich in dieser unappetitlichen Angelegenheit weiter verfahren sollte, kam mir eine Idee. Das mir von Boris vorgelegte Konzept übersetzte ich Wort für Wort, wobei ich die vulgärsten Ausdrücke verwendete, die mein Französisch hergab. Ich stieß das Mädchen bewusst vor den Kopf, insbesondere als ich mich daran erinnerte, dass sie Boris in ihrem dritten Brief versichert hatte, noch Jungfrau zu sein und sich die erste Liebe für ihren Schatz aufgehoben zu haben. Der Brief, den ich dabei war zu schreiben, dürfte definitiv der letzte gewesen sein, denn dass Marine noch einmal antworten würde, konnte ich mir nicht vorstellen. Zusätzlich schrieb ich ihr einen zweiten Brief – ihre Adresse kannte ich ja –, in dem ich ihr die ganze Geschichte darlegte und sie ausdrücklich davor warnte, sich weiter mit Boris einzulassen. Ein paar Wochen später erhielt ich Post von ihr, in der sie sich bedankte, dass ich sie gewarnt hatte. Inzwischen habe sie einen neuen *»petit ami«* aus Südfrankreich, ein Weinbauer, dem die Frau früh gestorben war. Da er Franzose war, gab es keine Sprachprobleme und einen Übersetzer benötigte man auch nicht.

Ein paar Wochen, ehe Boris aus dem Knast entlassen wurde, tauchte er bei mir auf und berichtete, dass die »Braut aus Mauritius« sich nicht mehr gemeldet habe.

»Sie scheint Lunte gerochen zu haben«, meinte er nachdenklich. »Schade, das Pferdchen hätte mir nach dem Knast einen guten Einstand ermöglicht.«

»Tja«, sagte ich. »Resozialisierung und Wiedereingliederung sind eben keine Selbstläufer.«

## Lothar Luft

In den späten neunziger Jahren, während des Hofgangs in der JVA Diez, fiel mir ein Mann auf, der auf dem Fenstersims seiner Einzelzelle saß und die Nachmittagssonne genoss. Offenbar kannte er viele der Insassen, denn immer wieder grüßten sie ihn, einige blieben unter seinem Fenster stehen und sprachen mit ihm.

»Wer ist denn dieser Kerl da oben?«, erkundigte ich mich bei meinem Freund Volker, mit dem zusammen ich ein illegales aber geduldetes Fußballtoto organisiert hatte.

»Den kennst du nicht? Das ist der Lothar Luft, einer der berühmtesten Gangster von Deutschland!«

»Was hat er denn ausgefressen?«, wollte ich wissen.

»Soweit ich weiß, hat er drei Frauen plattgemacht. Seine Ehefrau, seine Geliebte und seine Schwiegermutter«, sagte Volker emotionslos.

»Echt? Das klingt ja furchtbar. Dann hat er LL bekommen?«

»So ist es. Und den Rucksack.«

Unter Rucksack versteht man im Knast die an die eigentliche Strafe angehängte Sicherungsverwahrung.

»Dafür, dass er ein Mörder ist, scheint er ja recht beliebt unter den Gefangenen zu sein«, stellte ich fest.

»Das ist er auch. Was aber nicht daran liegt, dass er die Weiber ins Jenseits befördert hat, sondern daran, dass er vor ein paar Jahren aus dem Knast von Schwalmstadt ausgebrochen ist. In einem Panzer!«

Ich sah Volker amüsiert an.

»Willst du mich verarschen?«

»Sag bloß, davon hast du noch nie gehört? Die Geschichte kennt hier jeder.«

»Erzähl! Das klingt ja abenteuerlich.«

Als wir auf unserem Rundgang das nächste Mal unter dem Fenster des Mannes vorbeikamen, schaute ich ihn mir genauer an. Braungebrannt wie am Strand von Saint-Tropez, saß er da oben mit freiem Oberkörper und schien die Ruhe selbst zu sein. Gegen die schon tiefstehende Sonne hatte er sich eine verspiegelte Sonnenbrille auf die Nase gesetzt. Mir fiel dazu bloß die Vokabel »cool« ein.

»Wieso kommt der Mann denn nicht in den Hof?«, fragte ich Volker, der ihn offenbar kannte.

»Der hat Einzelhofgang. Wegen dem Lothar haben sie letztes Jahr diesen Käfig gebaut.«

Über das von den Gefangenen als »Raubtierkäfig« bezeichnete vier mal vier Meter große Geviert aus stabilem Gitter hatte ich mich schon beim Europäischen Gerichtshof für Menschenrechte beschwert. Meines Wissens war die JVA Diez die einzige Anstalt im Land, in der ein solcher Folterkäfig installiert worden war. Er diente dazu, Gefangenen, die aus irgendwelchen Gründen in Absonderung gehalten wurden, die ihnen gesetzlich zustehende tägliche Stunde im Freien zu ermöglichen. Etwa wenn sie einen Ausbruchsversuch unternommen hatten, wenn sie einen Wärter angegriffen hatten oder, wie im Fall des Lothar Luft, ausgebrochen und wieder geschnappt worden waren.

Indem man diese umzäunten 16 Quadratmeter direkt unterhalb eines Wachturms errichtet hatte, sparte man sich einen Beamten, der ansonsten den Gefangenen während der Einzelfreistunde hätte beobachten müssen. Seit es den Käfig gab, übernahm der Mann auf dem Wachturm diese zusätzliche Aufgabe. Will heißen: Falls der Gefangene Luft die ihm zustehende Stunde an der frischen Luft verbringen wollte, wurde er in aller Früh in den Käfig gesperrt, wo er dann ein wenig hin und her laufen konnte. Die meisten zum Käfig verdonnerten Häftlinge lehnten diese menschenrechtsverletzende Form des »Hofgangs« ab, zumal sie aus hundert Fenstern von Mitgefangenen dabei beobachtet wurden, was einer Zurschaustellung am Pranger gleichkam.

»Wann ist denn der Lothar aus Schwalmstadt mit dem Panzer getürmt?«, wollte ich von Volker wissen.

»Das muss Anfang 1993 gewesen sein. Eine längere Geschichte. Heute Abend komme ich dich auf deiner Zelle besuchen, dann erzähle ich sie dir.«

Unter der Woche hatten die Gefangenen die Möglichkeit, sich nach dem Abendessen gegenseitig auf den Zellen zu besuchen, sofern bei ihnen keine »Freizeitsperre« verfügt worden war, neben der »Einkaufssperre« eine beliebte Disziplinarmaßnahme. Die betraf, wie ich bald herausfand, auch den Ausbrecher Lothar Luft.

Er war seit seiner Ankunft in der JVA Diez von den übrigen Häftlingen isoliert, was den Mann aber nicht sehr zu belasten schien, denn er machte einen entspannten Eindruck, seine Seele schien trotz des Schicksals im Gleichgewicht zu ruhen. Wie ich von dem Kalfaktor erfuhr, der Luft täglich das Essen brachte, trieb er Kraftsport, um sich fit zu halten; außerdem praktizierte er autogenes Training, was sich positiv auf die Psyche auswirkte. Im Übrigen war seine Sehnsucht nach der Freiheit ungebrochen, weshalb die Anstalt alles daransetzte, seinen Radius so eng wie möglich zu halten und ihn rund um die Uhr zu bewachen. Auf gar keinen Fall wollten sie Luft eine Chance geben, erneut auszubrechen.

Am Abend kam Volker mich besuchen. Nachdem ich einen Tee zubereitet und eine Schale Kekse auf den Tisch gestellt hatte, fing er an, mir die Geschichte von Lothars Ausbruch aus der Hochsicherheitsanstalt Schwalmstadt zu erzählen. Was mich ebenso sehr interessiert hätte, war die Antwort auf die Frage, was den Mann seinerzeit wohl geritten hatte, drei Frauen zu töten. Dafür musste es ja Ursachen gegeben haben, aber diesbezüglich wusste Volker nichts. Lothar Lufts Fama war verknüpft mit der Flucht im Panzer, seine Verbrechen waren weder Thema unter den Gefangenen, noch interessierte sich die Presse dafür. In die Kriminalgeschichte ging er ein als der Mann, der im Panzer aus dem Knast verschwand.

»Den Plan dürfte er gemeinsam mit seinem Kumpel Hajo Horn gefasst haben, mit dem er sich in der Untersuchungshaft in Butzbach eine Zelle teilte. Jedenfalls wurden die beiden gute Freunde, trotz des Altersunterschieds, denn Hajo war erst Anfang dreißig, während Lothar schon die Fünfzig überschritten hatte«, berichtete Volker.

»Der Luft hatte ja beim Prozess in Darmstadt LL mit Rucksack bekommen. Wie sah es mit dem Horn aus, hatte der auch lebenslänglich?«, fragte ich nach.

»Ach wo, der hatte bloß noch ein paar Jahre abzusitzen. Wegen Raub und sexueller Nötigung. Kurz nachdem der Lothar nach Schwalmstadt in die Strafhaft verlegt wurde, kam Hajo frei.«

»Sexuelle Nötigung?«

»Keine Ahnung. Vielleicht hat er dem Knastpfarrer unter die Soutane gelangt«, lachte Volker.

»Lothar und Hajo müssen jedenfalls enge Freunde gewesen sein. Man befreit ja nicht irgendwen aus dem Knast, zumal man damit rechnen muss, erschossen zu werden«, gab ich zu bedenken.

»Ich nehme an, die hatten den Ausbruch schon damals in Butzbach geplant«, sagte Volker. »Die Details haben sie allerdings erst später ausgeheckt. Der Hajo fuhr, nachdem er frei war, mehrmals in den Knast nach Schwalmstadt, um den Lothar zu besuchen. Dabei übergab der ihm einen Lageplan von der Anstalt, wo er alles was für den geplanten Ausbruch von Bedeutung war, eingezeichnet hatte. Insbesondere die ganzen Stahltore, die er mit dem Panzer brechen musste.«

»Der Luft hatte ihm sozusagen die Navigation innerhalb des Anstaltsgeländes programmiert«, präzisierte ich.

»So wird es gewesen sein. Jedenfalls war es so, dass der Lothar die Logistik innerhalb der Anstalt beisteuerte, während der Hajo alle Vorbereitungen außerhalb getroffen hat. Woher er wusste, dass etwa 20 Kilometer vom Knast entfernt eine Panzerkaserne lag, und vor allem, wie er davon ausgehen konnte, dort einen Transportpanzer entwenden zu können, ohne dass es bemerkt würde, ist mir schleierhaft. Nachdem die beiden beim letzten Besuch den Tag des Ausbruchs festgelegt hatten, lagen Vorbereitung und Durchführung der Aktion bei Hajo Horn. Lothar brauchte bloß am Nachmittag am allgemeinen Hofgang teilzunehmen. So hat er es mir erzählt, als wir uns vor ein paar Wochen zufällig im Wartezimmer beim Arzt getroffen haben.«

»Dann kennst du die Geschichte also aus erster Hand.«

»Kann man so sagen. Wenn du sie hören willst, unterbrich mich nicht dauernd!«

»In Ordnung, ich schweige. Leg los!«

»An einem Samstag im April ließ Hajo sich von einem Freund im Auto zum Autobahnparkplatz Dottenberg an der A5 begleiten, wo er seinen Golf abstellte. Dann stieg er zu seinem Kumpel ins Auto, der ihn nach Stadtallendorf brachte und dort in der Nähe der Herrenwald-Kaserne absetzte. Nachdem der junge Mann fort war, wartete Hajo in einem an die Kaserne angrenzenden Waldstück bis zum Einbruch der Dunkelheit. Mit einer Drahtschere schnitt er ein Loch in den Zaun, schlich unauffällig zu einer offenen Halle, in der die Fuchs-Panzer standen, auf die er es abgesehen hatte. Wenn mich nicht alles täuscht, fand er sogar einen, der nicht abgeschlossen war. Hajo stieg ein, verriegelte von Innen die Luke und begann, sich mit dem Fahrzeug vertraut zu machen. Schließlich hatte er im Leben noch keinen Panzer gesteuert. Der ›Fuchs‹ ist ein 15 Tonnen schwerer Dreiachser-Radpanzer, also kein Kettenkampfpanzer, sondern ein leichter Personentransporter für schwieriges Gelände. Das hatte der Hajo im Vorfeld alles ausgekundschaftet. An dem Samstagabend waren in der Kaserne lediglich drei Wachsoldaten eingeteilt, die mehrere hundert Meter entfernt am Haupteingang saßen. Die Soldaten waren wohl alle im Wochenende.

Hajo Horn verbrachte also die Nacht in dem Panzer und wartete auf den Moment, da er losfahren musste. Den hatte er genau berechnet: er musste kurz nach 13 Uhr vor dem Gefängnis ankommen, denn zwischen 13 und 14 Uhr war dort sonntags die Freistunde im Hof anberaumt, während der er von Lothar Luft erwartet wurde.«

»Wahnsinn«, unterbrach ich Volker in seinem Bericht. »Was hätte da alles schief gehen können …«

»Gegen 13 Uhr startete er den Fuchs mit einem Nagel. Wenngleich so ein Panzer nicht gerade leise läuft, gelang es Hajo, unbemerkt aus der Halle zu fahren und ein abseits gelegenes Seitentor niederzuwalzen. Dann machte er sich auf die Strecke nach Schwalmstadt-Ziegenhain.

Gegen halb zwei erreichte der Panzer den Knast und rammte ohne zu zögern das als Feuerwehrzufahrt dienende Lüdertor, dessen eiserne Flügel aus der Verankerung flogen. Hajo kannte die Strecke innerhalb des Anstaltsgeländes genau, schließlich hatte er die Skizze oft genug studiert, die Lothar ihm beim letzten Besuch zugesteckt hatte. Drei weitere Eisentore kapitulierten vor dem Panzer. Kurz darauf stand der freie Fuchs im geschlossenen Gefängnishof. Zu diesem Zeitpunkt nahmen nur wenige Gefangene an der Freistunde teil, unter ihnen Lothar Luft. Ohne zu zögern, und vor den Augen der überrumpelten Wärter kletterte er durch die von Innen geöffnete Luke am Heck des Panzers, und ab ging die Reise.

Den übrigen Häftlingen – drei von ihnen RAF-Terroristen – zeigten Hajo und Lothar, wie man mit Phantasie und Courage einen Knastausbruch organisiert. Der fast sieben Meter lange und drei Meter breite ›Fuchs‹ drehte eine Pirouette und verließ den ungastlichen Ort so rasch wie er gekommen war. Zurück auf der Straße fuhren die Ausbrecher aus Ziegenhain heraus und verschwanden mit hoher Geschwindigkeit in südlicher Richtung. Ihr Ziel war der Autobahnparkplatz an der A5, wo Hajo den Golf abgestellt hatte.«

»Wie haben die Wärter im Knast denn reagiert? Auf einen Panzer im Hof waren sie bestimmt nicht vorbereitet …«

»Die Bullen haben sie alarmiert. Was wollten sie denn sonst gegen einen Panzer ausrichten. Dagegen hatten sie keine Strategie.«

»Wie schnell fährt denn so ein ›Fuchs‹?«, wollte ich wissen. »Diese Radpanzer sind bestimmt nicht langsam.«

»Woher soll ich das wissen? Ich bin im Leben bloß Mofa gefahren«, stellte Volker trocken fest. »Es dauerte jedenfalls nicht lange, ehe die Bullen ihnen auf den Fersen waren. Aber da hatte Lothar einen Einfall: Anstatt ihnen mit der Bordkanone einen Schuss vor den Bug zu verpassen, übernahm er selbst das Steuer und lenkte den Panzer von der Straße in eine Wiese. Mit Vollgas rasten sie über die Felder auf einen Wald zu, in dem sie schließlich verschwanden. Die weitere Verfolgung des allradgetriebenen Transportpanzers war für die Streifenwagen der Polizei aussichtslos. Sie blieben im feuchten Acker stecken und gaben die Verfolgung auf. Bei der eingeleiteten Großfahndung wurden angeblich sogar Hubschrauber vom Bundesgrenzschutz eingesetzt, die aber erfolglos am Himmel kreisten. Der ›Fuchs‹ wurde erst am späten Sonntagnachmittag in der Nähe des Parkplatzes an der Autobahn Kassel – Frankfurt entdeckt. Von Lothar Luft und seinem Fluchthelfer Horn fehlte jede Spur.«

»Der Junge hatte jedenfalls Eier in der Hose«, stellte ich anerkennend fest.

»Das kann man sagen. Aber genutzt hat es beiden nicht. Den Hajo Horn schnappten sie schon nach wenigen Tagen im Frankfurter Bahnhofsviertel. Das Abenteuer brachte ihm 3 Jahre ein, die er in Schwalmstadt absitzen musste. Inzwischen dürfte er wieder draußen sein.«

»Den würde ich mal gerne kennenlernen, muss ja ein cooler Typ sein«, sagte ich.

»Was den Lothar angeht, so konnte der sich zunächst nach Frankreich absetzen. Wurde aber nach drei oder vier Monaten von Pilzsammlern im Elsass im Wald gesehen und scheinbar erkannt. Jedenfalls verständigten die Leute die Flics, denen er dann unvorbereitet in die Fänge lief. Ende 1994 wurde er an Deutschland ausgeliefert, und seither sitzt er hier in Diez. Die Schwalmstädter wollten ihn scheinbar nicht mehr haben.«

Soweit der sachkundige Bericht meines Kumpels Volker B., der heute, 25 Jahre nachdem er mit mir das Fußballtoto organisiert hatte, noch immer in der JVA Diez den Rucksack trägt. Lothar Luft, das hat meine Internetrecherche ergeben, soll 2015 in einem Hospiz verstorben sein. Aber die halbe Stunde, in der er und sein Freund Hajo im Fuchs-Panzer vom Knast in Ziegenhain querfeldein zur Autobahn bei Alsfeld unterwegs waren, ist in die Kriminalgeschichte eingegangen. Übrigens: So ein »Fuchs« bringt es Offroad zu einer Geschwindigkeit von 80 km/h ... Nicht schlecht, schneller jedenfalls als jeder Streifenwagen.

## Der Schlesier

Der Mann hieß Gerhard Schnotalla und war vor dem Krieg in der Nähe von Oppeln in Oberschlesien geboren. Er entstammte einer deutschen Familie, musste aber nach Kriegsende eine polnische Schule besuchen, denn eine der territorialen Folgen des Nazi-Wahnsinns war der Verlust Schlesiens, welches in drei Schlesischen Kriegen im 18. Jahrhundert vom Preußenkönig Friedrich dem Großen erobert, von der Habsburger Monarchie getrennt und Preußen angegliedert worden war, um schließlich im 19. Jahrhundert dem Deutschen Reich einverleibt zu werden. Eine komplexe Geschichte, die Gerhard mir in der JVA Diez erzählte, wo wir uns im Jahr 1999 erstmals begegneten. Was mich allerdings mehr interessierte als die Schlesischen Kriege, war die Geschichte, weshalb Gerhard im Gefängnis gelandet war, seine »Kriminalgeschichte«, wie er sie nannte.

Was optisch an ihm auffiel, waren seine vollen weißen Haare, sein von Hosenträgern im Zaum gehaltener Bauch und die wachen Augen. Akustisch fiel der polnische Akzent auf, mit dem er die deutsche Sprache schmückte, wenn er mit mir redete. Wenngleich er deutsche Vorfahren hatte, sich als Deutscher begriff und seit der Übersiedlung einen deutschen Pass besaß, sprachen viele der deutschen Gefangenen vom »Polen«, wenn von Gerhard die Rede war. Ein wenig Geringschätzung schien mir da durchzuklingen, ähnlich wie wenn im Westen vom »Ossi« geredet wurde. Aber Gerhard steckte das weg, er war voll und ganz mit seiner Rehabilitierung befasst, denn er war der festen Überzeugung, nichts Unrechtes getan zu haben, ergo zu Unrecht verurteilt worden zu sein. Ein stolzer Schlesier, der sich von niemandem seine ansonsten tadellose Biografie versauen lassen wollte.

Von Beruf war er Kachelofenbauer, traditionell ein anerkanntes Handwerk in seiner alten Heimat. Mitte der Achtzigerjahre hatte er die Genehmigung erhalten, aus Polen in die Bundesrepublik Deutschland überzusiedeln. Er zog in die Pfalz, wo er in Neustadt an der Weinstraße eine Wohnung fand und bald eine Arbeit bei einer Firma, die Kamine und Kachelöfen baute. Seine Frau Irina und die beiden Söhne waren vorerst in Schlesien geblieben, der

Plan war, die Familie nachzuholen, sobald Gerhard sich in Deutschland etabliert hätte. Dass es dazu nie kam, lag daran, dass Irina bei einer Rauchgasvergiftung ums Leben kam. Die erwachsenen Söhne fühlten sich längst als Polen, sie sprachen nicht einmal mehr Deutsch. Sie beschlossen, in Oppeln zu bleiben, wo sich jeder eine eigene Existenz aufgebaut hatte. Da Gerhard nicht gern allein lebte, reiste er nach Warschau, um sich dort eine neue Frau zu suchen. Er wurde fündig, heiratete die Dame kurzerhand und konnte sie als seine Ehefrau mit in den Westen nehmen. Anfang der Neunziger machte er sich selbstständig, gründete einen eigenen Betrieb. Das Leben nahm seinen Lauf, wirtschaftlich ging es dem Ehepaar von Jahr zu Jahr besser. Es gab allerdings zwei Hemmschuhe, die den beiden »Polen« das Leben in der Pfalz erschwerten: Zunächst beherrschten sowohl Gerhard als auch seine Frau Eva nur bruchstückhaft die deutsche Sprache, und zweitens tranken sie zu viel, insbesondere die arbeitslose Eva war dem Wodka zugetan, und es kam immer öfter vor, dass Gerhard sie betrunken antraf, wenn er müde vom Schaffen nach Hause kam.

Eines Tages, es dürfte das Jahr 1998 gewesen sein, hörte Gerhard ein Grölen, sobald er seinen Pritschenwagen im Hof abgestellt hatte. Der Lärm schien aus seiner Wohnung zu kommen, die im zweiten Stock eines Mietshauses lag, in welches die Schnotallas erst kürzlich eingezogen waren. Er ging ins Haus, und tatsächlich kam der Lärm von dort. Im Wohnzimmer hatte sich eine polnische Trinkgesellschaft zusammengefunden: Seine Frau Eva, spärlich bekleidet, sowie drei polnische Landsleute. Auf dem Tisch standen mehrere leere und eine halbvolle Flasche Wodka.

»Das sind Adam, Jurek und Domek, meine neuen Freunde«, lallte Frau Schnotalla ihrem Gatten ins Ohr, als der ihr einen Wangenkuss geben wollte. »Wir haben ein wenig gefeiert.« Der Dialog spielte sich wie üblich auf Polnisch ab.

»Das freut mich sehr«, sprach Gerhard. »Aber jetzt wollen wir die Feier beenden, denn ich bin müde von der Arbeit und würde mich gerne ein wenig ausruhen, mein Schatz!«

»Mach dich hier nicht wichtig, Alter!«, mischte sich nun einer der Gäste ein. »Die Dame hat uns eingeladen, und jetzt wird gefeiert. Du hast doch auch einmal in Polen gelebt. Dürftest wissen, wie wir Polen feiern.«

Gerhard hatte gewiss nichts gegen Polen und auch nichts gegen Feiern, aber an dem Tag brauchte er seine Ruhe. Außerdem fand er es ein wenig merkwürdig, seine Ehefrau halbnackt unter drei fremden Männern in seinem Wohnzimmer anzutreffen.

»Schluss jetzt!«, ordnete er als Mieter und einzig Nichtbetrunkener an. »Ihr trinkt jetzt eure Gläser leer, und dann verschwindet ihr!«

»Soll ich dir den Bart ein wenig kraulen, Väterchen?«, spaßte Domek unter dem Gelächter der anderen. »Komm her und trinke ein Glas mit uns, dann geht es dir gleich besser!«

Aber Gerhard, der übrigens keinen Bart trug, und dem an diesem frühen Abend auch nicht der Sinn nach Spaß mit Besoffenen stand, blieb auf Kurs.

»Ich sagte austrinken und verschwinden!«

Das Klima im Wohnzimmer wurde frostiger.

»Sollen wir dir eine Abreibung verpassen, du Clown?«, drohte Adam.

Die Polen waren alle um die Dreißig, Gerhard hatte schon die Sechzig überschritten, ein Alter, ab dem Menschen ihre häusliche Ruhe zu schätzen beginnen. Wenn Betrunkene anfangen, Gewalt anzudrohen, wird es Zeit zu handeln: Entweder man löst das Problem selbst durch unmittelbaren Zwang, oder man zieht sich zurück. Aber welcher Mann zieht sich schon gern in seinen eigenen vier Wänden zurück! Also ging Gerhard in die Küche, holte ein Fleischmesser mit zwanzig Zentimeter langer Klinge, um sich bei einem Angriff durch die jungen Kerle schützen zu können. Er setzte sich neben seine Frau aufs Sofa und legte das Messer vor sich auf den Tisch.

»Also, Freunde: Ich gebe euch noch eine Minute, dann seid ihr verschwunden. Die Party ist vorbei. Abflug, meine Herren!«

Der Pole ist nicht so dumm wie manche hierzulande glauben. Jedenfalls nicht dummer als der Deutsche oder der Russe. Daher erkannten die Gäste, dass spätestens jetzt die Zeit zum Aufbruch gekommen war. Jurek packte Domek, und Domek packte Adam, und so torkelten die Burschen durch den Flur zur Wohnungstür, ohne dass Gerhard rabiat werden musste. Eva lief hinter ihren Saufkumpanen her und beschwor sie, am nächsten Tag wiederzukommen, es sei doch so lustig gewesen … Draußen im Hausflur blieb man stehen, um sich lautstark zu verabschieden. Plötzlich ging eine Tür auf, und Erika Pinger, die Nachbarin von Gegenüber erschien auf der Fußmatte. Es handelte sich um eine recht fesche Blonde um die Dreißig, aber ohne Benimm und ohne Klasse. Eine überparfümierte, von unterschiedlichen Männern frequentierte Person, von der Gerhard glaubte, sie sei eine Nutte. Wie dem auch sei, die »Nutte« regte sich fürchterlich auf und fing an, die Polen als »Polacken« zu beschimpfen, als Gesindel, das man aus dem Haus werfen sollte.

»Was ist denn hier schon wieder los!«, schrie sie hysterisch, so dass es durch das ganze Treppenhaus hallte. Im dritten Stock gingen daraufhin ebenfalls Türen auf, und ehe Gerhard es schaffte, seine Frau zurück in die Wohnung zu bugsieren und die Gäste zur Treppe zu drängen, stand ihnen plötzlich ein junger Mann mit einem Baseballschläger gegenüber. Spätestens jetzt erkannten die polnischen Gäste, dass es an der Zeit war, die Biege zu machen. Der Nachbar mit der Schlagwaffe ließ sie passieren, um sich dann um die Familie Schnotalla zu »kümmern«.

»Gehen Sie zur Seite«, forderte er Frau Pinger auf. »Ich sorge jetzt für Ordnung im Haus.«

Dann sprang er hinzu und versuchte, der immer noch kreischenden Eva einen Schlag zu versetzen, was zum Glück durch Gerhard, der dazwischenging, abgewehrt werden konnte. Er packte seine Frau am Arm und zog sie zurück in die eigene Wohnung, wo er vor weiteren Angriffen des Kerls sicher zu sein glaubte. Der jedoch sah seine Chance gekommen, der blonden Erika zu beweisen, was für ein mutiger Bursche er war: Er folgte dem Ehepaar in den Flur und versuchte weiter, Schläge auszuteilen, was aber nur schlecht in dem engen Hausflur gelang. Schließlich erreichte man das Wohnzimmer, die Schnotallas auf dem Rückzug. Gerhard schubste seine Frau grob auf die Couch, griff nach dem Messer, das dort noch auf dem Tisch lag und stellte sich dem Kampf. Ein Schlag traf ihn am Oberarm, aber den hielt er aus. Er fasste den Baseballschläger mit der Linken und rammte dem Angreifer mit der Rechten das

Fleischmesser von oben in den Musculus trapezius, in Muckibuden als Trapezmuskel verehrt. Das brachte den Kerl zur Besinnung, er ließ den Schläger fallen und verließ mit dem Messer in der Schulter die Wohnung.

In diesem Zustand brachte ihn Fräulein Pinger in die Notaufnahme des Städtischen Krankenhauses, wo man dem Mann das Messer herauszog und als Beweisstück für die Polizei sicherte. Den Verletzten behielt man zur Beobachtung über Nacht auf der Station, am Morgen wurde er nach Hause geschickt, nachdem man die Wunde versorgt hatte. Er hatte Glück, dass außer dem Muskel nichts verletzt war. Die Polizei tauchte ein paar Stunden später bei den Schnotallas auf, um den Tathergang zu ermitteln. Wenngleich niemand Anzeige erstattet hatte, ermittelt die Staatsanwaltschaft in Fällen schwerer Körperverletzung von Amts wegen. Sprachschwierigkeiten verhinderten eine Rekonstruktion des Geschehens: Die Polizeibeamten sprachen kein Polnisch, Gerhard sprach nur schlecht Deutsch, und Eva sprach gar nichts mehr, sie lag, immer noch in Büstenhalter und Schlüpfer, auf dem Sofa und schnarchte. Die Polizisten nahmen Gerhards Personalien auf, auch die der Augenzeugin Erika Pinger. Die Aussage des Verletzten wurde eine Woche später zu Protokoll genommen. Wir ahnen es, es sah nicht gut aus für den »Polen«.

Drei Monate nach dem Zwischenfall kam es zum Prozess vor dem Amtsgericht. Gerhard fühlte sich unschuldig, denn er hatte sich schließlich gegen einen bewaffneten Eindringling in seine Wohnung zur Wehr gesetzt, also in Notwehr gehandelt. Er tauchte guter Dinge im Gerichtssaal auf. Einen Anwalt hatte er auch, aber der sprach ebenfalls kein Polnisch und ein guter Jurist kann er nicht gewesen sein, denn Gerhard wurde wegen Körperverletzung zu anderthalb Jahren auf Bewährung verurteilt. Lautstark polemisierte er noch im Gerichtssaal, zum Glück auf Polnisch, was niemand verstand. Einen Dolmetscher hatte man nicht hinzugezogen, wenngleich jeder Angeklagte auf dessen Assistenz ein Recht hat, wenn er der Meinung ist, dem Prozess auf Grund sprachlicher Insuffizienz nicht folgen zu können. Gerhards Verteidiger legte auf Drängen seines Mandanten Berufung ein. Der Fall würde vor dem Landgericht demnächst neu verhandelt werden. Keinesfalls wollte der schlesische Dickschädel die Geschichte abhaken und sich mit dem Bonmot »Recht haben heißt noch lange nicht Recht bekommen« abfinden. Er wollte kämpfen, wollte rehabilitiert werden. Aber anstatt beim Berufungsverfahren von jeglicher Schuld entlastet zu werden, beantragte der Staatsanwalt, die Anklage auszuweiten: Er warf Gerhard Schnotalla versuchten Mord vor! Und wieder dasselbe Spiel. Gerhard verstand nicht viel von dem, was gesagt wurde, ein Dolmetscher war diesmal zwar da, aber es wäre auf den Verteidiger angekommen, und der taugte nicht viel. Er machte zwar geltend, dass sein Mandant in Notwehr gehandelt habe, dass er in seiner eigenen Wohnung von dem Zeugen K. angegriffen worden sei, aber das reichte nicht, um die drei Richter der Strafkammer zu überzeugen. Schließlich brachte der Verteidiger noch vor, dass der Schlesier alkoholkrank sei, was allenfalls die Strafe um ein Jahr minderte. Gerhard wurde also ein dreiviertel Jahr nach der Auseinandersetzung mit dem Mann, der seine Frau und ihn mit einem Baseballschläger bedroht und verletzt hatte, zu einer Haftstrafe von sechs Jahren verurteilt. Der Richter meinte, bei guter Führung könne er das letzte Jahr in einer Alkoholtherapie verbringen. Der Verurteilte wurde noch im Gerichtssaal verhaftet und in die JVA Frankenthal verbracht. Wenig später wurde er nach Diez verlegt, wo alle »Schwerverbrecher«, das sind solche mit Strafen von fünf Jahren und mehr, für ihre Schuld büßen sollen. Und nicht zu vergessen, resozialisiert werden sollten sie ja auch noch.

Ich hatte Gerhard zwar wahrgenommen – der Mann mit den schlohweißen Haaren war schließlich nicht zu übersehen – aber gesprochen haben wir erst zu Beginn des Jahres 1999. 2002 signalisierte ihm die Anstalt, dass er nach Verbüßen von zwei Drittel seiner Strafe auf Bewährung entlassen werden sollte. Man schrieb der zuständigen Strafvollstreckungskammer eine positive Stellungnahme: Herr Schnotalla führe sich gut, er habe fleißig am »Vollzugsziel« mitgearbeitet, aus Sicht der Anstalt könne man ihn nach vier Jahren aus der Haft entlassen. Ein Termin vor der Richterin, die den Beschluss zur Entlassung fassen musste, wurde anberaumt. Die Staatsanwaltschaft in Neustadt befürwortete seine Entlassung ebenfalls. Ein Problem trat auf, als die Richterin verfügte, er solle im Anschluss an die Haft für sechs Monate in eine Alkoholentzugsklinik in der Eifel eingewiesen werden, um sich dort gegen den Rückfall zu wappnen. Fest stand allerdings, dass Gerhard seit vier Jahren keinen Alkohol mehr getrunken hatte, er somit nicht unter akuten Entzugserscheinungen litt. Da er sich aber in den Kopf gesetzt hatte, ein ganzes Jahr in Therapie zu verbringen, so wie es die Richter in Landau seinerzeit empfohlen hatten, fing er an, mit der Diezer Richterin zu feilschen: Er bestand darauf, nicht sechs, sondern zwölf Monate in Therapie geschickt zu werden. Daraufhin legte ihm die Richterin ein Ei: Sie könne das nur aufgrund eines neurologischen Gutachtens anordnen. Falls Herr Schnotalla auf der verlängerten Therapie bestehe, müsse er sich zuvor von dem renommierten Mainzer Psychiater Professor Dr. Glatzl explorieren lassen, damit dieser in einem Gutachten die Notwendigkeit einer längeren Therapie feststelle. Damit war seine sofortige Haftentlassung erst einmal vom Tisch. Ein halbes Jahr wartete er auf den Termin bei Professor Glatzl, und als das Gutachten schließlich bei der Anstaltspsychologin einging, war ein Dreivierteljahr verstrichen, Zeit, die er in Freiheit hätte verbringen können, hätte er nicht so stur auf der einjährigen Therapie beharrt.

Das psychiatrische Gutachten, für welches der Gutachter dem Steuerzahler knapp 8.000 Euro in Rechnung stellte, hatte es in sich. Dort stellte Professor Glatzl nämlich fest – ich erlaube mir ausnahmsweise einmal im Stile eines Trash-Journalisten zu verkürzen – dass Herr Schnotalla erstens »wahnsinnig«, zweitens »gemeingefährlich« und drittens »therapieresistent« sei. Er befürwortete, den Probanden nicht vorzeitig zu entlassen und ihn in keine Therapie zu schicken. Bingo! Jetzt lag der Ball wieder bei der Anstalt. Dort entschied man, Gerhard, der sich weiterhin unauffällig benahm und der ohnehin in fünfzehn Monaten die sechs Jahre voll hatte, in den offenen Vollzug zu verlegen. Wohlgemerkt, die Anstalt schickte einen »Schwerverbrecher« (der er gewiss nie war) ins Freigängerhaus, wo er regelmäßig Ausgänge und Hafturlaube zu erwarten hatte, einen Mann also, den die oberste Koryphäe der rheinland-pfälzischen Forensik, der Großprofessor Johann Glatzl, gerade erst für verrückt, gefährlich und therapieresistent erklärt hatte. Der Anstaltsleiter und sein Team von Sozialarbeitern und

Psychologen machten im Fall Schnotalla keinen Fehler, als sie ihn in den offenen Vollzug schickten, denn sie kannten ihn und wussten, dass Gerhard weder verrückt noch gefährlich und wahrscheinlich auch nicht therapieresistent war. Das Gutachten des Professors der Universität Mainz wurde somit diskret umschlichen, zahlen musste der Steuerzahler trotzdem. Und als die sechs Jahre endlich vorbei waren, und Gerhard Schnotalla zurück nach Neustadt fuhr, da war seine Eva verschwunden, seine Wohnung aufgelöst, die Firma längst insolvent und damit sein Arbeitsplatz futsch.

Wie es mit ihm schließlich weiterging, kann ich nicht sagen, denn wir verloren uns aus den Augen. Irgendwann im Jahr 2005, ich war inzwischen selbst im offenen Vollzug angekommen und stand kurz vor der Entlassung, übergab mir der diensthabende Beamte an der Pforte ein Buch mit dem Titel »Schlesische Biografie«, Autor: Gerhard Schnotalla. Ich kannte dieses Werk, denn ein paar Jahre zuvor hatte ich den Text lektoriert. Dort hatte er neben den eigenen Jugenderinnerungen anschaulich und kenntnisreich die Geschichte Schlesiens seit dem Zweiten Weltkrieg beschrieben. Gerhard war also eigens nach Diez gekommen, um mir ein Exemplar seines Buches zu schenken, doch er traf mich nicht an. Während ich diese Geschichte schreibe, lebe ich selbst in Schlesien und frage mich, was wohl aus dem Sturkopf geworden ist, der zwei Jahre länger im Gefängnis verbracht hat, weil er unbedingt auf eine Therapie bestanden hatte, die er am Ende nie antrat.

## Der Knastkünstler

»Sollltest du es noch einmal wagen, nach meinem Albatross zu schlagen, schneide ich dir die Ohren ab!«, sprach Flati, der kleinwüchsige Italiener, der vor ein paar Jahren in München eine Prostituierte erstochen hatte, weil sie sich über seinen noch kleinwüchsigeren Zipfel lustig gemacht hatte. Albatross war der Kosename seines Wellensittichs. Die Anstalt hatte den Lebenslänglichen gestattet, einen Vogel nebst Vogelbauer auf den Zellen zu halten, quasi als Kompensation für zwangsläufig entgangene emotionale Bindungen zu Ehefrauen und Kindern.

Der Mann, dessen Ohren sich in akuter Gefahr befanden, war der Kunstmaler Henry Crellwitz, im Allgemeinen ein friedliebender Zeitgenosse, wenngleich man den gegenteiligen Eindruck bekommen konnte, hätte man seinem Strafprozess beigewohnt. Henry war sehr lärmempfindlich, insbesondere empfand er das Zwitschern beschwingter Wellensittiche als Psychofolter. Die kurze Zeitspanne zwischen der Abendspeisung der Häftlinge und dem Nachtverschluss nutzten einige der Vogelfreunde, ihr »Haustier« im Inneren des Zellentraktes frei fliegen zu lassen. Ein Dutzend Vögel nutzten allabendlich die Gelegenheit, wagemutige Flugmanöver im Schiff des Gefängnisses vorzuführen, sodass der Eindruck entstand, die Flugeinlagen seien dazu bestimmt, Anerkennung und Beifall für sich und ihre Besitzer zu erheischen. Viele der Insassen vertreiben sich die verbleibenden Minuten, ehe die Wärter sich anschickten, sie einzusperren, indem sie auf den Innenbalkonen vor ihren Zellen herumstanden und dabei den Vögeln zusahen. Henry hingegen konnte den akrobatischen Flugeinlagen nichts abgewinnen, im Gegenteil, ihm waren Hektik und Gezwitscher so sehr zuwider, dass er urplötzlich aus seiner Zelle stürzte und mit dem Besen versuchte, die vorbeigleitenden Flieger zu erschlagen; was naturgemäß deren Besitzer sehr erboste. Derartige Konflikte zwischen Tierfreunden und Lärmgegnern traten immer wieder auf, Henry war lediglich der militanteste unter ihnen, worin ihm der Italiener allerdings in nichts nachstand.

Henry Crellwitz, um den es in dieser Geschichte geht, war zu einer lebenslangen Freiheitsstrafe verurteilt worden. Ich stütze mich bei der Rekonstruktion seines Lebenslaufs auf das, was Henry mir während der beiden Jahre, die wir Zellennachbarn waren, erzählt hat. Er war 1934 in Berlin zur Welt gekommen. Seine Eltern waren Künstler, der Vater Cellist im Orchester, die Mutter Bühnenbildnerin am Theater. Neben Henry hatte die Familie noch eine Tochter. Herr Crellwitz, den die Machthaber zu Beginn des Krieges gezwungen hatten, das Cello gegen ein Sturmgewehr zu tauschen, und dessen berufliche Mission sich dahingehend änderte, statt Menschen musikalisch zu erfreuen, Menschen zu töten, verlor sein Leben in Stalingrad. Seine Frau starb im Keller, nachdem das Haus während eines der zahlreichen Bombenangriffe auf Berlin in einem Volltreffer implodierte. Henry und seine Schwester Luise überlebten, weil sie in der Eile den Schutzkeller der Nachbarn aufgesucht hatten. Als Vollwaisen ohne weitere Verwandtschaft gerieten die Kinder in die sogenannte Kinderlandverschickung, für deren Organisation die NS-Granden Martin Bormann und Baldur von Schirach zuständig waren, beide ausgewiesene Kinderfreunde. Dass die Crellwitz-Kinder dabei willkürlich getrennt wurden, vergrößerte ihre Tragik: Luise wurde in ein Kinderlager in Baden-Württemberg verschickt, Henry kam nach Bayern. Die Geschwister sollten sich nie mehr begegnen, denn auf abenteuerliche Weise landete das Mädchen nach dem Krieg in Kanada, während Henry in Bayern blieb und nach unregelmäßigen Schulbesuchen in der Nähe des Chiemsees eine Lehre als Anstreicher antrat. Sein Chef, erstaunlicherweise ein Jude, der die Nazijahre überlebt hatte, erkannte bald, dass der Lehrling bei der Arbeit mit Geschick und Phantasie zu Werke ging. Er hatte das Zeug zum Kunstmaler. Daher betraute der Malermeister den Jungen mit der Restaurierung mehrerer Bauernhöfe, insbesondere die kunstvollen Verzierungen an den Fassaden der Wohngebäude sollte Henry instand setzen, in Oberbayern als »Lüftlmalerei« bekannt. Irgendwann in den frühen fünfziger Jahren bestand er die Gesellenprüfung, aber sein Interesse richtete sich auf die Kunstmalerei. Mit Zwanzig richtete er sich in München Schwabing ein Atelier ein und begann dort, seinen Malstil zu finden.

Das Trauma, welches der Verlust seiner Eltern in dem Jungen hinterlassen hatte, wirkte während seiner Kindheit und der Adoleszenz fort. Ich vermeinte es noch in seinen Jahren im Gefängnis zu spüren, und da hatte er die Fünfzig schon überschritten. Äußerlich gemahnte er aber damals schon an einen Rentner: blass im Gesicht, schütteres weißes Haar, schlaffe Muskulatur. In den Jahren, in denen wir uns im Gefängnis kannten, habe ich ihn nicht einmal beim Hofgang gesehen, der frischen Luft begegnete Henry nur während des kurzen Weges zur Arbeit.

Was der Kunstmaler Crellwitz in München malte, habe ich nie zu Gesicht bekommen, aber es gab Phasen: rubensmäßige Frauenleiber mit voluptuösen Rundungen; van Gogh nachempfundene Landschaften; an Paul Gauguin erinnernde Südseeschönheiten. Da er sich in der Technik vervollkommnete, fand er schon bald Käufer und konnte gegen Ende der sechziger Jahre von der Malerei leben. Seiner Sehnsucht nach einer eigenen Familie und der Vorliebe für mollige Frauen gemäß, verliebte er sich in Melanie, eines seiner Modelle, ein draller Kuckuck aus der Maxvorstadt. So wie Henry mir die junge Dame beschrieb, dürfte sie auf dem Münchener Heiratsmarkt keine prominente Rolle gespielt haben, aber unser Maler fuhr voll auf sie ab, versah sie mit einem Künstlernamen und gab »Lola« das Gefühl, ein besonderes Mädchen zu sein. Erst malte er sie, dann liebte er sie, malte sie noch ein Dutzend Mal, und schließlich heiratete sie ihn. Mit Melanie alias Lola hatte Henry nicht nur eine unersättliche Liebhaberin gefunden, sondern irgendwie auch seine Mutter wieder. Nach ein paar Jahren hatte er sich in der Stadt etabliert und Melanie gebar einen Buben, der sich aber nicht als sein leiblicher Nachkomme erwies. Er nahm das Kind dennoch als sein eigenes an, auch als sich nach zwei Jahren herausstellte, dass es eine Minderbegabung geerbt hatte. Zum biologischen Vater wollte die Mutter sich nicht weiter äußern. Henry machte kein großes Aufheben und schickte sich in die Vaterrolle. Schließlich kam man doch seinem Ideal einer Familie näher.

Dass Melanie nach Jahren des »erst lag sie unten, dann lag er oben« immer öfter Sex mit anderen Männern suchte, schmerzte ihren Mann. Er gab der Stadt die Schuld, den erotisch überhitzten Bohemiens, die das Geheimnis der molligen Malergattin zu ergründen trachteten. Henry beschloss, aus der Großstadt fortzuziehen. Er kaufte ein Haus in einem Dorf in der Nähe von Wasserburg, wo er hoffte, seine Ehefrau möge dort ein solides Leben führen. Doch kaum hatte er das neue Haus eingerichtet, begann Melanie mit ihrem Eroberungsfeldzug. Binnen weniger Wochen hatte sie in der katholischen Nachbarschaft die Wollust geweckt und ein halbes Dutzend Ehemänner verführt. Selbst den katholischen Pfarrer soll sie animiert haben, in ihren Speck zu greifen und ihre Brüste zu liebkosen.

Einmal im Monat fuhr der Künstler in die Stadt, wo er seine Werke bei einer Galerie in Kommission stellte und den Erlös der verkauften Gemälde mitnahm. Im Winter 1976 kehrte er einmal früher als üblich nach Hause zurück, weil der Galerist erkrankt war. Er stellte den Opel in die Garage und lud die unverkauften Bilder aus dem Wagen. Als er ins Haus trat, hörte er Lolas lustvolles Gurren, die sich offenbar mit einem Liebhaber im Bett vergnügte. Gleichzeitig vernahm er das Wimmern seines Sohnes, den er in der Badewanne sitzend vorfand: zitternd und mit blau angelaufenen Lippen. Zunächst holte er das Kind aus dem kalten Wasser, trocknete es ab und legte es in sein Bettchen. Dann verließ er das Haus und ging zurück in die Garage. Dort nahm er seine Pistole aus dem Futteral, welches er in einem verschlossenen Stahlschrank aufbewahrte. Es handelte sich um eine alte Wehrmachtswaffe, die er vor Jahren auf dem Schwarzmarkt erstanden hatte. Mit Wut im Bauch und der Waffe in der Hand betrat er sein Haus. Im Schlafgemach überraschte Henry seine Frau und ihren Galan in flagranti im Bett, wo er mit der Pistole den Coitus interruptus erzwang. Ob man das, was nun folgte, als spontane Affekttat bezeichnet oder als geplanten Mord, ist nicht leicht zu entscheiden. Henry forderte seine Frau auf, den Liebhaber an einen Stuhl zu fesseln. Anschließend fesselte er sie selbst und eröffnete das Gerichtsverfahren. Letzteres kann nicht allzu lange gedauert haben, denn die Todsünde war offenkundig: Ehebruch. Moses fordert dafür im Alten Testament die Todesstrafe. Bibelkonform verhängte Henry sie in beiden Fällen und schritt daraufhin zur Vollstreckung durch Genickschüsse. Dann sah er nach seinem Sohn, und als das Kind endlich schlief, rief er die Polizei. Noch am Tatort machte er ein Geständnis.

Wenige Monate nach der Tat verurteilte das Landgericht München Henry Crellwitz zu einer lebenslangen Freiheitsstrafe, die er in der Justizvollzugsanstalt zu Straubing verbüßen sollte, eine Anstalt, auf die eher die frühere Bezeichnung Zuchthaus zutraf. Jedenfalls eines der berüchtigtsten Gefängnisse in der Bundesrepublik. Wie sich der Maler dort anfangs zurechtfand, entzieht sich meiner Kenntnis. Als wir uns 1984 begegneten, hatte sich Henry nach fünf Jahren längst an die lebensfeindliche Umgebung gewöhnt. Er war zwar kein pflegeleichter Häftling, aber die Wärter lernten, sich an ihn zu gewöhnen, und Henry gewöhnte sich an die Wärter.

Was ihn zu einem besonderen Gefangenen kürte, war sein Maltalent, und das konnte er in der Haft ausleben. Bei all den Schikanen, Diskriminierungen und würdelosen Behandlungen, die in der Straubinger Anstalt an der Tagesordnung waren, gab es auch Positives: Gefangene, die sich auf der Zelle kreativ beschäftigen wollten, erhielten dazu Gelegenheit. Kriminellen Philosophen stand eine umfangreiche Bibliothek zur Verfügung; wer mit Holz arbeiten wollte, durfte schnitzen oder Einlegearbeiten fertigen; wer malen wollte, durfte den Pinsel schwingen und wer schreiben wollte, dem genehmigte man eine Schreibmaschine. Henry hatte schon nach wenigen Monaten eine Staffelei auf der Zelle und ließ sich vom Einzelhandel für Künstlerbedarf Pinsel, Leinöl und Farben schicken. Er war somit einer der wenigen, die im Gefängnis ihren Beruf weiter ausüben konnten. Und da er handwerklich gut gemalte Ölbilder fertigte, holte ihn der Leiter der Anstaltsmalerei zu sich in den Betrieb. Mussten die anderen Anstreicher jahrein, jahraus versiffte Zellen renovieren, erhielt Henry Crellwitz sein eigenes Atelier, wo er tagsüber für die Anstalt malte, meist Porträts von Verwandten der Beamten, aber auch Landschaften mit bayerischen Motiven wie etwa Postkartenfotos der oberbayerischen Seen, Moore und Berge. Bei einem Stundenlohn von 1,20 DM war er in der Regel nach sechs bis zehn Stunden mit einem Gemälde fertig, welches der Chef der Malerei außerhalb der Anstalt für 300 Mark und mehr verkaufte. Somit war der Maler Crellwitz für die Arbeitsverwaltung ein ökonomischer Volltreffer. Niemand kann auch nur ahnen, was die Anstalt während der 15 Jahre, die er dort für sie malte, an ihm verdiente.

Was er hingegen privat in seiner Freizeit auf der Zelle schuf, gehörte ihm. Zehn Bilder des Formats 60 x 90 cm die Woche waren für Henry kein Kraftakt. Zuweilen betrat ich sein Zellen-Atelier, wo es nach Ölfarben und Firnis roch, und wurde Zeuge, wie er sechs Bilder gleichzeitig malte: Auffliegende Enten über Schilf vor dem Chiemsee und den dahinter liegenden Bergen. Politische Botschaften suchte man in seinen Gemälden vergebens, Henry war ein Maler im Akkord, ihn interessierte lediglich der Verkauf. Und darin übertraf er alle anderen Kunsthandwerker. Niemand, kein Herrgottsschnitzer, kein Teppichknüpfer und kein Töpfer reichte an Henrys Output heran.

Einmal im Jahr organisierte die Anstaltsleitung einen offenen Basar in der Sporthalle, wo alle »Künstler« ihre Werke ausstellen konnten. Dann öffneten sich für zwei Tage die Tore und das kunstinteressierte Publikum fand Einlass in den Knast. Kunsthändler aus Oberammergau und München kamen nach Straubing und kauften geschnitzte Kreuze, Madonnen und Weihnachtskrippen, Nachbauten historischer Schiffe, Wandteppiche und Ölmalereien, Backgammonspiele und Schachbrette, mit Einlegearbeiten, Keramik, professionell abgekupferte Ikonen und vieles mehr zu Preisen, die ihnen einen satten Profit ermöglichten. Ließen die Kunstwerke handwerklich zu wünschen übrig, blieben sie hängen. Aber nicht wenige der kriminellen Künstler lieferten gut gefertigte Produkte, die dann zu relativ akzeptablen Preisen gekauft wurden. Wer alle anderen beim Verkauf übertraf, war Henry Crellwitz. Seine Gemälde ließen sich gut vermarkten, sie waren wie geschaffen für bayerisch-bürgerliche Wohnzimmer. So nahm er in guten Jahren mehr als 100.000 Mark ein, die von der Anstalt treuhänderisch auf sein Konto bei der Sparkasse eingezahlt wurden.

Auf diese Weise konnte Henry der Witwe seines Opfers eine monatliche Rente zahlen, den Beitrag für die Heimkosten des behinderten Sohnes, sowie die Gerichtskosten an den Staat. Steuern fielen, soweit ich mich erinnere, keine an, Haftkosten ebenso wenig. Dergestalt mit stabilen Finanzen ausgestattet, die er Jahr für Jahr konsolidierte, gab Henry seiner tiefen Sehnsucht nach, wieder eine Familie zu gründen. Aber wie gründet ein Gefangener im Zuchthaus eine Familie? Er bestellte sich einen Katalog, in dem Frauen aus der Dritten Welt inserieren, mit dem Wunsch, einen möglichst europäischen und möglichst finanzpotenten Mann kennenzulernen und zu heiraten. Henry, der, nebenbei bemerkt, keine Fremdsprache beherrschte, entschied sich für eine vierzigjährige Kolumbianerin aus Bogota, die außer Spanisch lediglich einige Brocken Englisch sprach. Henry beschaffte sich ein gelbes Wörterbuch und konzipierte einen ersten Brief, zwei zusammengestöpselte Sätze auf Spanisch, den Rest auf Deutsch, in der Hoffnung, seine Umworbene würde schon jemanden finden, der ihr das Begehr des Absenders verständlich machen könne. Wie lange sich dieses bruchstückhafte Annähern hinzog, kann ich nicht sagen. Als ich Henry kennenlernte, war er schon seit zwei Jahren mit der Dame verheiratet. Die Eheschließung fand im Gefängnis statt. Henry hatte Gabriela nebst ihrem 12-jährigen Sohn Juan und ihren Eltern einfliegen lassen. Die Reisekosten und den Aufenthalt im schönen Niederbayern bestritt der Ehemann. Um nichts dem Zufall zu überlassen, bestand er auf einem notariell beglaubigten Ehevertrag, der den Gatten mehr als 500 Mark kostete. Dort war der Unterhalt festgeschrieben, den der Ehemann seiner Frau zum Monatsersten zu überweisen hatte (ich glaube, sie verständigten sich auf tausend Mark, was den Montoyas in Bogota ein sorgenfreies Leben ermöglichte). Des Weiteren musste Juanito seinen Stiefvater mit »Papa« ansprechen und dessen erzieherischen Anordnungen Folge leisten. Schließlich verpflichtete sich Gabriela, ihrem Ehemann täglich einen mindestens zweiseitigen Brief zu schreiben, zunächst noch auf Spanisch, aber Henry erwartete von ihr, dass sie flugs einen Sprachkurs besuchte und ihm binnen eines Jahres auf Deutsch schriebe. All das und noch einiges mehr wurde im Ehevertrag festgeschrieben. Für den früh gealterten Kunstmaler war es eine willkommene Fügung des Schicksals, dass ich sein Zellennachbar wurde. Denn schon bald hatte er mich auf dem Gang mit Südamerikanern Spanisch sprechen hören. Er bat mich, ihm die Briefe seiner Frau zu übersetzen, die tatsächlich jeden Tag eingingen. Hatte die Post aus Kolumbien einmal Verspätung, brachte das Henrys Laune in die Depressionstiefe, von wo er erst dann wieder auftauchte, wenn der Pflichtbrief eintraf. Kamen die Nachrichten aus Bogota zwei Tage hintereinander nicht an, unterstellte er der

Poststelle der Anstalt, die Briefe mit schikanösen Absichten zurückzuhalten, bloß um ihn zu ärgern. Dann begab er sich im Zorn zur Zentrale und beschimpfte den diensthabenden Beamten, in dieses Komplott verstrickt zu sein und kündigte Schlimmes für den Fall an, sollte ihm auch am dritten Tag keine Post von seiner Familie ausgehändigt werden. In der Regel klappte es, täglich lag der Pflichtbrief auf dem Tisch, wenn Henry von der Arbeit kam und seine Zelle betrat. So kam es, dass ich ihn regelmäßig aufsuchte und ihm den neuesten Brief übersetzte. Gabriela schrieb über die Familie, die Gesundheit ihrer Eltern, die schulischen Leistungen Juanitos, die Konflikte in der Nachbarschaft und ähnliche Dinge, die einfachen Gemütern durch den Kopf gehen. Jeder Brief endete mit einer Versicherung, wie sehr sie ihren Henry liebe und wie sehr sie sich danach sehne, ihn irgendwann einmal umarmen zu dürfen. Henrys Psyche hatte sich im Laufe der Jahre in der Gewissheit seiner virtuellen Familie jenseits des Atlantiks weit von dem Schmerz entfernt, den ihm sein bisheriges Leben gebracht hatte. Gabriela schenkte ihm inneren Frieden, Geduld, sein Schicksal zu ertragen und die Hoffnung, irgendwann noch einmal dem Glück zu begegnen. Sie half ihm dabei, seine beiden Mordopfer zu vergessen und ersparte es ihm, der Reue Tribut zu zollen, die darauf wartete, vom Grund seiner Seele an die Oberfläche geholt zu werden. Wäre da nicht das nervenzermürbende Gezwitscher der Wellensittiche gewesen, welches ihm täglich nach der Abendkostausgabe die Laune verdarb, man hätte den Maler Crellwitz für einen glücklichen Menschen halten können.

## Freund Many

Die Geschichte meines Mitgefangenen Manfred Wernicke, mit dem ich viele Jahre im Diezer Knast verbrachte, ist die, die mir noch heute das Herz am stärksten flaut. Wahrscheinlich weil sein Fall einer der ungerechtesten war, die mir begegnet sind. Außerdem war Many derjenige, der mir seine Lebensgeschichte am ausführlichsten erzählte, über Jahre, wir hatten viel Zeit.

Kurz nachdem ich im Jahr 1997 in Diez eingeliefert worden war, lernte ich ihn kennen. Ich hatte mich zum Skatclub angemeldet, von Herrn Breser geleitet, einem Rentner aus Limburg, der ehrenamtlich einmal die Woche ins Gefängnis kam, um mit uns Ganoven Skat zu »kloppen«. Zuweilen verspätete er sich um wenige Minuten, und vor dem Schulzimmer, in dem gespielt wurde, versammelten sich die Cracks und warteten, dass uns ein Wärter die Tür aufsperrte. Dass wir Insassen einen solchen Skatabend auch in Eigeninitiative hätten organisieren können, darauf war bislang noch niemand von der Hausleitung gekommen. Wir wurden behandelt wie kleine Kinder, die man permanent beaufsichtigen muss. Voraussetzung war somit, dass sich ein Mensch von außerhalb der Anstalt bereit erklärte, einmal pro Woche in den Knast zu kommen und uns beim Spielen zu beaufsichtigen. Es versteht sich von selbst: Die betreffende Person durfte nicht vorbestraft sein, kein Alkoholiker und wenn möglich, einen guten Leumund mitbringen, möglichst vom Pfarrer besiegelt. An meinem ersten Abend beim Skatclub wartete ich also zusammen mit einem Dutzend Teilnehmern im Flur der Schule, in der tagsüber Deutsch und Mathe gelehrt wurden, um die Analphabeten unter den Häftlingen in die Lage zu versetzen, irgendwann den Hauptschulabschluss zu bestehen. Somit gehören die in die meisten Gefängnisse integrierten Schulen mit zum Sinnvollsten, was dort mit dem Geld der Steuerzahler geschieht. Aber das bloß am Rande.

Während wir auf Herrn Breser und den Beamten mit dem Schlüssel warteten, fiel mir ein Mann auf, der unter den übrigen Gefangenen die große Klappe führte.

»Halt doch dein Maul, Wernicke!«, wies ihn gerade ein Handtaschendieb zurecht. »Du bist doch viel zu doof zum Kartenspielen. Naja, Mau-Mau vielleicht, aber mehr ist bei dir doch nicht drin.«

Many schien sich nicht angegriffen zu fühlen, also sah er auch keinen Grund, sich zu verteidigen. »Ihr seid doch alles keine Skatspieler. Draußen in der Kneipe würden sie euch gar nicht erst an den Tisch lassen«, fuhr er in seinem frechen Text fort. »Ehe ich mit euch meine Zeit verplempern würde, tät ich lieber gute Musik hören, da hätte ich mehr von«, legte er nach. »Außerdem sind die meisten von euch sogenannten Skatspielern doch bloß Schummler und Trickser.«

Daraufhin fielen sie kollektiv über ihn her, verbal versteht sich, denn Many war ein Bär, dem man zutraute, einen durchgegangenen Gaul einzufangen, ein Kerl also, vor dem ein jeder, der ihn nicht näher kannte, zweimal seinen Mut prüfen sollte, ehe er sich körperlich mit ihm anlegte. Zudem war er ein Mörder (was ich zu diesem Zeitpunkt noch nicht wusste), und diese Volksgruppe hat ja nach wie vor den Ruf, bei Konflikten zuweilen unleidlich zu reagieren. Auf eine Prügelei mit Many Wernicke schien an diesem frühen Abend jedenfalls keiner Lust zu haben. Dennoch, mich amüsierte der Mann, der sich ohne Not mit einem Dutzend Ganoven anlegte, und der dabei auch noch dreist grinste. Es ging ihm offensichtlich um die Provokation, er wollte die Kerle aus der Reserve locken, es umgab ihn etwas Anarchistisches, und das machte ihn mir sympathisch, gehörte ich selbst doch auch zu jenen Verrückten, die zuweilen aus purer Laune heraus das Maul aufrissen.

»Lasst den Mann in Ruhe!«, hörte ich mich auf einmal sagen. »Der hat euch doch nichts getan!«

Alle Blicke ruhten jetzt auf mir, ich musste kreativ werden: »Ich dachte, wir wollten Skat spielen.«

»Wollen wir ja auch. Aber dieser Idiot quatscht uns die Ohren mit Scheiße voll, dabei kann er nicht mal Skat«, wehrte sich einer der Kerle.

»Stimmt das?«, fragte ich Many, der auf mich zukam und mich per Handschlag begrüßen wollte. Eigentlich gab ich im Knast nicht gleich jedem die Hand, aber Many ließ mir keine Chance, mit dem breiten Grinsen, dass mir aus seiner Seele entgegenwehte.

»Ich bin der Manfred Erich Wernicke aus Mainz-Kostheim, ein großer Fan von Bob Dylan, Richie Havens und Jimi Hendrix. Und ich war im Sommer 1969 in Woodstock dabei.«

Wir reichten uns die Hand. Hatte er gerade Woodstock gesagt? Das Wort flutete Magie in meine Ohren, darüber wollte ich mehr erfahren. Woodstock, Wahnsinn, ging es mir durch den Kopf, der Kerl war vor fast dreißig Jahren beim Festival von Woodstock dabei gewesen. Das war so, als ob mir einer erzählt hätte, er wäre beim Auszug aus Ägypten mit Moses durch das Rote Meer gewandert. Aber stimmte es überhaupt?

»Platz da!«, hörten wir plötzlich den Wärter, der unseren Skatguru von der Pforte abgeholt hatte, und der jetzt den Schulsaal aufsperren sollte. »Wernicke, was wollen Sie denn hier? Sie gehören doch nicht zu den Skatspielern. Abmarsch!«

So wurde ich von Many getrennt, obwohl ich mich gerne weiter mit ihm über Woodstock und die Sechziger unterhalten hätte. Aber der ein wenig untersetzte Mann mit den lustigen kleinen Augen lief mir ja nicht weg. Ich beschloss, Many am folgenden Tag beim Hofgang anzusprechen.

Der Skatabend war unterhaltsam, was mich betraf, ich spielte auf Probe. Herr Breser mochte keine Leute, die herumfluchten, wenn sie einen Grand verloren hatten oder sonst wie unangenehm auffielen. Mich nahm er am Ende der zwei Stunden in die Gruppe auf, zumal er gesehen hatte, dass ich kein schlechter Spieler war, und vor allem, ein guter Verlierer. Als Kind konnte ich mich noch furchtbar aufregen, wenn ich ein Schachspiel oder beim Skat verlor. Diese hässliche Unart habe ich mir im Knast völlig abgewöhnt, schließlich hatte ich Jahre zuvor in Spanien einen Leitsatz gelernt, den ich seither beherzigte: Nach der Partie, wandern sowohl der Bauer als auch der König in dieselbe Kiste zurück …

Am Tag darauf, auf dem Weg zum Hof, musste ich nicht lange nach Many Ausschau halten, denn er hatte mich schon entdeckt und gesellte sich zu mir. Wir gingen, wie alle anderen, links herum, eine angeblich biologisch veranlagte Gewohnheit, die man Chiralität nennt, eine in der Natur verankerte Händigkeit. In der

Tat konnte ich dieses Phänomen in allen Gefängnissen beobachten, in denen ich je inhaftiert war, und da fallen mir mehr als ein Dutzend ein. Überall gingen die Gefangenen links im Kreis herum.

»Danke, dass du dich gestern Abend für mich stark gemacht hast«, begann Many unser Gespräch, aber ich winkte ab und kam gleich auf das Thema Woodstock zu sprechen.

»Ja, da staunst du. Ich war wirklich 1969 beim Woodstock-Festival dabei«, sagte er.

»Wie alt warst du denn damals?«

»Gerade vierzehn geworden«.

»Und wie kommt ein Junge aus Mainz über den Atlantik, zu einem Ort und einem Musikfest, von dem hier in Europa damals noch nie einer was gehört hatte?«

»Bin zusammen mit meinem Alten rüber. Der arbeitete damals für die Amis am Militärflugplatz in Wiesbaden, und konnte zum Army-Personal-Tarif fliegen. Mich durfte er mitnehmen.«

»Wo seid ihr hingeflogen?«

»Nach New York, und von dort mit dem Bus nach Bethel. Das Festival sollte ursprünglich in Woodstock stattfinden, aber die Bauern aus der Gegend wollten den Veranstaltern kein Land verpachten. Die mochten dort keine kiffenden Hippies. Drum war man gezwungen, nach Bethel auszuweichen …«

»Nach White Lake, um genau zu sein«, ergänzte ich, um Many zu zeigen, dass ich mich auch ein wenig auskannte. »Wo ein Bauer namens Max Yasgur ihnen eine riesige Viehweide verpachtete.«

»Richtig. Das alles habe ich auch erst viel später erfahren«, gestand er.

Ich selbst kam durch Zufall mit Woodstock in Berührung. 1970 war das, also ein Jahr nach dem Festival, als ich zum ersten Mal im eigenen Auto in Ferien fuhr. Mit meinen Freunden Rudi, Fredy, Erwin und Hammer wollte ich sechs Wochen durch Europa cruisen: Paris, London, Amsterdam. In London hielten wir uns zwei Wochen auf. Dort lernten Erwin und ich zwei hübsche Mädels kennen, die uns überredeten, mit ihnen ins Kino zu gehen, in die Nachmittagsvorführung. Der Film hieß »Woodstock« und dauerte mehr als drei Stunden. Es war am Ende mehr als ein Film, eine Offenbarung, und die hat uns alle dermaßen traumatisiert, positiv traumatisiert, dass wir im Kino sitzen blieben und uns die Abendvorstellung auch noch ansahen. Als wir nach sechs Stunden wie betäubt aus dem Filmpalast auf die Straßen von Soho traten, war ich ein anderer Mensch geworden. Die Hippies, die Musik, das freie Leben hatten mir gezeigt, wie man leben kann, ohne den eingefahrenen Geleisen der Alten zu folgen. Meine Entscheidung, nach dem Abitur kein Studium zu beginnen, stattdessen Hasch aus Marokko zu schmuggeln und nach Ibiza zu ziehen, hatte, wie mir heute klar ist, ursächlich mit diesem Film zu tun ... Und jetzt drehte ich auf dem Gefängnishof Runden mit einem Mann, der damals live dabei gewesen war. Von Anfang an spürte ich eine Seelenverwandtschaft zu Many. Während dieser ersten gemeinsamen Hofstunde erzählte er mir also von Woodstock: wie er mit Richy Havens gesprochen hatte, wie er zum ersten Mal gekifft hatte, wie er in den drei Tagen dreimal seinen Vater im Gedränge verloren und wieder gefunden hatte, und wie der ihm eine Ohrfeige gab, weil er einen Joint in der Hand hielt. Da Manys Leben aber mehr war, als die Reise nach Amerika und die Teilnahme an diesem Festival, will ich die Geschichte seines Lebens von Anfang an erzählen.

Manfred Erich Wernicke wurde am 27. November 1955 in Mainz-Kostheim geboren. Er war das Älteste von sechs Kindern des Hilfsarbeiters Franz Wernicke und seiner Frau Inge, die, Many zufolge, zwar eine herzensgute Mutter war, aber an einer mittleren Intelligenzminderung litt. Die Familie lebte in einer sozial prekären Randsiedlung von Kostheim, einem Stadtteil, der auf der hessischen Rheinseite liegt und heute zu Wiesbaden gehört. Dort also kam Many in einer Holzbaracke zur Welt, fast im Jahresabstand gesellte sich ein weiteres Kind dazu, drei Mädchen und noch zwei Buben. Anfang der sechziger Jahre stand eines Nachts die Hütte in Flammen, es gelang der Mutter gerade noch, mit den drei Ältesten zu entkommen, bis die Feuerwehr endlich kam, waren die drei Kleinsten in ihren Bettchen verbrannt. Many erzählte mir, dass die Mutter überzeugt war, der alkoholkranke Vater habe ihr gemeinsames Haus angezündet, aber das konnte nie bewiesen werden. Wenngleich Spuren von Brandbeschleunigern gefunden wurden, kam der Fall zu den Akten. Immerhin nahm das Jugendamt erstmals Notiz von den Zuständen in der Familie Wernicke und verfügte, dass man die überforderten Eltern entlasten müsse. Many, der Älteste, wurde in ein Wiesbadener Kinderheim eingewiesen, die Geschwister Helmut und Martina durften bei den Eltern bleiben, denen die Stadt ein anderes Quartier zuwies. Nachdem Manfred im Heim lebte, entfremdete er sich zwangsläufig von seiner Familie, der wohl auch die finanziellen Mittel fehlten, ihren Sohn regelmäßig zu besuchen. Halten wir fest: Trauma Nummer eins.

Der kleine Manfred verließ das Heim nicht gemeinsam im Bus mit den übrigen Kindern, denn irgendwer hatte beschlossen, ihn auf eine Sonderschule zu schicken. Das bedeutete, er machte den Weg zu dieser Schule täglich allein zu Fuß. Er erinnerte sich, dass er zum Frühstück nie genug bekam, und sein Pausenbrot aß er schon auf dem Schulweg auf. Im Herbst entdeckte er in einem Garten, an dem er täglich vorüberkam, einen Apfelbaum. Er blieb stehen und betrachtete die reifen Äpfel, und als er niemanden sah, der ihn hätte erwischen können, öffnete er das niedrige Gartentörchen, lief rasch zu dem Baum und pflückte sich einen dicken Apfel. Den nahm er mit und aß ihn in der Schule. Und da ihn auch in den Tagen danach niemand hinderte, wurde es ihm zur Gewohnheit, sich dort morgens einen Apfel zu stibitzen. Der Grund dafür, dass er nie ertappt wurde, lag darin, dass der Garten einem Rentnerpaar gehörte, das um die Zeit, wenn der kleine Many an ihrem Haus vorbeiging, noch in den Federn lag. Aber eines Tages war die Frau früher als sonst in der Küche und beobachtet den kleinen Mundräuber. Fortan sahen die Leute, die sich hinter dem Vorhang hielten, wie sich Many allmorgendlich seinen Apfel pflückte. Sie waren Engländer, der Mann hatte nach dem Krieg bei der Royal Air Force gearbeitet, und als er pensioniert wurde, da hatten sie sich an das Leben in Wiesbaden gewöhnt, kauften sich dieses Haus mit Garten und blieben.

Als die tiefhängenden Äpfel gegessen waren und Many sich gehörig strecken musste, um an die höher hängenden Früchte heranzureichen, trat John aus dem Haus und überraschte ihn. Hier wäre jetzt der Dialog interessant, wie der Konflikt zwischen Dieb und Gartenbesitzer gelöst wurde, aber dann würde diese Geschichte zu lang. Manys Bericht zufolge, erkundigte sich John nach den Umständen, und als er erfuhr, dass der Junge aus dem nicht weit entfernten Kinderheim kam, nahm er ihn mit ins Haus und stellte ihn seiner Frau Mary vor. Nachdem er den Leuten gebeichtet hatte, den täglichen Apfel nur deshalb geklaut zu haben, weil er Hunger hatte, weil er im Heim nicht genug zu essen bekam, schmierte ihm Mary erst einmal ein Butterbrot, ehe sie ihn seinen Schulweg fortsetzen ließen. Von dem Tag an, holte Many sich bei den netten Engländern sein tägliches Schulbrot ab, und es vergingen nicht viele Tage, ehe er auch nach der Schule bei den Leuten vorbeischaute. Nachdem er ihnen nach und nach seine Geschichte erzählt hatte, schlossen sie den Jungen ins Herz. Sie nahmen Kontakt zur Heimleiterin auf und erklärten sich bereit, Manfred täglich nach der Schule ein paar Stunden zu betreuen. Weil dem nichts entgegenstand, willigte die Dame ein, das Ehepaar Gooding stellte sich bei ihr vor, und für Many begann eine glückliche Zeit. Da die Goodings keine eigenen Kinder hatten, also auch keine Enkel, schenkten sie Manfred ihre Großelternliebe. Nach einer Weile fühlte er sich bei den Engländern zuhause, sie machten ihm ein Zimmer frei, und was ihm noch stark in Erinnerung geblieben war, er hatte fortan keinen Hunger mehr. Das Ehepaar Gooding hatte praktisch die Rolle von Pflegeeltern übernommen.

Nach zwei Jahren stellten sie beim Jugendamt den Antrag, Manfred adoptieren zu dürfen. Inzwischen war er zehn Jahre alt, sollte demnächst die Sonderschule verlassen und wieder in die Volksschule integriert werden, was nicht zuletzt daran lag, dass Mary ihm bei den Hausaufgaben half und ihm ein positives Lebensgefühl vermittelte, sie damit Bindung zu dem Kind herstellte, bei dem Vertrauen und Liebe aufkeimten. Seine leiblichen Eltern hatte er seit er in dieses Heim eingewiesen worden war, nur einmal gesehen, von seinen jüngeren Geschwistern wusste er gar nichts mehr. Der Antrag auf Adoption wurde nach langem Hin und Her sowohl von der Heimleiterin als auch von der zuständigen Person im Jugendamt Wiesbaden befürwortet. Widerstand kam von unerwarteter Seite: Manfreds Vater Franz, der sich seit Jahren nicht um seinen ältesten Sohn gekümmert hatte, legte beim Familiengericht Widerspruch ein. Es kam zu einem nervenaufreibenden Verfahren, welches schließlich in einem negativen Adoptionsbeschluss endete. Die Goodings durften den Jungen, der sich längst an sie gewöhnt hatte, nicht adoptieren. Damit hatten sie nicht gerechnet. Der ihnen per Einschreiben zugestellte Beschluss des Familiengerichts riss John buchstäblich die Seele aus dem Leib: Er erlitt einen Herzinfarkt und verstarb noch ehe der Notarzt zur Rettung erschien. Ein paar Tage darauf nahm Mary eine Überdosis Tabletten und folgte ihrem Ehemann. Wie sich das auf Manfred auswirkte, mag man sich vorstellen. Trauma Nummer zwei.

Seine Hoffnung, bei John und Mary aufgenommen zu werden, war also innerhalb einer Woche zerstoben, was ihn sehr verstörte, um es einmal vorsichtig zu sagen. Er musste also weiter in diesem Heim bleiben. Wie es ihm dort erging, ist mir nicht erinnerlich. Irgendwann in dieser Zeit, inzwischen war er 13 Jahre alt, durfte er einmal im Monat seine Eltern und Geschwister besuchen. Im Frühsommer 1969 machte ihm sein Vater dann den Vorschlag, ihn auf der vom amerikanischen Militär subventionierten Reise zum Woodstock-Festival zu begleiten. Es versteht sich von selbst, dass er zusagte, wenngleich er keine genaue Vorstellung davon hatte, was ihn dort erwartete. Um es mal so zu formulieren: Woodstock wurde zum Erlebnis seines Lebens! Wann immer er später im Knast die Musik hörte, die er live auf dem Festival erlebt hatte, wurde er sentimental, und dicke Tränen der Freude suchten einen Weg durch seine stoppeligen Backen, insbesondere bei Bob Dylans Liedern. Musik war somit immer ein Thema zwischen uns. Aber weiter mit seiner Lebensgeschichte.

Nachdem er die Grundschule ordentlich beendet hatte, im Frühjahr 1970 dürfte das gewesen sein, wechselte er auf Betreiben des Jugendamtes vom Kinderheim in ein Lehrlingswohnheim und begann eine Lehre bei einem Schneider in Wiesbaden. Er lernte also Nähen und was ein Schneider sonst noch alles draufhaben sollte. Die Lehre schloss er mit der Gesellenprüfung ab, wurde aber aus einem bestimmten Grund nicht weiter in der Schneiderei beschäftigt. Wahrscheinlich ließ er des Öfteren Sachen mitgehen, mal eine Schere, mal ein paar Meter Stoff, so genau erinnere ich mich heute nicht mehr. Woran ich mich allerdings erinnere: Er erzählte mir, dass er in der arbeitslosen Zeit mehrfach beim Diebstahl ertappt wurde, was auch irgendwie zu seiner Art passte. Einmal wurde er erwischt, wie er von einem Getränkevertrieb einige Kästen Leergut mitgehen lassen wollte. Many war bestimmt kein geschickter Dieb, denn Verschlagenheit gehörte nicht zu seinem Repertoire. Er war langsam im Denken, erkannte Gefahr zu spät, fiel immer wieder auf Bullshit-Artisten herein, ließ sich jeden Scheiß erzählen, und es dauerte lange, bis er die Stirn zum Zweifel faltete. Mein Freund war gewiss kein Mann der Großhirnrinde, seine Qualitäten lagen im Limbischen System, um es einmal ein wenig geschwollen auszudrücken. Many »fühlte« sich durch die Welt. Selten habe ich jemanden so befreit lachen hören, so vertrauensvoll das Tor seiner Seele öffnen, so spontan und gerührt vor Freude weinen sehen. Andererseits konnte ihn große Angst überwältigen, und mehr als einmal musste ich ihm beispringen, wenn ein kleiner Schisser ihn bedrohte. Der größte Teil der Gefangenen, jedenfalls die, die ihr bisschen Intellekt wie einen Sack voll Ballast mitschleppten, hielten Many für einen Idioten, mit dem sie niemals einen kriminellen Plan geteilt, ja noch nicht einmal ein Gespräch geführt hätten. Sie foppten ihn, versuchten, ihm das Fürchten beizubringen und rissen ihre blöden Witze auf seine Kosten. Menschen wie Many haben es schwer im Gefängnis. Die klügeren, berechnenderen Kerle unter den Ganoven konnten wenig mit ihm anfangen, ließen ihn immerhin in Ruhe. Kaum einer von ihnen erkannte, wie viele Faden das Lot hinab in seine Seele reichte. Ich bin überzeugt, der neugierige Dr. Freud hätte seine Freude daran gehabt, Many auf seiner Couch erzählen zu lassen. Zurück zum Leben.

Jedes Mal nachdem er beim Diebstahl erwischt worden war, wurde die Polizei verständigt, und irgendwann hatte der Jugendrichter wohl die Geduld und die Laune verloren. Many wurde erstmals für drei Jahre inhaftiert und musste zwei davon absitzen. Im Knast lernte er einen Nichtsnutz kennen, der ihn zu weiteren Straftaten überredete: Weitere Diebstähle, eine Reihe von Einbrüchen und eine Körperverletzung folgten. Ein beherzter Bauer, an dessen Opel sie sich zu schaffen machten, packte die beiden Amateure beim Schlafittchen und übergab sie den Wachtmeistern. Diesmal wanderte Many für vier Jahre in den Bau, die er bis zum letzten Tag absitzen musste. Inzwischen war er 28 und knasterfahren, will heißen, das Gefängnis selbst machte ihm keine Angst mehr, es waren die Mithäftlinge, die ihn beunruhigten. Das bestimmte wohl auch seinen Entschluss, dem kriminellen Milieu den Rücken zu kehren: Die penetrant-aggressive Schikane seitens seiner Knastkumpane hatte ihn quasi »resozialisiert«. Hinzu kam, dass er durch einen verständnisvollen Bewährungshelfer namens Franz Brückner einen Job in einer Gärtnerei vermittelt bekam. Und mehr als das: Der Besitzer des Betriebs, ein Mann namens Ewald Heim bot ihm sogar eine kleine Wohnung an. Für Many begann wieder eine Zeit, in der ihm die Sonne ins Leben schien, in der das Glück sich am Horizont zeigte.

Zum Erstaunen seines Chefs arbeitete sich sein Hilfsgärtner Manfred rasch in die Materie ein, lernte Kopfsalat von Blumenkohl zu unterscheiden … Spaß beiseite. In den Pausen spielte er mit Abba, dem Boxer, anstatt, wie die beiden Kollegen, zu qualmen und heimlich Dosenbier zu süffeln. Nach einem halben Jahr rief der Gärtner den Bewährungshelfer an, um sich für die Vermittlung des gelehrigen und fleißigen Arbeiters zu bedanken. Er stellte Many fest in seinem Betrieb an.

In der Folgezeit kam es zu Ereignissen, die seinen weiteren Lebenskurs stark beeinflussten. Abba, die Boxerhündin, brachte vier Welpen zur Welt, von denen sich Many einen aussuchen durfte. Der Hund wurde zu seinem treuen Begleiter und Gefährten. Er nannte ihn Bosko. Es fiel mir nicht schwer, mir vorzustellen, wie liebevoll mein Freund das Tier behandelte, wie viel Zeit die beiden zusammen verbrachten. Gerade solche Menschen, die in ihrem bisherigen Leben allerhand menschliche Enttäuschungen erlebt haben, die selten liebevoll berührt wurden, können in einem Hund, einer Katze oder einem Pferd den »Freund« oder die »Freundin« finden, die sie unter den Menschen nie fanden. Many, der angehende Gärtner war endlich glücklich. Das Schicksal meinte es gut mit ihm.

Ewald Heim, der im eigenen Haus gleich neben den Gewächshäusern mit seiner Frau und den drei Töchtern lebte, erfuhr eines Tages von seiner Gemahlin, dass sich ihre jüngste Tochter Hanna in »den Manfred« verliebt habe, dass sie sogar schon »ein Kindchen« von ihm erwarte. Und wie reagierte der Mann: Er ließ Many ins

Haus rufen, fragte Hanna, ob sie ihn liebe und seine Frau, was sie davon halte, und gab am Ende der Beziehung seinen Segen, wie man sich früher einmal auszudrücken pflegte. Elterlicher Segen hin oder her, wir befinden uns inzwischen in den achtziger Jahren, als junge Menschen längst selbst entschieden, wen sie lieben und wen sie heiraten wollten. Die 18-jährige Hanna und Many waren fortan ein Paar, und diese Verlobung wurde gefeiert. Die Heims besaßen noch ein Haus in Mainz-Mombach, in welchem zu der Zeit gerade eine der beiden Wohnungen frei wurde. Die bot der Schwiegervater in spe dem jungen Paar an, und wie man sich vorstellen kann, willigten die beiden sofort ein. An den folgenden Wochenenden vernachlässigte Ewald die Treibhäuser ein wenig und half Many, die Wohnung zu renovieren. Als Hanna im sechsten Monat war, zogen sie in Mombach ein. Ewald finanzierte seinem Schwiegersohn noch den Führerschein, kurz darauf wurde im Haus der Eltern geheiratet.

Manys Mutter war zwischenzeitlich verzogen, aber sie hielt Kontakt zu ihm. Der Aufenthaltsort seines Vaters war unbekannt, er hatte ihn zuletzt vor seiner zweiten Haft gesehen. Da hatte der alte Wernicke, schon deutlich vom Alkohol gezeichnet, tatsächlich alt ausgesehen. Den Job bei den Amis war er längst los, mag sein, dass er damals schon obdachlos war. Zu seinen Geschwistern Helmut und Martina, beide inzwischen verheiratet, hatte Manfred schon lange den Kontakt verloren. Aus Manys Familie kam niemand zur Hochzeit.

Um von Mombach zur Gärtnerei in Budenheim zu fahren, gab ihm Ewald den Firmenkäfer, eine ziemlich ramponierte alte Kiste, die aber noch tadellos lief und lief und lief … Dann ging für Many von einem zum anderen Tag die Sonne unter. Als er am späten Nachmittag von der Arbeit kam, war weder Hanna zu Hause, noch lag Bosko in seinem Korb. Das war zwar ungewöhnlich, aber zunächst machte sich der angehende Familienvater Wernicke keinen Kopf. Erst als gegen 21 Uhr die Polizei vor der Tür stand und mitteilte, dass eine hochschwangere junge Frau und ein brauner Hund beim Überqueren des Zebrastreifens von einem Auto erfasst und tödlich verletzt worden seien, erfuhr Many was geschehen war. Der Fahrer des Wagens sei betrunken gewesen, die Staatsanwaltschaft habe Untersuchungshaft angeordnet. Ob der Herr Wernicke wohl in der Lage sei, seine Frau am nächsten Morgen zu identifizieren ... Trauma Nummer drei.

Noch in der Nacht verließ Many die Wohnung und fuhr in die Mainzer Innenstadt. Er hatte einen Plan: Er beschloss, den Mann zu töten, der sein Glück zerstört hatte. Er randalierte und warf mit einem Stein das Schaufenster einer Bäckerei in Trümmer, darauf hoffend, verhaftet zu werden und ins Mainzer Gefängnis eingewiesen zu werden, wo er den Schuldigen vermutete. Der Plan gelang nur in Phase eins. Als er sich am nächsten Morgen nach schlafloser Nacht auf dem Hof bei einem Häftling nach dem Kerl erkundigte, der am Vortag im Alkoholrausch eine schwangere Frau überfahren hatte, musste er erfahren, dass sich der Mann in der Nacht erhängt hatte. Er hatte sich selbst gerichtet. Nachdem die näheren Umstände, die zu Manys nächtlicher Randale geführt hatten, offenkundig wurden, hob der Staatsanwalt den Haftbefehl auf, er wurde wieder nach Hause geschickt. Man billigte ihm den »psychogenen Ausnahmezustand« zu, eine Diagnose, die bei der Justiz selten zum Tragen kommt. Draußen auf der Straße tauchte er in eine düstere Wolke ein, die seine Seele umschloss: Der Tod Hannas, des Kindes und Boskos warfen ihn völlig aus der Bahn. Bei der Beerdigung brach er tränenüberströmt zusammen und musste notärztlich ruhiggestellt werden. Fortan tauchte er nicht mehr zur Arbeit in der Gärtnerei auf, meldete sich nicht mehr bei der Familie Heim, die selbst in Verzweiflung und Trauer erstarrt war.

Irgendwann gab mir Many das Urteil zu lesen, in dem er wegen Mordes zu einer lebenslangen Haftstrafe verurteilt worden war, die er verbüßte, als wir uns kennenlernten. Als ich bei der Schilderung seines bisherigen Lebenslaufs zu der Stelle kam, an der der tragische Unfall, bei dem Hanna ums Leben gekommen war, in kalten knappen Worten erwähnt wurde, musste ich eine Lesepause machen. Die existentielle Wucht, mit der Many Hannas Tod erlebte, drang miasmatisch aus dem Gerichtsdokument, so dass ich erst einmal nicht mehr weiterlesen konnte. Ganz gewiss hatte dieses furchtbare Ereignis unmittelbare Folgen für sein weiteres Leben.

Er ging fort aus Mainz und zog zu einem ehemaligen Knastkumpel an den Niederrhein. Ihren Lebensunterhalt finanzierten sie sich durch kleine Gaunereien, die mir im Einzelnen nicht mehr in Erinnerung geblieben sind. Was mich im Nachhinein erstaunt, ist die Tatsache, dass er nach all dem, was in seinem Leben bisher schiefgegangen war, nicht der Drogensucht verfiel. Gelegenheit hätte er gehabt, wie er mir später schilderte, zumal er ja schon im Alter von 14 Jahren auf der Woodstock-Wiese zum ersten Mal gekifft hatte. Ein Gefühl muss ihn gewarnt haben, sich mit harten Drogen zu betäuben. Heroin, eigentlich das Mittel der Wahl, um unerträgliche Seelenpein zu lindern, machte ihm Angst. Hätte er sich darauf eingelassen, wäre es wahrscheinlich sehr schnell mit ihm bergab gegangen, denn den Kampf mit dem Tiger namens Heroin bestehen traumatisierte Menschen selten, zumal es ein Kampf bis zum meist bitteren Ende ist.

Da mir auch die Chronologie der nächsten zwei drei Jahre nicht mehr im Gedächtnis haften geblieben ist, vernachlässigen wir diese Zeitspanne, und verlassen uns einmal auf die nur scheinbar banale Beobachtung Ludwig Wittgensteins, der erkannte: »Was sich überhaupt sagen lässt, lässt sich klar sagen, und wovon man nicht sprechen kann, darüber muss man schweigen.« Über kurz oder lang landete Many wieder vor einem Richter: Diebstahl, Einbruch in eine Autowerkstatt, Betrug. Die diesmal für seine »Resozialisierung« veranschlagten vier Jahre verbrachte er in der JVA Krefeld, arbeitete dort in einem metallverarbeitenden Betrieb, ehe er 1992 aus dem Gefängnis entlassen wurde. Das Jobcenter, für prekäre Existenzen wie gerade aus der Haft Entlassene zuständig, wies ihm eine Wohnung in einer heruntergekommenen ehemaligen Arbeitersiedlung zu. Seine Ersparnisse beliefen sich auf knapp tausend Mark, seine gesamte Habe hatte er in fünf Pappkartons verstaut, als er vor dem Haus ankam, in welches er einziehen sollte. Manys Schilderung zufolge handelte es sich um eine graue Mietskaserne, bei der außer Stromanschluss, fließendem Wasser und einer ganzen Batterie von Mülltonnen im Hinterhof nichts Positives anzumerken bleibt. Das Amt hatte ihm eine Zweizimmerwohnung im vierten Stock zugeteilt, und Knastbruder Manfred machte sich daran, die Kisten nach oben zu tragen, die ihm der Pritschenwagen eines Kleinunternehmers, der üblicherweise Gartenabfälle und Bauschutt transportierte, angeliefert hatte. Von Wert war eigentlich nichts, was er als Umzugsgut mitbrachte, von ideellem Wert für ihn selbst vielleicht: kiloweise Illustrierte, Pornohefte und ein tragbares Fernsehgerät. Wichtiger für ihn: Er war physisch gesund, das Trauma des Verlustes von Frau, Kind und Hund hatte sich mit den Jahren tiefer in seine Seele verkrochen. Als er gerade mit dem letzten Karton im Treppenhaus unterwegs war, kam es auf dem zweiten Stock zu einer unerwarteten Begegnung. Dort hatten zwei Frauen mitbekommen, dass ein neuer Mieter einzog, und neugierig wie sie waren, wollten sie den Mitbewohner gleich kennenlernen. Es handelte sich um Sylvia und Christa Berden, zwei Schwestern, die dort zusammenwohnten. Sie dürften Mitte Dreißig gewesen sein, körperlich beide von beeindruckender Korpulenz und Größe. Ein wenig beschwipst, wie Many sich zu erinnern meinte. Die Damen waren gut drauf, wie man so sagt. Man stellte sich gegenseitig vor und Christa, die ältere der beiden, lud den Neumieter Many zu einem Glas Sekt ein. Mit einer solchen Empfangsdelegation hatte Many nicht rechnen können, dementsprechend in gute Laune versetzt, plante er, der Einladung der Schwestern zu folgen, sobald er seinen Krempel in der Wohnung abgestellt und die »Hausordnung« mit der Concierge besprochen hätte: Kein Lärm nach 22 Uhr, kein Müll im Treppenhaus, keine gewalttätigen Auseinandersetzungen mit den Nachbarn.

Als er bei Sylvia und Christa klingelte, öffneten ihm die Damen in Reizwäsche, und meine Überraschung hielt sich in Grenzen, als Many mir berichtete, dass er nach zwei Gläsern Sekt nackt und mit einsatzbereiter Latte zwischen den Schwestern auf der Couch saß. Was mehr kann sich ein gerade aus dem Knast entlassener Mann, der sich mit einem akuten Samenstau herumplagt, erhoffen, als eine solche Empfangsparty! *Bref:* Many wurde von den Frauen verwöhnt, sie fickten ihn, bis ihm der Schweiß über die Brust rann. Die erotischen Details, die mir Many genüsslich erzählte, wollen wir uns ersparen, vielleicht nicht unerwähnt lassen, dass sich der unerwartete Lover am Ende gefesselt auf dem Bett wiederfand, wobei eine der beiden ihre Pflaume über seine Nase stülpte, während die andere sich seinen inzwischen rotglühenden Pfahl ins Loch stopfte. So verlief also der erste Tag in der neuen Krefelder Wohnung. Es gab wahrlich keinen Grund für

Many, sich beim Amt oder der Bewährungshilfe zu beklagen. Er war in der Grubenstraße angekommen.

Es dauerte nicht lange, was sage ich, vom ersten Tag an hatte Many zwei Weiber zu seiner sexuellen Verfügbarkeit, und ich sage bewusst Weiber, weil wie sich bald herausstellte, handelte es sich bei den Berden-Töchtern um den Typ Frau, der im Volksmund als Schlampe bezeichnet wird (auf die Gefahr hin, dass man mir Blindheit gegenüber dem psychologischen Modell der Persönlichkeitsbildung unterstellt, so weiß ich, dass ich kein Recht habe, wen auch immer vulgär zu verunglimpfen, aber lassen wir es mal so stehen, wir wissen, was gemeint ist). Es dauerte nicht lange, und sie wetteiferten um Manys Gunst, sowohl Sylvia als auch Christa wollten ihn exklusiv für sich besitzen. Der Schwesternzwist eskalierte in einer Schlägerei, wobei die stärkere Christa ihre jüngere Schwester kurzerhand hinauswarf. Sie sollte in Manys Leben nicht mehr auftauchen. Many kündigte seine eigene und zog in die Wohnung seiner Freundin im zweiten Stock. Inzwischen hatte Christa entdeckt, dass ihr neuer Freund labil und leicht manipulierbar war. Zunächst outete sie sich als Sadistin, trieb allerlei schmerzhafte Sexspiele mit ihm, ehe sie anfing ihn auszubeuten. Sie nahm ihn quasi an die Leine und schleppte ihn durch alle Sado-Maso-Clubs der Gegend, die Region von Maastricht inbegriffen, wo perverse Kunden ihn auf Honorarbasis quälen durften. Auch dazu hatte mir Many viel erzählt, eine Subkultur, von der ich bis dahin keine Ahnung hatte: Swingerclubs, Lederfetischisten und dergleichen Extravaganzen mehr. Neben seinen erotischen Wochenendeinsätzen fand er einen Job in der Metallbranche, wo er täglich acht Stunden schuftete. Und weil er gerne wieder ein Haustier besessen hätte, kaufte er von seinem Lohn drei Perserkätzchen: Binnie, Line und Kenny, den kleinen Kater. Den Tieren galt, wie Jahre davor schon dem Boxer, seine ganze Zuneigung. Manys Leben bewegte sich Mitte der neunziger Jahre wieder in halbwegs stabilen Verhältnissen. Er machte seiner Freundin einen Heiratsantrag, sie war einverstanden. Einen Kerl, der sich auch im Alltag sadistische »Spielchen« gefallen lässt, findet frau nicht so leicht. Sicher hatte Many masochistische Neigungen, was er mir gegenüber aber nicht eingestehen wollte. Zwei Jahre waren die beiden verheiratet, als Christa, um ihrem Mann weh zu tun, die erste Katze tötete. Als Many von der Arbeit kam und sein Fahrrad im Hof abstellte, fand er Binnis abgetrennten Kopf neben den Mülltonnen, ihren schon steifen Körper in der Biotonne. Außer sich vor Gram und Zorn stürmte er in die Wohnung, wo ihm seine Frau entgegengrinste. Welcher Dialog sich dabei entwickelt haben mag, überfordert gerade meine Phantasie. Christas anschließende Aufforderung zum Sex lehnte er empört ab, der gewaltsame Tod der Katze hatte für ihn nichts Erregendes. Many wird wohl ein paar Tränen vergossen haben, ehe er sich mit den beiden überlebenden Kätzchen tröstete. Vier Wochen später ereilte Line dasselbe Schicksal. Vor Zeugen drohte er danach seiner Frau an, sie »totzuschlagen«, sollte sie es wagen, sich auch noch an Kenny, dem weißen Kater zu vergreifen. Aber ein Sadist, genderkorrekt eine Sadistin, kann ihr Verhalten nicht steuern, Christa wurde offenbar über ihren sexuell motivierten Sadismus hinaus, von dem Trieb geleitet, anderen Menschen Schmerz zuzufügen, auch psychischen. Das Schicksal nahm seinen Lauf: Als Many eines Tages von der Arbeit kam und den Kopf des Katers im Treppenhaus fand, drehte er durch. Mit einem einzigen Schlag ins Gesicht seiner Ehefrau tötete er sie. Als sie im Flur auf dem Teppich lag, rief er zwar noch den Notarzt, aber Christa starb zwei Tage darauf im Krankenhaus an einem Schädelbruch. Many stellte sich den Behörden und erklärte, er habe sie nicht töten wollen, den Schlag habe er ihr im Affekt verpasst, weil sie zuvor seine drei Katzen getötet habe.

Vor Gericht hatte er schlechte Karten. Einmal, weil er vor Zeugen angekündigt hatte, seine Frau zu töten, sollte sie sich an Kenny vergreifen; und dann, weil er mehrfach vorbestraft war. Mit solchen Menschen macht die Justiz gerne kurzen Prozess. Wer war schon der Arbeiter Manfred Wernicke, wen interessierte es, ob er in einer Sozialwohnung lebte, im Knast saß oder gar auf dem Friedhof lag? Many hatte vor Gericht keine Chance, und sein Anwalt, ein sogenannter Pflichtverteidiger, muss eine Niete gewesen sein, der es nicht einmal schaffte, auf Totschlag zu plädieren. Many wurde wegen geplanten Mordes zu einer lebenslangen Haftstrafe verurteilt, abzubüßen im Hochsicherheitsgefängnis zu Werl. Trauma Nummer vier.

Im März 1995 wurde er von Krefeld nach Werl verlegt, aber schon im Jahr darauf nach Diez, weil er angab, aus Gründen des weiten Weges, dort von seiner Mutter leichter Besuch zu erhalten. Als er in Diez eintraf, erfuhr er, dass diese vor ein paar Tagen verstorben war. Wenngleich die JVA Werl für ihn zuständig gewesen wäre, behielt man ihn in Diez. Eine rechtswidrige Mauschelei zwischen den Ministerien von Mainz und Düsseldorf, die gegenseitig Gefangene austauschten, ohne dass es dazu eine Rechtsgrundlage gegeben hätte.

Der Kreis schließt sich an dieser Stelle, wir kehren zurück ins Jahr 1997, als ich Many erstmals in Diez begegnete. Basiert der bisherige Bericht auf dem, was er mir über sich und sein Leben erzählte, so folgen nun Ereignisse, an die ich mich selbst entsinne.

Many war im Gefängnis ein Einzelgänger, zwangsläufig, denn keiner wollte viel mit ihm zu schaffen haben, er war das klassische »Opfer«, wie die Kids das heute ausdrücken. Zu diesem Negativimage trugen mehrere Faktoren bei: Er war langsam im Denken, jegliche Form von List lag ihm fern; er war ein Großmaul, der durch sein offensives Schwadronieren längst eine Fangemeinde von »Hatern« hatte, wobei seinem Sprücheklopfen völlig das Berechnende abging. Zuweilen kam er mir wie ein Komödiant vor, der die Leute ohne Gage unterhalten wollte; als Krimineller war er immer wieder gescheitert, als Mörder wurde er nicht ernst genommen, weil alle wussten, dass er im Affekt seine Frau erschlagen hatte, was unter den übrigen Ganoven kein Prestige generierte. In puncto »ideelle Werte«, wo er tatsächlich hätte punkten können, stößt man im Knast auf Desinteresse, wer sucht dort schon nach dem Edlen und Schönen, wen interessieren Gespräche über das Woodstock-Festival oder die Französische Revolution. So wie früher einem die Rolle des Dorfdepps zugeordnet wurde, war Many der Hanswurst vom Knasthof: Sie beachteten ihn kaum, sie hatten kein Gespür, für die Gefühlspotentiale, die in seiner Seele lagen. Er war ein grundanständiger Kerl, ohne seine Mitmenschen instrumentalisieren zu wollen, und er war loyal. Ein Charakterzug, der ihm im Gefängnis wenig nutzte, war seine Liebe zu Tieren.

Was mich dazu bewegte, ausgerechnet diesem Menschen meine Freundschaft anzubieten, entzieht sich der rationalen Analyse. Gewiss hatte es mit dem Trigger »Woodstock« zu tun, der anfangs mein Interesse an ihm geweckt hatte. Später, als er mir seine Geschichte erzählt hatte, die unter die Haut ging, wurde echte Zuneigung daraus. Zudem hatte ich auf meinen Reisen um die Welt gelernt, dass es tatsächlich diesen ideellen Wert der Würde gibt, an dem ich mich fortan immer wieder orientierte: Kein Mensch ist mehr wert als der andere! So fiel es mir dann im Knast leicht, mit jedem zu reden, jeden als Menschen mit seiner individuellen Biografie zu akzeptieren, egal ob »Kinderschänder« oder »Mordbube«, ähnlich dem Pfarrer, der alle als »Kinder Gottes« in die Kapelle einlässt. Was mir von einigen Ganoven verübelt wurde, aber damit konnte ich umgehen. Many wurde jedenfalls mein Freund, und jeder kleine Gauner, der mitbekommen hatte, dass man Many schön quälen konnte, wusste recht bald, dass er unter meinem Schutz stand. Zum besseren Verständnis: Was qualifiziert einen Häftling, im Gefängnis den Respekt seiner Mitgefangenen zu gewinnen? Einige kannten mich noch von meinem ersten längeren Aufenthalt, der gerade einmal vier Jahre her war. Andere orientierten sich an Presseberichten, wo ich als Bigtime-Gangster dargestellt wurde, aber am meisten zu meinem Image trug die Tatsache bei, dass ich nie jemanden verraten hatte und aus diesem Grund jedes Mal hoch bestraft worden war. Die Verbrecher, insbesondere die Hardcorejungs im Knast, respektierten das. Die Polizei übrigens auch, selbst wenn sie es öffentlich nicht zugeben würde. Ich spielte also von Anfang an in der Oberliga und konnte es mir nach wenigen Wochen leisten, eine »dubiose Figur« wie Many Wernicke unter die Fittiche zu nehmen. Vielleicht spielte auch meine Neigung, mich an die Seite des David zu stellen, der einer Hundertschaft Goliaths, Bullen oder Proleten gegenübersteht. Macht das Leben spannender … Aber weiter mit der Geschichte des Manfred Erich Wernicke, der seine Anträge und Briefe (ja, er schrieb auch Briefe) folgendermaßen unterzeichnete: *The Boss Bruce Springsteen, Buddy Holly and the New Yorker Madison Square Garden Show and Jimi Hendrix American Ladyland Band and James Dean and*

*Friends and the United World Man and the American Prayer and Jim Morrison and Many!*

Nach einem Jahr des Kennenlernens und des die Freundschaftvertiefens, lud ich Many sonntags zum Essen ein. In einem Eimer kochte ich Spaghetti mit drei Tauchsiedern, in der Pfanne bereitete ich ihm die Bolognese zu. Ich besaß nämlich eine Kochplatte, ein Privileg, das in der Regel nur »kulturfremden« Ausländern zustand, zum Beispiel Chinesen, damit sie täglich ihren Reis kochen konnten. Da ich in den Jahren 1992 bis 1995 in China gelebt hatte, erklärte ich mich zum Reisesser und bestand ebenfalls auf den Kulturfremden-Status …

Pünktlich nach der Sonntagsmesse stand Many vor meiner Zelle und ließ sich vom Beamten die Tür aufschließen. Dann brauchte er sich nur noch an den Tisch zu setzen und zu warten, bis ich ihm den Sonntagsschmaus in einer Plastikschüssel servierte. Er vertilgte dann eine 500-Gramm Packung Spaghetti und einen Liter Sauce, derweil ich mich auf dem Bett ausstreckte und ihm schweigend beim Essen zusah. Das wurde mit der Zeit zum Ritual: Sonntags kam Many immer zu Besuch, diesen Tag hatte ich für ihn reserviert, und er schätzte das naturgemäß sehr, denn kein anderer hätte ihn auch nur zu einem Kaffee eingeladen, geschweige für ihn gekocht. Wenn er dann satt war, fing er an zu erzählen …

Als ich ihn kennenlernte, arbeitete er als Schneider in der Wäscherei, wo er defekte Arbeitsklamotten reparierte. Da er aber dort durch seine provokanten Sprüche immer wieder für Unruhe unter den Mitarbeitern sorgte, die ihn im Gegenzug hänselten und ihm die Laune verdarben, bat mich der Leiter des Betriebes, mit dem mich ein korrektes Verhältnis verband, ein Gespräch mit dem Lehrer Herbst zu führen, »ob der den Wernicke nicht in der Bücherei einsetzen« könne. Der Anstaltspädagoge, ein Mann ohne Vorurteile und mit Herz, sagte zu, und fortan war mein Freund damit beschäftigt, in der Bibliothek der Anstalt beschädigte Bücher zu reparieren. Dort befand er sich in einem relativ geschützten Umfeld, denn neben ihm arbeiteten nur drei weitere »Bibliothekare«, von denen immerhin einer ein belesener Literaturkenner war.

Da ich zu dieser Zeit schon mit dem Schreiben umfangreicher Texte begonnen hatte, kam Many eines Tages auf die Idee, ich könne ja seine Lebensgeschichte aufschreiben. Stimmt, sagte ich, bloß habe ich derzeit zu viele Projekte angefangen, die ich erst einmal zu Ende bringen wolle. Ich schlug vor, er möge doch schon mal anfangen, sein Leben aufzuschreiben, ich würde den Text dann lektorieren und in dramaturgische Ordnung bringen. Wenige Tage später klapperte auf Manys Zelle Tag und Nacht die Schreibmaschine. Nach zwei Monaten hatte er ein Manuskript von mehr als 300 maschinengeschriebenen Seiten fertig, welches er mir am Sonntag voller Stolz in die Hand drückte. Ein vogelwilder Text: Teilweise ohne Satzzeichen, viele Zeitsprünge, keine chronologische Folge, keine logische Zuordnung erkennbar, eine Menge Arbeit also, ganz gewiss mehr als das, was man unter einem Lektorat versteht. Dennoch versprach ich meinem Freund, mich mit seinem »Manuskript« zu befassen, sobald ich mit dem Drehbuch fertig wäre, an dem ich damals schrieb.

Ein paar Monate später stellte Many bei der Anstaltsleitung den Antrag, mit der zuständigen Psychologin therapeutische Gespräche im Hinblick auf sein Zehnjahres-Gutachten zu führen. Die Dame, ohnehin mit ihrem Job überfordert und für mehrere hundert Probanden zuständig, beauftragte Many, erst einmal einen Lebenslauf zu schreiben, dies in der Annahme, dass der »Wernicke« dazu intellektuell gar nicht in der Lage wäre. Als Many mir von dem Gespräch berichtete, schlug ich ihm amüsiert vor, der Psychologin sein Manuskript in die Hand zu drücken, dann hätte sie den gewünschten Lebenslauf. Many tat wie geheißen, aber die Dame weigerte sich, das 300-seitige Schriftstück anzunehmen. Dazu, es zu lesen, erklärte sie, fehle ihr die Zeit. Zwei Tage später lehnte sie es generell ab, mit »dem Mörder Wernicke« zu arbeiten, sie habe Angst vor ihm, denn schließlich habe er ja schon einmal eine Frau totgeschlagen!! Als ich sie daraufhin auf dem Flur ansprach, meinte sie, sie würde ein Gutachten nach Aktenlage erstellen. Mir gegenüber war sie höflich, weil ich immer wieder Gespräche mit Latinos und Afrikanern für sie dolmetschte, aber den Fall Wernicke wollte sie nicht übernehmen. Da sie allerdings nur eine von zwei Psychologinnen im Haus war, blieb nur eine Alternative. Ihre Kollegin hatte keine Angst vor Many und gab ihm bald den ersten Termin. Viel Erfolg, so der Zynismus, der mir dazu einfiel, denn einen derart massiv traumatisierten Menschen wie Many zu therapieren, traute ich der jungen Frau, die gerade ihr Studium beendet hatte, nicht zu.

Anfang September des Jahres 2003 wurde ich in den offenen Vollzug verlegt, was für Many bedeutete, dass er mit seinem einzigen loyalen Freund fortan per Brief kommunizieren musste. Ich besitze sie noch alle, seine Briefe. Es war völlig klar, dass meine Verlegung ihn in eine Krise führte, aber das war für die zuständigen Beamten kein Thema. Wenige Monate, nachdem wir uns nicht mehr täglich sahen, sondern brieflich kommunizierten, geschah etwas Einschneidendes: In der Bücherei wurden während einer »Sicherheitskontrolle« mehrere Dutzend Porno-DVDs gefunden. Wenngleich Pornohefte den Gefangenen erlaubt waren, wenngleich sie DVD-Geräte besaßen, waren DVDs mit pornografischem Inhalt nicht erlaubt. Dieses lukrative Geschäftsfeld wurde von korrupten Wärtern beackert, die die Filme in die Anstalt einschmuggelten und sich dafür von ihrem Auftraggeber in der Bücherei entlohnen ließen. Die Pornofilme wurden praktischerweise beim Büchertausch zusammen mit den von den Lesern bestellten Romanen ausgeliefert. Das System dürfte schon länger funktioniert haben, wenngleich ich davon nichts mitbekam, da ich weder einen Fernseher, noch ein DVD-Gerät auf der Zelle betrieb.

Seitens der Sicherheitsabteilung wurden Untersuchungen angestellt. Angeblich konnte keiner der vier in der Bibliothek arbeitenden Männer etwas zur Klärung der Sache beitragen. Alle, inklusive Many, erklärten, keine Ahnung zu haben, nicht einmal einen Verdacht. Eine schwierige Ermittlung, die ungewöhnliche Methoden erforderte. Als die hausinternen Ermittler nach einer Woche noch nicht weitergekommen waren, übten sie Druck auf die Verdächtigen aus. Sie holten einen nach dem anderen zum Einzelverhör, wobei man sich klarmachen muss, es handelte sich hier nicht um Drogen, sondern um legal erhältliche Pornofilme, also bestenfalls um einen Verstoß gegen die willkürliche Hausordnung. Many erklärte man, dass, sollte er nicht auspacken, was er über die Sache wusste, er sich seine für die nächsten zwei Jahre in Aussicht gestellte Überstellung ins Freigängerhaus abschminken könne. Mein Freund hielt dem Druck nicht lange stand und packte aus: Er benannte den Beamten, der die Filme einbrachte, und er denunzierte den Mitgefangenen, der die Verteilung organisiert hatte. Als das unter den Gefangenen bekannt wurde, war Many praktisch ein »toter Mann«, und weil er genau wusste, wie ich zum Thema Verrat stand, traute er sich auch nicht, mich von der Entwicklung der Dinge schriftlich in Kenntnis zu setzen (ich wusste ohnehin schon Bescheid). Er schämte sich mir gegenüber, und er fürchtete sich vor den Inhaftierten, die ihm seinen Verrat mehr als verübelten. Von dem Tag an konnte er seine Zelle nicht mehr verlassen. Der korrupte Wärter wurde aus dem Dienst entlassen, der Porno-Verteiler für ein paar Wochen in den Bunker gesperrt. Aber Many, den Hauptleidtragenden, »die Ratte«, lieferte man dem Volkszorn aus.

Ein der Russenmafia zugerechneter Mörder drohte ihm durch die verschlossene Zellentür an, ihm den Hals abzuschneiden, falls er ihn je noch einmal auf dem Hof begegne. Tagelang suchten Onanisten auf Entzug seine Bude auf, hämmerten gegen die Tür und stießen Verwünschungen gegen den Verräter aus. Nach zwei Wochen, in denen er weder zum Duschen noch zum Spaziergang in den Hof gegangen war, fand man ihn bei der Essensausgabe mit aufgeschnittenen Pulsadern in einer Blutlache, aber er lebte noch. Im Krankenhaus flickten sie seinen Arm, offenbar hatte er die Schnitte nicht richtig geführt, ich weiß es nicht. Erst da erkannte die Anstaltsleitung, dass er in der JVA Diez nicht mehr haltbar war, man hätte ihn umgebracht, wie ein paar Jahre zuvor den Italiener, der seine Komplizen verpfiffen, und dem man kurzerhand die Kehle durchgeschnitten hatte. Der Täter wurde übrigens nie ermittelt.

Nachdem Manys Wunden einigermaßen versorgt waren, verlegte man ihn in die JVA Frankenthal. Aber auch dort wussten die Gefangenen schon als er aus dem Bus stieg, dass hier »die Ratte aus Diez« eingetroffen war. Als er nach zwei Tagen den Hof zum ersten Mal betrat, verprügelte man ihn nach Strich und Faden, denn niemand war da, der sich für ihn eingesetzt hätte, kein Wärter und kein Strolch. Am selben Abend klappte es dann mit dem Schneiden: Am Morgen fand man meinen Freund tot in der Zelle.

Als ich ein paar Tage danach davon erfuhr, war ich ebenso empört wie deprimiert. Für mich war es der Gefängnisdirektor, der Many auf dem Gewissen hatte. Der hätte dafür sorgen können, dass man in Sachen DVD-Schmuggel sensibler ermittelt oder den Fall ganz eingestellt hätte. Ich sehe es heute noch für Wahnsinn an, einen labilen Mann wie Manfred Wernicke unter Druck gesetzt zu haben, und als er geliefert hatte, ihn den Schakalen auszuliefern. Es dauerte sehr lange, bis ich mich mit dem Verlust meines Freundes abfinden konnte. Zu spät fiel mir ein, dass ich mich um das Manuskript bemühen sollte, um sein Leben postum doch noch aufzuschreiben. Ich nahm, inzwischen aus der Haft entlassen, Kontakt zur JVA Frankenthal auf, um mich nach dem Verbleib der Habe zu erkundigen. Man dürfe keine Auskunft geben. Ich log, indem ich behauptete, Manys Fernsehgerät in Besitz zu haben, welches ich den rechtmäßigen Erben, wahrscheinlich seine Schwester, gerne zukommen lassen wollte, bloß um an deren Adresse zu kommen und mich um das Manuskript zu bemühen. Kein Erfolg, ich möge mit dem Pfarrer reden. Doch dieser Pfarrer wollte mir auch nicht helfen: Schweigepflicht ... So verlor sich die Spur meines Freundes im Nirgendwo, weder weiß ich, wo er bestattet wurde, noch was mit seinem Manuskript geschehen ist. Es hat fast zwanzig Jahre gedauert, bis ich seine Geschichte endlich aufschreiben konnte. Allzu gerne hätte ich eine mit gutem Ende geschrieben, aber das Glück wollte von Many scheinbar nicht gefunden werden. Und noch einmal Horaz: Mors ultima linea rerum est! R.I.P. mein Freund!

## König der Ausbrecher

Sollte diese oft zu Unrecht bemühte Metapher auf einen mir bekannten Gangster zutreffen, dann auf den in Frankreich und Deutschland umtriebigen Bankräuber, Einbrecher und Autodieb Peter Kunz. Zweimal in seiner erstaunlichen Karriere entkam er aus dem Polizeigewahrsam, dreimal brach er unter spektakulären Umständen aus Hochsicherheitsgefängnissen aus, zwei Mal allein aus der JVA Diez, wo ich ihn Ende des Jahres 2004 kennenlernte. Wollte ich seine ganze Geschichte erzählen, wäre ich in zwei Jahren noch nicht damit fertig. Daher beschränke ich mich auf seinen zweiten Ausbruch aus dem Gefängnis in Diez an der Lahn, einem alten Zuchthaus der höchsten Sicherheitsstufe.

Zu Beginn des Jahres 1980 wurde Peter aus der JVA Frankenthal in die JVA Diez verlegt. Im Jahr zuvor war er zweimal aus der Zelle des Polizeikommissariats in Bad Orb entkommen, was ihm die Justiz sehr verübelte. Diesmal wollte man bei dem Ein- und Ausbrecher kein Risiko eingehen und verlegte ihn in das Hochsicherheitsgefängnis nach Diez. Von dort verbrachte man den Untersuchungshäftling ein paar Wochen später nach Trier, wo er richterlich zu einer Reihe von Kunstdiebstählen verhört wurde. Auf dem Rückweg nach Diez, im Schub-Bus, wie die Gefangenentransporter vollzugsintern genannt werden, lernte er Benny Wild kennen, einen Einbrecher aus dem Hunsrück. Die beiden unterhielten sich angeregt, stellten schnell fest, dass sie Seelenverwandte in Sachen krimineller Lebensführung waren, insbesondere, dass ihre Phantasie heftig darum kreiste, den Knast so schnell wie möglich wieder zu verlassen. Beide hatten erkannt, dass der Verlust ihrer Freiheit ihnen eine unerträgliche Bürde war. Noch ehe der Bus in Diez durch die Sicherheitsschleuse fuhr, hatten die beiden Ganoven verabredet, schon am nächsten Tag die Flucht zu riskieren. Den Coup hatte Peter vor seiner Reise nach Trier schon vorbereitet.

Sie entkamen versteckt im Container einer Firma, die im Gefängnis Blecheimer herstellen ließ. In der Folgezeit knackten die Komplizen Tresore und brachen in Einkaufszentren ein, nahmen schließlich einen Bankdirektor als Geisel, um sich nachts den Panzerschrank öffnen zu lassen. 1982 wurde Peter in Frankfurt wieder festgenommen, Benny, der sich im Jahr zuvor in die USA abgesetzt hatte, wurde im Jahr darauf von Interpol in Portugal geschnappt. Beide Ausbrecher trafen sich in der JVA Diez wieder. Es überraschte mich nicht sehr, als Peter mir erzählte, dass sie vom ersten Tag an einen neuen Fluchtplan ausheckten. Das heißt, er hatte lange vor Bennys Ankunft schon damit begonnen, die Logistik zu planen.

Während der sieben Monate, die er inzwischen in Diez inhaftiert war, hielt er Ausschau nach einer Schwachstelle. Diese fand sich an der Dachkante eines der vier Flügel des Zellenhauses. Der sogenannte »Cäsar-Flügel« reichte nämlich bis auf vier Meter an die Außenmauer heran, und wenn man von dem zwölf Meter hohen Dach eine gerade Linie zum jenseits der Mauer stehenden Laternenmast zog, würde das zu spannende Seil etwa zwei Meter über der Stachelrolle verlaufen, mit der die Außenmauer bewehrt war. Würde dieses etwa 20 Meter lange Seil straff genug gespannt, bestünde die Chance, die Mauer zu überwinden, ohne sich in dem Draht zu verheddern. Peter Kunz brauchte somit die Hilfe eines Komplizen, der zu einem vorher vereinbarten Zeitpunkt am Laternenmast auftauchte und ein geeignetes Seil mitbrächte. Die zweite zu klärende Frage war die, wie es zu schaffen wäre, unbemerkt aufs Dach des Gefängnisses zu gelangen. Aber auch diesbezüglich hatte er eine Idee. Würde als »Werkzeug« von außen ein Kletterseil benötigt, brauchte er innen ein sogenanntes »Engelshaar«, eine Seilsäge, mit der er das Gitter vor dem Zellenfenster durchtrennen könnte, also ein hochqualitatives Produkt, wie es Feuerwehren in ihren Werkzeugkisten mitführten. Eine wichtige Rolle kam seinem Rechtsanwalt zu, dessen Namen wir hier nicht erwähnen wollen. Handelte es sich bei Herrn Dr. B. doch um einen couragierten Verteidiger, der seinem Mandanten Kunz während der Untersuchungshaft loyal zur Seite stand, diesmal bei der logistischen Vorbereitung eines Gefängnisausbruchs. Der Anwalt hörte sich Peters Fluchtplan an und versprach, bei seinem nächsten Besuch in der JVA das gewünschte Engelshaar mitzubringen. Kein übermäßig riskantes Unterfangen, wurden Rechtsanwälte beim Eintritt in die Anstalt damals weder durchsucht noch mit Metalldetektoren gescannt. Des Weiteren versprach Dr. B., sich um einen Fluchthelfer zu bemühen, der zu einem noch festzulegenden Zeitpunkt mit dem erforderlichen Bergsteigerseil außerhalb der Anstalt präsent sein würde. Einen schnellen Wagen sollte er tunlichst ebenfalls mitbringen, da eine rasche Entdeckung der Flucht und die Verfolgung der Männer nicht auszuschließen war. Der Anwalt fand einen solchen Mann, der gegen eine angemessene Gage bereit war, das Risiko auf sich zu nehmen. Inkognito, versteht sich, denn niemand sollte seine Identität erfahren.

Nachdem logistisch alles vorbereitet war, bestimmte Peter den 26. März 1984 als Tag der Wahrheit, ein Montag, an dem die Gefangenen abends zwischen 19 und 21 Uhr Mitgefangene auf anderen Zellen besuchen durften. Der Zufall wollte es, dass wenige Tage zuvor sein Freund und Komplize Benny Wild in der Anstalt eingetroffen war. In Portugal war er, wie gesagt, Interpol ins Netz gegangen und nun auf Ersuchen der deutschen Behörden zurück nach Diez überführt worden. Es verstand sich von selbst, dass Peter seinen Kumpel in den Fluchtplan einweihte. Benny wäre gern mit von der Partie gewesen. Zu seinem Unglück nahm ihn der Abteilungsleiter Weiler allerdings in Sicherungshaft, was bedeutete, dass an seiner Zelle ein zusätzliches Hängeschloss angebracht wurde, dessen Schlüssel nur die Sicherheitsbeamten besaßen. Diese Maßnahme war Folge seines letzten Ausbruchs mit Kunz vor ein paar Jahren. Benny Wild durfte also am entscheidenden Abend seine Zelle nicht verlassen und konnte sich somit an der von Peter minutiös geplanten Flucht nicht beteiligen. Er hatte bis auf Weiteres »Schloss«, wie es im Knastjargon hieß. Ein Aufschieben gab es nicht mehr, denn der Fluchthelfer hatte vor ein paar Tagen durch den Rechtsanwalt Dr. B. grünes Licht bekommen, er würde am Montagabend punkt 20 Uhr 30 unter der Laterne stehen. Peter Kunz war gezwungen, ohne seinen Komplizen zu türmen. Stattdessen fragte er seinen Mithäftling Ernest Kaiser, ob der Lust hätte, das ungastliche Haus mit ihm zu verlassen. Lust hatte Ernest, übrigens ein wilder Kerl mit Wuschelkopf und dichtem Vollbart, wie ich einem Foto der Rheinzeitung vom 28.03.1984 entnehme. Er hätte nur mehr zwei Jahre wegen Diebstahls abzusitzen gehabt, während Peter unter anderem aufgrund eines Einbruchs in das Stauffermuseum zu Speyer (dabei entwendete er unter anderem den Reichsapfel des Heiligen Römischen Reiches Deutscher Nation!) noch mehr als sechzehn Jahre vor sich hatte und somit einen erheblich größeren Fluchtanreiz.

Als an besagtem Montag um 19 Uhr die Durchsage gemacht wurde, die Gefangenen, die einen Mitgefangenen besuchen wollten, sollten sich zum Aufschluss ihrer Zellen bereit machen, stand Peter mit einer Latzhose und Arbeitsjacke bekleidet hinter der Tür. Unter dem Latz steckten ein Paar Lederhandschuhe, eine 40 Meter lange Wäscheleine, an welcher der Kopf eines Hammers befestigt war, den er zuvor in einer Werkstatt der Anstalt hatte mitgehen lassen, sowie das Engelshaar, mit dem ein Gitter aufgesägt werden konnte. Als sich die Zellentür öffnete, stand unerwartet der Sicherheitsbeamte Weiler vor ihm.

»Na, Kunz, wollen wir wieder ausbrechen?«, scherzte er.

»Na klar, wenn ich bloß wüsste wie«, antwortete Peter schlagfertig.

Dann betrat Weiler die Zelle und schaute sich um. Nachdem er nichts Ungewöhnliches entdeckte, sagte er: »Dann wünsche ich viel Glück!«

Peter verließ seine Zelle und traf seinen Fluchtkumpan Ernest auf dem Flur. Zusammen begaben sie sich in den A-Flügel, wo sie eine Zelle ausfindig gemacht hatten, deren Fenster weder im Bereich einer Überwachungskamera lag, noch von einem Wachturm eingesehen werden konnte. Sie warteten vor der Zelle, bis ein Wärter ihnen die Tür aufsperrte. Da sie nicht wussten, wer in dieser Doppelzelle inhaftiert war, lag die Aufgabe vor ihnen, die beiden Insassen darüber aufzuklären, was sie vorhatten. Nachdem der Schließer die Tür wieder versperrt hatte, richteten die Ausbrecher das Wort an die Männer, die ihnen bis dahin völlig unbekannt waren: Wayne, ein schwarzer US-Amerikaner und Chris, ein junger Deutscher.

»Also Freunde«, begann Peter das Briefing. »Wir werden in eurer Bude einen Gitterstab durchsägen. Ich bitte darum, keinen Lärm zu machen, euch passiert weiter nichts. Ihr könnt von mir aus später sagen, wir hätten euch bedroht.«

Der Nachkomme ehemaliger Sklaven erhob sich vom Bett und versuchte zu verstehen, was hier gerade vor sich ging. Als er sich vor Ernest und Peter aufrichtete, ein Baum von einem Kerl, der sie beide um einen Kopf überragte, schüttelte er unwillig sein Haupt.

»Hier bricht keiner aus!«, stellte er fest. »Wegen euch will ich keinen Ärger haben. Ich bin Soldat und komme sicher in wenigen Tagen frei.«

»Das freut mich für dich«, erwiderte Peter. »Aber wir haben diese Operation lange geplant, und du wirst uns nicht daran hindern. Falls du Probleme machst, bleibt mir nichts Anderes übrig, als dich ans Bett zu fesseln.«

Der sich anbahnende Konflikt zwischen Goliath und David, brachte mich zum Lachen, als Peter mir die Geschichte in seinem trockenen Humor erzählte. Zum Glück mischte sich Chris ein, der seinem Zellenkollegen zur Entspannung verhalf.

»Du hast doch nichts zu befürchten, Wayne. Was geht's dich an! Wenn die später von dir wissen wollen, wer das Gitter aufgesägt hat, sagst du die Wahrheit: Du kennst die Jungs nicht. Und wenn ihr nix dagegen habt«, wandte er sich nun an Ernest und Peter, »komme ich mit. Der Laden hier gefällt mir eh nicht.«

»Kein Problem«, erklärte Peter. »Dann hilfst du uns aber beim Sägen. Los geht's! Wir haben keine Zeit zu verlieren. Punkt halb Neun steht der Fluchtwagen hinter der Anstalt, und der Typ wartet höchstens fünf Minuten.«

Wayne murrte zwar noch eine Weile vor sich hin, fügte sich aber schließlich in sein Schicksal. Spätestens als sich die Säge ins Eisen fraß, und die feinen Späne auf die Fensterbank rieselten, gab er den Widerstand auf. Es dauerte eine geschlagene Stunde, ehe der Volleisenstab durchtrennt war. Jetzt mussten sie ihn nur noch nach unten biegen, dann hätten sie ein 40 mal 60 Zentimeter großes Loch geschaffen, durch das sie die Zelle verlassen könnten. Keiner der Ausbrecher hatte Erfahrung damit, wie schwer es ist, ohne Werkzeug einen zwanzig Millimeter dicken Gitterstab zu biegen. Zunächst hängte der leichtgewichtige Peter sich ans Eisen, doch das gab keinen Nanometer nach. Schließlich umklammerte Ernest Peters Brustkorb, und Chris hängte sich an Ernest, um so mit vereintem Gewicht die Eisenmoleküle zum Nachgeben zu zwingen. Mit gebündelter Kraft legten die drei Männer sich ins Zeug. Doch das Eisen gab nicht nach. Jetzt wäre es an Wayne gewesen mitanzupacken, dessen Gewicht und Kraft die Erfolgschance gewiss erhöht hätte, aber der weigerte sich kategorisch. Mit dem Ausbruch wollte er nichts zu schaffen haben. Er schwitzte stärker als die Burschen an der Front.

Aufgeben war Peters Sache indes nicht. Mit den ledernen Handschuhen, die er sich vorher besorgt hatte, umklammerte er den Stab. Chris und Ernest hängten sich an seinen Oberkörper und zogen und rissen was das Zeug hielt. Die Zeit drängte, in einer Viertelstunde sollte der Fluchthelfer vor Ort sein, und der würde gewiss nicht warten. Mit äußerster Konzentration leiteten sie den nächsten Versuch ein, und wie durch ein Wunder gab der Vierkant mit einem Mal nach und bog sich nach unten. Sie hatten es tatsächlich geschafft. Das Loch im Gitter war auch für Ernest, den korpulentesten der drei Männer, groß genug, um sich hindurchzuzwängen. Peter schlüpfte als erster hinaus. Es versteht sich von selbst, dass er austrainiert war, so dass der Klimmzug, zwölf Meter hoch über dem Innenhof hinauf zur Regenrinne des Flachdachs ihm zwar Mut, aber kein Kunststück abverlangte. Wäre er abgeglitten, oder hätte seine Kraft nach der Anstrengung beim Sägen und Biegen nicht gereicht, es hätte sein Ende bedeutet.

Einmal oben angekommen half er erst Ernest beim Klimmzug, dann Chris hinauf aufs Dach. An dieser Stelle verabschieden wir uns von Wayne, der allein in der Zelle zurückblieb. Er würde eine einsame Stunde verbringen, eher er Gelegenheit bekäme, den Wärtern seine Geschichte zu erzählen. Unterdessen lag die nächste Etappe vor den Ausbrechern: Um vom A-Flügel zum C-Flügel zu gelangen, mussten sie das gläserne Dach über dem zentralen Lichthof überqueren. Da sie nicht einschätzen konnten, wie stabil die Scheiben waren, krochen sie auf allen Vieren im Froschgang über das Glasdach. Weder brach es ein, noch wurden sie von unten gesehen, als sie hoch über den Köpfen der Beamten in Richtung C-Flügel robbten. Zwei Minuten nach der verabredeten Zeit tauchten sie schließlich an der Dachkante auf, wo der Fluchthelfer ihre Silhouetten gegen den Himmel erkennen konnte.

Dieser Mann war der mysteriöseste aller an dieser außergewöhnlichen Flucht Beteiligten. Peters Rechtsanwalt Dr. B., den ich mir als Hasardeur von Format vorstelle, hatte den Abenteurer angeheuert. Sicher spielte die vereinbarte Gage von 20.000 Mark eine Rolle, die ihn motivierte, in das riskante Unternehmen einzusteigen. Weder wusste er, wen er zur verabredeten Zeit abholen sollte, noch kannte er die Verbrechen, die die Ausbrecher ins Gefängnis gebracht hatten. Er war ein Söldner, der von Dr. B. für einen Job gedungen worden war. Sein Name war und ist bis heute unbekannt, Peter und Ernest konnten aufgrund der Dunkelheit das Gesicht des Mannes nicht einmal erkennen. Alles was Peter über den Unbekannten sagen konnte: Er war etwa vierzig Jahre alt, sprach Deutsch mit französischem Akzent, und er fuhr einen schnellen Sportwagen, der maximal drei Passagiere aufnehmen konnte. Und er war pünktlich zur Stelle.

Sobald Peter, Ernest und Chris am Rande des Daches auftauchten, gab er aus dem Schatten des Vordaches eines der Häuser, in dem in Diez die Vollzugsbeamten wohnten, ein Lichtsignal. Peter schleuderte den Hammer über die Gefängnismauer, das Ende der Schnur dabei fest in der Hand haltend. Der Mann jenseits der Mauer trennte das Gewicht ab und band seinerseits das Ende eines stabilen Bergsteigerseil an die Leine. Ein weiteres Signal mit der Taschenlampe, und Peter holte das Seil ein. Auf dem flachen Dach bot sich lediglich ein Blitzableiter an, an welchem er es fest verknotete. Daraufhin brachte der Mann am Boden das Seil mit einer Ratsche auf Zug, so dass es in gerader Linie von dem Laternenmast hinauf zum Gefängnisdach spannte. Kaum dass die Installation beendet war, warf sich Ernest ins Seil und hangelte sich in die Freiheit. Dabei verhedderte er sich mit den Füßen im über der Mauer installierten Stacheldraht, der die Berührung wellenförmig fortpflanzte, was den Wärter, der im Wachturm saß und die Zeitung las, aufmerksam werden ließ. Er schaltete den Suchscheinwerfer ein und erkannte zu seinem Schrecken, dass er gerade Zeuge eines Ausbruchs wurde. Es muss davon ausgegangen werden, dass sowohl bei dem Beamten als auch bei den Ausbrechern der Adrenalinspiegel beängstigend anstieg, zumal sich mehrere Dinge ereigneten, die niemand vorhersehen konnte, sogenannte Imponderabilien oder Unwägbarkeiten. Kaum nämlich, dass Ernest im Seil hing, riss auf dem Dach der Blitzableiter aus der Verankerung, und hätten Peter und Chris nicht zusätzlich für Spannung gesorgt, indem sie die Schnur mit den Händen stabilisierten, Ernest wäre abgestürzt. Er hatte also eine satte Portion Glück, dass er unbeschadet jenseits der Mauer landete. Zur selben Zeit kam die zwölfjährige Tochter des Beamten, vor dessen Haus sich der Ausbruch ereignete, vom Musikunterricht zurück. Sie begriff sogleich, dass sie Zeugin eines außergewöhnlichen Ereignisses wurde. Verunsichert grüßte sie die auf der Straße stehenden Männer und verschwand in der Haustüre. Jetzt war keine Zeit mehr zu verlieren: Der Turmwächter hatte unterdessen Alarm ausgelöst, das Mädchen gewiss seinen Wärtervater informiert, und oben auf dem Dach standen Chris und Peter ratlos neben dem abgerissenen Blitzableiter. An dieser Stelle wäre die Flucht für Peter zu Ende gewesen, hätte Chris ihn nicht eindringlich aufgefordert, sich abzuseilen. Er werde ihn absichern. Es zeichnet Peter Kunz aus, dass er in derartigen Situationen – und er hat weiß Gott viele vergleichbare erlebt – das Risiko wählte und spontan handelte. Chris wickelte das Seil fest um die Fäuste, stemmte sich mit den Hacken in die Regenrinne und hieß Peter hinabzugleiten. Gemeinsam schafften sie es. Peter hangelte sich über die Mauer, Chris hielt durch und blieb allein auf dem Dach des Gefängnisses zurück, wo ihn der Scheinwerfer des Wachmannes festnagelte.

Seit einer Minute dröhnte der Alarm in den nächtlichen Himmel, doch ehe die Wärter im Inneren der Anstalt im Bilde waren, wer wo wie zu fliehen versuchte, hasteten Peter und Ernest hinter dem Unbekannten her, der sie zu seinem Auto führte, welches er zweihundert Meter entfernt hinter dem Schuppen der ehemaligen Knastschreinerei abgestellt hatte.

»Fahr du!«, befahl der Fremde Peter. »Ich kenne mich hier nicht aus.«

»Ich doch auch nicht«, war dessen Antwort.

»Und ich habe keinen Lappen«, ergänzte Ernest.

Es war jetzt nicht der Augenblick der dialektischen Lösungsfindung. Also setzte sich Peter hinters Steuer, Ernest kletterte auf den Notsitz, und der Helfer in der Not nahm auf dem Beifahrersitz Platz. Noch ehe irgendeiner der Verfolger das Auto oder gar das Kennzeichen hatte erkennen können, fuhren sie mit hoher Geschwindigkeit über den Landwirtschaftsweg, der parallel zur

Lahn in östlicher Richtung führt. Chris, der mutige Dritte im Bunde, stand unterdessen auf dem Gefängnisdach und blickte dem Scheinwerfer des Fluchtfahrzeugs hinterher. Er wurde wenig später vom Dach geholt und vermutlich mehrere Wochen in den Bunker gesperrt.

Inzwischen war es stockdunkel. Am Horizont zuckte erstes Blaulicht. Als sie die Nachricht von dem Ausbruch erreichte, hatte die Polizei sofort eine Großfahndung eingeleitet. Von Aull her, jenseits der Lahn, erschallten Martinshörner, während Peter weiter auf dem Feldweg in Richtung Staffel raste.

Ich vermute, dass Ausbrüche aus dem Gefängnis für einen Polizisten zu den beruflichen Highlights zählen, hier wird er zum Jäger. Bei der Jagd nach entwichenen Schwerverbrechern müssen die Bullen nicht im Unbekannten stochern, denn die Ausbrecher sind ihnen bekannt, es gibt nichts zu ermitteln, nichts zu beweisen. Es geht darum, die Bösewichte zu jagen und zu stellen. Und wenn ich Peter Glauben schenke, dann beteiligte sich jeder dritte Polizist in Taunus und Westerwald an der Treibjagd.

Als das Trio von der Ampel in Staffel zum Anhalten gezwungen wurde, stand plötzlich ein vollbesetzter Bulli neben ihnen auf der rechten Spur. Die Jäger blickten herüber, schöpften aber keinen Verdacht. Als das Signal auf Grün sprang, bog Peter links ab in Richtung Montabaur. Über den Zubringer zur A3 erreichten sie nach wenigen Minuten die Autobahn Köln/Frankfurt. Er entschied sich, Richtung Frankfurt zu fahren. Den Elzer Berg hinab hielt er sich an die vorgeschriebene Geschwindigkeit, aber kaum, dass sie an dem berüchtigten Blitzer vorbei waren, gab er Vollgas. Über die Lahnbrücke bei Limburg schoss der Wagen in Richtung Süden. Sie waren kaum zehn Kilometer gefahren, als ihnen eine Streife der Autobahnpolizei entgegenkam. Der Fluchthelfer zeigte zum ersten Mal Nerven. Er bedeutete Peter, den nächsten Rastplatz anzusteuern und von dort in den Wald zu verschwinden, denn er befürchtete, bei Idstein könne die Autobahn gesperrt sein. Allein in seinem Wagen würde er vermutlich kein Aufsehen erregen.

Nachdem die Ausbrecher auf dem Parkplatz ausgestiegen waren, kletterten sie über den Wildzaun und verschwanden im angrenzenden Wald. Das letzte, was sie von dem Fremden sahen, der ihnen die Flucht ermöglicht hatte, waren die Rücklichter seines Sportwagens, als er sich wieder in den fließenden Verkehr einreihte und Gas gab. In den Jahren danach sind weder Ernest Kaiser noch Peter Kunz dem Mann je wieder begegnet.

Unterwegs im Wald hörten sie plötzlich einen Hubschrauber über die Baumwipfel streichen. Nachdem sich ihre Augen an die Dunkelheit gewöhnt hatten, liefen sie einen Weg entlang und besprachen, wie es nun weitergehen sollte. Da sie sich nicht einigen konnten, trennten sie sich an einer Weggabelung. Ernest wollte zunächst nach Frankfurt, um sich von dort von einem Bekannten im Auto nach Kaiserslautern bringen zu lassen. Peter hatte andere Pläne, sein Ziel waren die Pyrenäen, wo er Freunde hatte, die, so hoffte er, ihn eine Weile verstecken würden. Als die Komplizen sich zum Abschied umarmten, fiel Peter sein Freund Benny ein, der den ungünstigen Umständen geschuldet in Diez hinter Schloss und Riegel saß. Er nahm sich vor, Benny zu befreien, sobald Gras über seine eigene Flucht gewachsen wäre. Ernest Kaiser, von dem wir uns an dieser Stelle verabschieden, schaffte es tatsächlich bis in seine Heimatstadt, wo er aber nach sechs Wochen trotz Vollbart und Wuschelkopf von einem Spitzel erkannt und verpfiffen wurde. Ein paar Tage darauf wurde er in Hand- und Fußfesseln nach Diez zurückgebracht. Peter Kunz hingegen verschwand vom Schirm der deutschen Polizei für sage und schreibe 16 Jahre …

Nachdem er sich von seinem Kompagnon getrennt hatte, lief Peter den Rest der Nacht durch die ausgedehnten Wälder des Taunus. Am Waldrand verharrte er lange, ehe er unter den Tannen hervortrat und sich über Wiesen und Felder einem Dorf näherte. Nach wie vor war ein Hubschrauber unterwegs, der ihm einmal verdächtig nahekam, und hätte er nicht das Glück gehabt, in einem Feldgehölz Deckung zu finden, er wäre wohl entdeckt worden. Nachdem der Helikopter hinter dem Feldberg verschwunden war, gelangte er in das Dorf und begann sofort alle Garagentore zu prüfen, in der Hoffnung eines zu finden, das nicht verschlossen wäre. Wieder war das Glück auf seiner Seite: Das vierte oder fünfte Tor, an dem er sich versuchte, stand offen. Zu allem Überfluss fand er einen vollgetankten Mitsubishi Colt in der Garage, bei dem der Schlüssel steckte. Um unnötige Geräusche zu vermeiden, schob er den Wagen auf die Straße und startete den Wagen erst, als er sich ein gutes Stück vom Haus entfernt hatte. Es war sechs Uhr in der Früh. Durchfroren wie er war, schaltete er die Heizung ein und nahm die Landstraße nach Wiesbaden, wo er mit dem Frühverkehr die Schiersteiner Brücke überquerte. Mainz ließ er links liegen, um auf geradem Weg über Bad Kreuznach ins Saarland zu gelangen. Am frühen Vormittag hielt er in der Nähe von Idar-Oberstein an, um zu frühstücken. Der Fluchthelfer hatte sowohl ihm als auch Ernest je 500 Mark zugesteckt, ehe sie sich am Vorabend verabschiedet hatten. Damit, so kalkulierte Peter, würde er es bis in die Pyrenäen schaffen. Bei dem kleinen Ort Waldwiese fuhr er auf einer Forststraße über die französische Grenze. Von jetzt an fühlte er sich entspannter. Während einer weiteren Rast, durchsuchte er das Handschuhfach, wo er nicht bloß die Wagenpapiere entdeckte, sondern auch den Dienstausweis eines Polizeibeamten. Der Mitsubishi gehörte also einem Polizisten, der in der Nacht möglicherweise im Streifenwagen auf Ausbrechersuche unterwegs gewesen war. Da es nicht auszuschließen war, dass auch in Frankreich nach dem silbergrauen Japaner mit deutschem Kennzeichen gefahndet wurde, schraubte er bei nächster Gelegenheit einem Franzosen das Nummernschild vom Peugeot, wechselte seine D-Mark in Francs und setzte seine Reise nach Süden auf kleinen Landstraßen fort. Spät am Abend erreichte er das Dorf Tautavel, unweit von Perpignan gelegen, wo er von seinen Freunden willkommen geheißen wurde. Nach wenigen Tagen lernte er dort Mary-Jo kennen, eine hübsche Französin. Von nun an hätte sich ihr gemeinsames Leben auf stressfreien Pfaden bewegen können. Doch stressfreie Pfade waren einem Abenteurer wir Peter Kunz nicht beschieden. Zunächst brachte er den Mitsubishi in einen vierzig Kilometer entfernten Steinbruch und fackelte ihn ab. Dann brach er mit seiner neuen Freundin in einem gestohlenen Renault in die französischen Alpen auf, wo er durch den Überfall auf die Hauptpost von Chambéry die Portokasse auffrischte. Aber das ist schon der Beginn einer neuen Geschichte, die demnächst in seiner Biografie nachzulesen sein wird.

Postskriptum:

Im Mai 2022 besuchte ich Peter zum letzten Mal in den Cevennen, wo er seit fünfzehn Jahren lebte. Wir beschlossen, sein abenteuerliches Leben nachzuerzählen und hatten verabredet, im Spätsommer an die Arbeit zu gehen. Doch dazu kam es nicht mehr, denn Peter Kunz verstarb im Juli plötzlich an einem Asthmaanfall. Sobald die Trauer über den Tod eines meiner besten Freunde ein wenig vom Staub der Geschichte zugedeckt sein wird, werde ich die Niederschrift seines ungewöhnlichen Lebensweges beginnen. Aber ehe ich dieses Buch in Angriff nehme, werde ich zusammen mit Mitgliedern seiner deutschen Familie nach Frankreich reisen, wo wir im Oktober gemeinsam mit seiner Tochter Lune und den französischen Freunden Peters Asche auf einem der Hochplateaus der Lozère dem Wind übergeben. Unter einem Baum, an dem er sich über Jahrzehnte immer wieder niedergelassen und entspannt hatte. Als wir im Mai nach vielen Jahren wieder über die Corniche des Cevennes auf dem Weg von Florac nach Saint-Jean-du-Gard waren und an »seinem« Baum vorbeifuhren, äußerte er den Wunsch, dass dies der Ort sei, an dem seine Asche einmal verstreut werden sollte. Keiner von uns ahnte, wie bald sein letzter Wille sich erfüllen sollte.

## Der Asylsucher

Die Familie hatte sich in das Tunnelsystem verkrochen, ehe die Amerikaner das Dorf mit Napalm bombardierten. Nachdem Häuser, Betten und Kochstellen zu Asche geworden waren, rückten Bodentruppen zur »Nachsäuberung« ein. Was sich noch regte, wurde erschossen. Eine halbe Stunde, nachdem der letzte Helikopter aufgestiegen und abgedriftet war, öffnete Dong Van Duc vorsichtig den getarnten Deckel des Tunneleingangs, um zu sehen, ob die Luft rein wäre. Sobald er den Kopf durch die Luke streckte, wurde er von einer MP-Salve getroffen und sackte zurück in den Schoß seiner Frau und der beiden Kinder. Eines dieser Kinder, ab jetzt Halbwaisen, war während des Vietnamkrieges irgendwo im Süden des Landes geboren, unweit der alten Kaiserstadt Hue. Ein Junge, sein Name lautete Liem Van Duc.

Offenbar fühlte er sich im Erwachsenenalter in seiner Heimat nicht mehr wohl, als sich angesichts der Routine des Alltags im kommunistischen Vietnam die wirtschaftliche Lage verschlechterte. Ende der neunziger Jahre, im Alter von 32 Jahren, machte er sich auf den Weg nach Europa, um dort Arbeit zu suchen und so seine Mutter zu unterstützen. Irgendwie schaffte er es über Thailand in die Europäische Union, wo er in Deutschland um Asyl bat. Liem wurde anerkannt und konnte nach ein paar Monaten das Aufnahmelager verlassen. Die Behörden schickten ihn nach Betzdorf in Rheinland-Pfalz, wo sie schon mehrere vietnamesische Familien angesiedelt hatten. Auf diese Weise glaubte man, den alleinstehenden Liem Van Duc in Kontakt zu Landsleuten zu bringen, was ihm die Eingliederung in die Gesellschaft erleichtern werde. In der neuen Heimat angekommen, begab Liem sich zur Ausländerbehörde, wo man ihm eine kleine Wohnung in der Innenstadt zuwies. Ein Beamter gab ihm noch die Adresse der Familie Thuy, angeblich freundliche, schon integrierte Menschen, die ihm gewiss helfen würden, sich in der Stadt im Westerwald zurechtzufinden.

Als der junge Mann bei der Familie Thuy klingelte und sich vorstellte, wurde er von der Dame des Hauses freundlich hereingebeten. Die Thuys betrieben einen gut gehenden Asia-Basar in der Stadt, den Bao Thuy, der Vater, zusammen mit seiner Frau Hoa während der zehn Jahre, die sie nun schon hier lebten, aufgebaut hatte. Die beiden Töchter Lan und Kim gingen zur Schule, Lan war damals fünfzehn, ihre Schwester achtzehn Jahre alt. Unter allen Vietnamesen, die damals in Betzdorf lebten und arbeiteten, war die Familie Thuy die wohlhabendste. Das erregte Neid und Missgunst bei den Landsleuten, wenngleich zwei Frauen, die nach der Wende aus den neuen Bundesländern gekommen waren, bei den Thuys im Laden eine Anstellung gefunden hatten. Als Liem die Familie kennenlernte, war die kleine vietnamesische Gemeinde von Betzdorf gespalten: Die Thuys, sozial isoliert, auf der einen Seite, die übrigen Familien auf der anderen. Von daher waren Herr und Frau Thuy mehr als angetan, hoch erfreut, kann man sagen, dass mit der Ankunft Liem Van Ducs ein Landsmann auftauchte, den sie von Beginn an auf ihre Seite ziehen konnten. Die Gastfreundschaft, die man dem jungen Mann entgegenbrachte, war beeindruckend. Im Handumdrehen bereiteten die Gastgeber ein Abendessen für den Gast vor, Herr Thuy fuhr in Begleitung Liems in die Stadt, um noch einige Besorgungen zu machen. Seine Frau und die Töchter saßen derweil in der Küche, putzten Gemüse und schälten Garnelen. Das Abendessen sollte den Grundstein für eine stabile Beziehung zu dem Neuankömmling legen. Der Riss, der damals durch die in der Stadt angesiedelten Migranten aus dem Fernen Osten ging, würde sich damit ein wenig verringern, so jedenfalls stellten Bao Thuy und seine Frau Hoa sich das vor. Ein durchaus als manipulativ zu bezeichnender Gedanke hinter dem Gedanken, der dem Ehepaar, wie sich aufgrund der noch zu schildernden Ereignisse zeigen wird, am Ende auf die Füße fallen sollte. Doch vorerst ließ sich das Vernetzen des Neubürgers mit den Alteingesessenen gut an. Nachdem die Waren im Laderaum des Firmenkombis verstaut waren, ließ es sich Bao Thuy nicht nehmen, Liem den Basar zu zeigen und ihn seinen Angestellten vorzustellen. Für die beiden jungen Verkäuferinnen war das Auftauchen eines Landsmannes ein Ereignis von einigem Nachrichtenwert. Noch am selben Tag würde sich unter den Vietnamesen in Betzdorf herumsprechen, dass Liem Van Duc, kaum in der Stadt angekommen, sich schon im Netz der Familie Thuy verfangen habe; auf deren Wohlstand man neidisch war, die keiner leiden mochte. Damit war Liem, ohne es auch nur zu ahnen, in einen Konflikt verstrickt, der ihm die soziale Integration erschweren würde. Fast erübrigt es sich zu erwähnen, dass der Vietnam-Basar von Betzdorf von allen möglichen Menschen frequentiert wurde, von Deutschen in erster Linie, aber auch von Zugezogenen aus dem mittleren Osten, allerdings nicht von Vietnamesen. Sie boykottierten den Laden und besorgten sich ihre asiatischen Lebensmittel, etwa die berühmte Fischsauce Nuoc Mam, lieber im entfernten Siegen. Probleme hatten auch die Töchter der Thuys, Lan und Kim. In der Schule wurden sie von den übrigen vietnamesischen Kids geschnitten, was wiederum den deutschen Schülern nicht verborgen blieb, somit auch deren Verhältnis zu den beiden Mädchen zumindest als zurückhaltend bezeichnet werden kann. Wenngleich es sich bei der älteren Kim um eine auffällig hübsche junge Dame handelte. Trotz allem waren die Vietnamesen sozial in der Kleinstadt angekommen, von den deutschen Nachbarn wurden sie nicht als Störenfriede wahrgenommen, im Gegensatz etwa zu denen in der ehemaligen DDR, wo ihnen teils unverhohlener Rassismus entgegenschlug. Was die meisten Vietnamesen in der Bundesrepublik einte, war ihre Frontstellung gegen die kommunistische Regierung in der Heimat. Ein Problem, von den meisten Deutschen zunächst unbemerkt geblieben, war der prekäre soziale Friede unter den Asiaten nach dem Fall der Mauer. Es kamen immer mehr Leute aus Nordvietnam in den Westen, also Menschen, die die alte DDR-Regierung als »sozialistische Brüder« ins Land geholt hatte. Bei aller offiziellen Brüderlichkeit waren sie dort als billige Vertragsarbeiter ausgebeutet worden, wurden aber nach der Wende nicht mehr gebraucht. Beliebt waren sie ohnehin nie, denn wie die Brandanschläge von Rostock und Hoyerswerda gezeigt haben, feindeten nicht wenige »Ossis« die »Fidschis« an. Viele gingen freiwillig zurück nach Vietnam, andere blieben in Deutschland und vermischten sich mit ihren Landsleuten im Westen. Diese schwer zu durchschauende Konfliktlage zwischen denjenigen Vietnamesen, die offiziell durch Austauschprogramme unter Bruderstaaten in die DDR gekommen waren und denjenigen, die als sogenannte »Boatpeople« von der »Cap Anamur« gerettet wurden und so nach Hamburg kamen, oder wie im Falle Liem Van Ducs, die auf eigene Initiative nach Deutschland fanden, hatte wahrscheinlich auch das Klima unter den Betzdorfer Vietnamesen vergiftet.

Während ich meine Erinnerung an Liem Van Duc aufschrieb, musste ich mein Wissen über Vietnam auffrischen, und dabei fiel mir ein, dass ich zu eben jener Zeit, 1995, mehrmals geschäftlich nach Saigon gereist war, Land und Gauner also ein wenig kennengelernt hatte. Als ich vor dem Flughafen in ein Taxi stieg, stellte sich heraus, dass der Fahrer sechs Jahre in Ostberlin gelebt hatte und hervorragend Deutsch sprach. Auf meine Frage, ob es in Saigon noch Opiumhöhlen gebe, war er sofort bereit, mich hinzubringen, allerdings nicht in der Nacht, wie von mir vorgeschlagen, sondern tagsüber, denn nach Cholon, dem chinesischen Stadtteil, in dem sich derartige Etablissements befanden, traute er sich nach Einbruch der Dunkelheit nicht. Im Straßenbild war zu beobachten, dass an den Ampelkreuzungen ein Auto von hundert Mopeds umringt war, viele aus der DDR importiert: Die heute im Osten Deutschlands noch immer beliebten Modelle Simson Spatz, Sperber und Schwalbe.

Die Familie Thuy wohnte bescheiden aber dennoch komfortabel in einem Mietshaus an der Burgstraße, wo sie eine geräumige 4-Zimmer-Wohnung gemietet hatten. Zusätzlich Küche, Bad, Balkon, Garage. Das Essen zu Ehren Liems fand am großen Küchentisch statt. Frau Thuy und die Mädchen hatten sich beim Kochen Mühe gegeben. Es schmeckte Liem so gut wie zuletzt vor einem halben Jahr bei seiner Mutter. Zu Garnelen und Reis wurde Bier der Marke »Saigon Export« getrunken, welches Bao Thuy vom Großhändler aus Siegen mitbrachte. Die Stimmung war ausgelassen, man erzählte sich Geschichten aus der alten Heimat, auch wenn die Menschen, die zur Zeit der Befreiungskriege dort lebten, nicht viele lustige Anekdoten zu erzählen hatten. Aber Vietnamesen sind pragmatische Menschen, sie gewinnen selbst der Schlacht um Hue zuweilen etwas Positives ab. Tochter Kim hatte zum Neujahrsfest einen CD-Spieler bekommen und untermalte Abend und Essen und das anschließende Trinkgelage mit neuer Popmusik aus Saigon. Gegen Mitternacht waren die Männer so betrunken, dass Liem wohl nicht mehr allein zu seiner Wohnung gefunden hätte. Frau Thuy schlug ihm vor, bei ihnen im Haus zu übernachten, dem ihr Mann, ohnehin nicht mehr fahrtüchtig, sofort zustimmte. Tochter Lan wurde angewiesen, dem Gast ihr Zimmer zu überlassen, das Bett frisch zu beziehen und im Zimmer ihrer Schwester Kim zu schlafen. Die neuen Freunde verabredeten sich für den nächsten Morgen zum Frühstück, dann fielen die Männer bierselig in die Betten. Mutter und Töchter räumten noch auf und zogen sich danach ebenfalls zurück.

Liem, der normalerweise nicht viel Alkohol trank, hatte seinen Rausch noch nicht ganz ausgeschlafen, als er von der lauten Stimme Bao Thuys geweckt wurde. Sie stand im Zimmer und beschimpfte ihre Tochter Lan, die zu Liems Verwunderung splitternackt neben ihm im Bette lag. Wie und wann das 15-jährige Mädchen dorthin gekommen war, konnte er nicht sagen. Aber sie konnte es sagen: Sie habe bei ihrer Schwester nicht schlafen können, drum sei sie mitten in der Nacht in ihr eigenes Bett umgezogen. Herr Liem habe geschlafen, sie habe sich angekuschelt und sei dann ebenfalls eingeschlafen. Ihre Mutter war empört, außer sich. Nein, sie hätte keinen Sex mit Liem gehabt, und Liem auch nicht mit ihr. Unter den nicht enden wollenden Vorwürfen der Mutter schlüpfte Lan in ihren Kimono und verschwand im Bad. Es dauerte nicht lange, und Herr Thuy stand in der Zimmertür. Nachdem seine Frau ihn über die nächtliche Eskapade ihrer Tochter aufgeklärt hatte, reagierte der verdrossen. Er warf seinen Gast kurzerhand aus dem Haus, dann holte er Lan zum Verhör. Sie nahm den jungen Mann in Schutz, bestritt vehement, entjungfert oder sonst wie geschändet worden zu sein. Man habe eben »ein wenig geschmust«, wie sie sich ausdrückte. Was das Ehepaar Thuy schließlich bewog, Anzeige bei der Polizei zu erstatten, war wohl die Sorge um ihre Tochter. Einen guten Ruf hatten sie ja in der Stadt ohnehin nicht zu verteidigen. Dass das Mädchen es faustdick hinter den Ohren hatte, wollten sie nicht wahrhaben. Als sie dann auch noch im Verhör auf dem Polizeirevier patzig wurde und Liem Van Duc entlastete, hätte der Vater ihr am liebsten eine Ohrfeige gegeben. Egal was das Mädchen aussagte, fest stand, dass die Minderjährige nackt im Bett eines seiner Sinne mächtigen Erwachsenen lag, der diese intime Annäherung niemals hätte zulassen dürfen. Liem wurde am frühen Nachmittag festgenommen, Stunden nachdem die Anzeige erstattet worden war, sodass sein Alkoholpegel, als die Polizei ihn endlich einer Kontrolle unterzog, unbedeutend war. Zur selben Zeit begleiteten die Thuys ihre jüngste Tochter ins Krankenhaus, wo sie untersucht wurde. Herrn Bao Thuy lag viel daran, von der Gynäkologin bestätigt zu bekommen, dass sein Kind noch den Status der Jungfräulichkeit besaß.

Das sind mehr oder weniger die Fakten, soweit der Vietnamese sie mir später vermittelt hat. Was sich im Einzelnen im Gerichtssaal abgespielt hat, weiß ich leider nicht. Ich glaube mich zu entsinnen, dass es in der Verhandlung vor dem Landgericht zu Ungereimtheiten in Lans Aussage gekommen war, dass sie ihre bei der Polizei gemachten Angaben möglicherweise sogar widerrief. Tatsache war: Liem war wegen sexueller Nötigung einer Minderjährigen angeklagt und zu sechs Jahren Haft verurteilt worden. Die sollte er in Diez an der Lahn verbüßen. Als Ironie an dieser Geschichte empfand ich die Liebesbriefe, die das vietnamesische Mädchen, inzwischen sechzehn Jahre alt, ihm ins Gefängnis schrieb. Dort hatte er zu Beginn seiner Haft einen schweren Stand, denn es gab Beamte, die durchsickern ließen, weshalb Liem verurteilt worden war, und kein Etikett wird im Gefängnis schneller vergeben als das des »Kinderfickers«. Zumal die Wärter und Ganoven, die mit solchen Hashtags operieren, fast immer einfache Naturen sind, denen die didaktische Kunst der Differenzierung fremd ist. Auf gut Deutsch: Dummbeutel, die meist von den eigenen fragwürdigen Charaktereigenschaften ablenken wollen. Im Fall des kleinen Vietnamesen haftete das Stigma erstaunlicherweise nicht, nach kurzer Zeit verebbte das Gerücht, irgendwie fiel es allen Gefangenen schwer, sich diesen scheuen, freundlichen Mann als Kinderschänder vorzustellen. Sie ließen ihn in Ruhe. Als mich dann der Dienstleiter ansprach und mich bat, Liem auf seiner Zelle zu besuchen und ihm beim Erlernen der Sprache behilflich zu sein, wurde der Beamte am Ende der Unterhaltung indiskret: Er hatte sich das Urteil durchgelesen und war zu dem Ergebnis gekommen, dass der Vietnamese lediglich ein armer Teufel sei, der sich nicht wirklich etwas habe zuschulden kommen lassen. Schicksal eben. Und dieses Schicksal trug Liem mit Würde: Er beklagte sich nicht, er jammerte nicht, er verspürte keinen Hass, weder auf den alten Thuy, der ihn im Prozess übel beleumundet hatte, noch auf die Richter, die ihm Unrecht getan hatten. Liem litt still und leise. Es dauerte Monate, die ich mit ihm auf derselben Abteilung im obersten Stock des Zellenhauses verbrachte, ehe er mir sagte, dass er täglich mehrere Stunden meditiere. Da erst wurde mir bewusst, dass er Buddhist war und sich den inneren Frieden als Ziel gesetzt hatte. Und dazu ist die Zelle ein geeigneter Ort.

Liem korrespondierte viel: Mit seiner Mutter in Vietnam, mit seiner Schwester, anfangs sogar mit Lan, mit der ihn ein ambivalentes Verhältnis verband, welches er nach einiger Zeit meditierend auflöste. Als sich nach zwei Jahren abzeichnete, dass die Justiz beabsichtigte, ihn nach der Hälfte der Strafe abzuschieben, informierte er seine Mutter. In einem ihrer nächsten Briefe teilte sie ihrem Sohn mit, sie habe eine Frau für ihn gefunden, die er heiraten werde, sobald er in Vietnam ankomme. Ihn zu fragen, ob er einverstanden wäre, schien der Mama kein Gedanke wert zu sein. Mit Leuchten in den Augen zeigte mir Liem die Fotografie seiner Braut. Sein Leben verlief, abgesehen von dem Umstand, dass er noch in der lebensfeindlichen Umwelt »Gefängnis« klarkommen musste, in geordneten Bahnen. Im Geiste und im Traum war er längst wieder in seinem Heimatland. Als er pünktlich nach drei Jahren Haft am Morgen von der Polizei abgeholt und zum Flughafen nach Frankfurt eskortiert wurde, klopfte er an meine verschlossene Zellentür und verabschiedete sich. Er versprach zu schreiben, und das tat er dann auch mehrere Jahre lang. Er schickte Hochzeitsfotos, Bilder von den zwei Kindern, die ihm seine Frau gebar, bis der Kontakt irgendwann abriss und sich die Welt wieder für uns teilte.

## Es Mäxje

Warum der Maximilian Reinhard »Mäxje« genannt wurde, konnte mir nie einer erklären, denn der Mann, den sie im Knast alle »es Mäxje« nannten, war ein stattlicher Kerl von 1 Meter 90 und knapp hundert Kilo netto, auf den der Name Max viel eher zu passen schien. Ihn selbst zu fragen, traute sich auch keiner, denn irgendwo in dem mächtigen Kerl verborgen mochte ein Geheimnis liegen, an welches zu rühren einem nicht ratsam erschien. In den Nullerjahren war Max wegen wiederholter Diebereien für ein paar Jahre im Knast gelandet, und weil er sich ordentlich führte, durfte er die letzten sechs Monate im offenen Vollzug verbringen. Ungewöhnlich war, dass er nicht arbeitete, jedenfalls ging er keiner geregelten Arbeit nach, im Normalfall eine Voraussetzung dafür, in den Offenen verlegt zu werden. Es Mäxje war mir aufgefallen, weil ihm seine Eltern Sitten und Manieren beigebracht hatten, und weil er über einen enormen Appetit verfügte. Zwei Mal Nachschlag bei Eintöpfen war die Regel, und wann immer einer seiner Mithäftlinge eine Wurst oder einen Wackelpudding verschmähte, es Mäxje kümmerte sich drum, dass nix verkam.

»Weshalb haben sie dich eigentlich eingesperrt?«, wollte der Eddie von ihm wissen. Eddie war Heiratsschwindler von Beruf, und er wollte von jedem Ganoven wissen, weshalb er im Knast gelandet war. Nichts Ungewöhnliches, denn wann immer Menschen sich begegnen, stellen sie sich die indiskretesten Fragen. Viele wollen wissen, wo einer herkommt (»Aus Afrika! Stell dir vor, das hätte ich mir fast denken können!«), andere versuchen, mehr oder weniger diskret herauszufinden, wie ihr Gegenüber wirtschaftlich gestellt ist (»Ach so, der Daimler gehört Ihnen! Merkt man sofort, von Nix kommt nix!«), wieder andere erkundigen sich nach dem familiären Status, versuchen herauszubekommen, ob der Herr oder die Dame schon vergeben seien (»Glücklich verheiratet, was will man mehr!«). Und dann gibt es Menschen, die wissen wollen woran einer glaubt ... Die Leute haben eben ihre Prioritäten bei der Neugier, und Eddies Priorität lag in dem Grad an Boshaftigkeit, mit welcher der Befragte einem seiner Mitmenschen oder der Gesellschaft geschadet hatte und daher im Gefängnis gelandet war

(»Ei Großer, weshalb hawwese dich dann verknackt?«). Ein Statistiker der Unterwelt, der Eddie, der dem Bösen ein Stück Normalität verlieh, in dem er es in Kategorien fasste und verwaltete.

»Weil ich en Zigeuner sin«, erklärte ihm das Mäxje unumwunden. »Unsereiner muss nix extra anstelle. Allän dass ich aus ara Zigeunerfamilich komm und Mäxje Reinhard heiße du, dat hat schon gereicht. Irgendwas hawwe unser Leut immer ausgefresse, en Zigeuner zu verhafte, kann nie verkehrt sin, so jedefalls denkt die Schmier häi im Land.«

»Ich denke, Zigeuner sagt man nicht mehr?«, wagte Eddie einen Einwand.

»Hör mer bloß uff mit dem Quatsch. Das hawwese nach em Kriech erfunne«, stellte das Mäxje die semiotische Klarheit wieder her.

»Wenn unser Leut bal dausend Johr lang Zigeuner ware, dann sinn se das heut aach noch un weres och weida bleiwe. Lossda fun denne Idiote nix verziehle. Die hon doch aach aus jedem Madmosellche versucht, en Madam ze mache!«

»Wenn du das sagst«, entspannte sich Eddie.

Konnte ich nachvollziehen, dass er einem Preisboxer wie dem Mäxje nicht unbedingt mit einer vorlauten Belehrung die Laune verderben wollte.

Ich kannte die beiden Ganoven, saß selbst sechs Jahre wegen Geldwäsche ab, weil ich einer englischen Bank ein paar geklaute Millionen in alten Tausendmarkscheinen anzudrehen versucht hatte, dabei dummerweise vom Präsi der Bones an die Bullen verpfiffen worden war, ein Vertrauensvorschuss, den ich mir später als großen Fehler ankreidete. Zu Recht, denn ich kannte diesen Hosentaschenrocker schon länger und wusste, dass er ein im Fell gegerbter Betrüger war, und es keinen vernünftigen Grund gab, anzunehmen, weshalb der Typ ausgerechnet mich nicht betrügen würde. Jedenfalls saßen damals nicht sehr viele Geldwäscher im Knast, und aus irgendeinem Grund begleitete mich der Ruf, ein gemachter Mann zu sein. Was das Mäxje mehr oder weniger regelmäßig bei mir vorstellig werden ließ, um einen Kleinkredit zu beantragen.

»Tach Chef«, begann er unterwürfig. »Habt Ihr amol en Euro für mich?«

»Einen Euro … Ich denke, das dürfte sich machen lassen«, sagte ich generös und begann, in der Hosentasche nach Kleingeld zu suchen.

»Hab nur ein Zwei-Euro-Stück. Wäre dir damit auch gedient?«

»Klar, Chef.«

Er streckte mir die rechte Pranke hin, und ich legte ihm das Geldstück hinein.

»Wiedersehen macht Freude«, sagte ich mit gespielter Skepsis und blickte dem Mäxje dabei in die Augen.

»Mein großes Ehrenwort, Chef. Am Samstag kriegt Ihr das Geld zurück. Ihr wisst doch, aufs Mäxje is Verlass!«

Das wusste ich. Sagen wir mal, die statistische Wahrscheinlichkeit, dass ich die zwei Euro demnächst zurückbekäme, war hoch. Wegen zwei Euronen würde Mäxje es sich nicht mit mir verscherzen, gab es doch nicht allzu viele kreditfreudige Ganoven im Knast.

Kaum, dass ich mich am Sonntagabend an der Pforte des Freigängerhauses aus dem Wochenende zurückgemeldet hatte, tauchte mein Schuldner auf und drückte mir den Zwickel in die Hand.

»Sind die Finanzen wieder stabil, Mäxje?«, scherzte ich.

»Kamma so saan«, antwortete er stolz. »Hon haut mol wiere was geschafft.«

»Am Sonntag warst du arbeiten?«

»Jawohl.« Und weil er sah, dass ich dazu weitere Details hören wollte, gab er Auskunft.

»Ich honn mich amol in de Stadt umgesiehn un geguckt, wo die alte Leutcher wohne. Un dann bin ich bei dene klingele gang.«

Amüsiert blickte ich ihn an. Wie hatte ich mir das vorzustellen? Mäxje setzte mich ins Bild:

»Gon Dach, gut Fra! Es duut mir jo so lääd, dass ich Euch am Herrgott seinem heilige Sonndaach behellige muss, normal däät ich jo am Sonndaach niemand störe, aber mei lieb Fraache is ins Krankenhaus kum, und ich muss für unser fünnef Kinner sorje, und weil ich et ganze Geld für Medikamente ausgenn hon, und die Kinnercher müsse ja aach was esse, Ihr könnt es euch schon denke, gut Fra, ich dät Sie bitte, em verzweiwelte Familievatter behelflich ze sin …« Während seiner letzten Worte holte er für gewöhnlich ein Familienfoto aus dem Anzug, und wahrscheinlich drückte er dazu eine Träne raus. Um es kurz zu machen, in zwei Stunden hatte er das obere Drittel der Limburger Straße abgeklappert und als er im Hause der Familie Dr. Aaron Lothringer der Haushälterin zehn Euro abgeschwatzt hatte, was seine Tagesausbeute auf über 200 Euro ansteigen ließ, er somit einen Stundenlohn von mehr als hundert Euro erzielt hatte, machte er Feierabend und kehrte gut gelaunt in den Knast zurück.

Während er mir also mit vollem Ernst von seiner »Arbeit« berichtete, versuchte ich vergebens, mir diesen Bären von einem Mann vorzustellen, den ich ohne Probleme an den Hebeln eines Baggers oder mit der Schaufel in der Hand in einem Graben vor mir sah, wie er arme Rentnerinnen und einfältige Pensionäre um ein Almosen anging.

Bis ich das Mäxje ein paar Wochen darauf, einmal bei der Arbeit ertappte: Ich saß neben Eddi dem Heiratsschwindler im Auto, wir warteten auf die Ampel, als ich Mäxje gar nicht weit von der Kreuzung Schiede und Koblenzer an einer Haustüre entdeckte. Ich konnte naturgemäß nicht hören was er sprach, aber seine gebückte Haltung, den Blick fest an die Treppenstufen geheftet, die Strähnen seines schwarzen Haars wie ein Schleier vor den Augen, die gorillalangen Arme in Gesten der Verzweiflung schlenkernd, sie öffnend und wieder schließend, all das verschmolz mit dem Augenblick und bewirkte bei der alten Frau, die drei Stufen über dem Mäxje stand, sich somit auf Augenhöhe mit ihm befand, einen Ausdruck des Entsetzens im Gesicht, so dass der Griff in die Schatulle mir bloß noch als Formsache erschien. Dann sprang die Ampel auf Grün, ich sah gerade noch, wie die Frau als Geste des Mitgefühls Mäxjes Arm berührte, aber dann gab Eddie Gas.

»Ich hab's Mäxje gerad bei der Arbeit geseh'n«, sagte ich zu Eddie. »Respekt!«

»Wie meinst du das?«, entfuhr es dem Schwindler, während er kurz zu mir herüberblickte.

»Das Mäxje ist ein Profi, der Kerl weiß ganz genau, wie er den alten Weibern beikommt. Das wurde mir soeben klar. Um den müssen wir uns keine Sorgen machen, der verhungert nicht so leicht«, lachte ich.

»Is halt en echte Zigeuner, es Mäxje!«

»Das darf man nicht mehr sagen«, erklärte ich. »Die heißen heute Sinti oder Roma.«

»Ja ja. So ein Quatsch! Das Mäxje selbst hat mir erlaubt, Zigeuner zu sagen«, erklärte Eddie. »Kommt am Ende immer drauf an, was sich einer dabei denkt.«

»Stimmt. Wenn ein Frankfurter zu dir sagt ›du Offebacher‹ dann ist das eine Beleidigung, aber darüber regt sich keiner auf …«

»Doch. En Offebacher.«

## Räuber oder Sittenstrolch?

Andy Bach hatte in den letzten Jahren – er hatte gerade das dreißigste Lebensjahr vollendet – eine Menge Hamburger vertilgt, eine Menge Kohle dafür hingeblättert und kürzlich von seinem Hausarzt erfahren, dass er sich falsch ernährt habe, dass das generelle Unbehagen, welches er seit geraumer Zeit verspürte, mit großer Wahrscheinlichkeit ernährungsbedingt sei. Er riet ihm zu einer Diätumstellung: Hülsenfrüchte, frisches Gemüse, heimisches Obst, wenig Fleisch, Vollkorn, wenig Milchprodukte, zuweilen Fisch. Keinen Zucker, keinen Alkohol, vor allem keine von diesen Killerburgern mehr. Viel Wasser.

Ein halbes Jahr nachdem er seinen Arzt konsultiert hatte, fand sich Andy quasi über Nacht im Gefängnis wieder, aber hier war gesunde Ernährung kein Thema: Es wurde gegessen, was in den Blechnapf kam! Was war geschehen? Wieso saß Andy seit zwei Monaten in Untersuchungshaft? Vom Bibliothekar der Anstalt hatte er erfahren, dass ich mir kürzlich eine englische Grammatik ausgeliehen hatte, und da er sich vorgenommen hatte, seine Zeit sinnvoll zu nutzen, beschloss er Englisch zu lernen, um nach der Haft in die USA auszuwandern (wo Hülsenfrüchte und Co. nicht gerade inflationär auf den Speisekarten auftauchen).

Andy sprach mich also eines Tages beim Hofgang an und erkundigte sich, ob ich ihm ein wenig englische Grammatik beibringen wolle, er wäre auch bereit, mich für meinen Aufwand zu bezahlen.

»Wie willst du das denn anstellen?«, fragte ich. »Geld gibt's im Knast noch keins.«

»Mit ideellen Werten«, antwortete er bar jeglicher Ironie. »Ich erzähle dir meine Geschichte. Und glaub mir, die ist mehr wert als Geld.«

Ich musste grinsen, denn ich wusste, dass Andy Recht hatte. Das Wertvollste, das die menschliche Kultur hervorgebracht hat, sind neben den Wissenschaften gute Geschichten. Erzählen stellt neben der Höhlenmalerei die Urform aller Kreativität dar. Kaum dass die Sprache sich durchgesetzt hatte, fingen die Menschen an, sich gegenseitig Geschichten zu erzählen. Und sie tun es bis heute.

Andy wollte mir also seine Geschichte erzählen. Ich muss zugeben, dass ich neugierig geworden war. Und da er die Dinge mit autistischer Ernsthaftigkeit betrachtete, war ihm, nachdem er die Praxis des Arztes verlassen hatte, klar, wer der Schuldige war: Die Fastfood-Mafia, die ihm seit Jahren ihre gesundheitsschädlichen Burger aufgetischt, besser: in die Hand gedrückt hatte. Und da Andy weder von »kann man nichts machen« noch von »die meinen es nicht bös« viel hielt, er im Gegenteil ein Gerechtigkeitsfanatiker und überzeugter Vertreter der Vergeltungstheorie war, beschloss er, es den betrügerischen Fastfood-Verbrechern heimzuzahlen. Andy besorgte sich eine Schreckschusspistole und bereitete einen Raubüberfall auf die Filiale vor, die ihn in den vergangenen Jahren mit praktisch jedem Menu dem Tod durch Vergiften ein wenig nähergebracht hatte. Man kann Andys Plan somit als klassischen Racheakt bezeichnen.

Er begann seine logistischen Vorbereitungen damit, dass er sich auf die Lauer legte und beobachtete, wann der Laden abends dichtgemacht wurde. Da er als Stammkunde allen Angestellten bekannt war, musste er Vorsicht walten lassen. Das Lokal lag unweit der Autobahn, jenseits der ein ausgedehntes Waldgebiet begann. Andy suchte nach einer leicht zu erklimmenden Eiche und postierte sich auf halber Höhe in einer mächtigen Astgabel mit einem Nachtsichtgerät. Nach ein paar Tagen wusste er, dass pünktlich um zwei Uhr früh die Lichter ausgingen und keine Gäste mehr eingelassen wurden. Kurz darauf verließen die Angestellten ihren Arbeitsplatz, lediglich die Geschäftsführerin blieb ein wenig länger. Eine Chance erkannte Andy, als er feststellte, dass sie als letzte Handlung des Tages die Abfallsäcke durch den Hinterausgang zu den Mülltonnen trug. Eine Woche lang beobachtete er das verbrecherische Geschäft des Restaurants, dessen Kette sich weltweit auf bandenmäßigen Ernährungsbetrug spezialisiert hatte, deren Name inzwischen von China bis nach Patagonien jedem Kind vertraut war. Neben dem Angriff auf seine eigene Gesundheit hatte Andy nämlich festgestellt, dass es in erster Linie Kinder waren, die dort durch massive Überdosen an Zucker und chemischen Zusatzstoffen schleichend vergiftet wurden. Sein Zorn kletterte in der Skala, während er in der alten Eiche saß und observierte. Nach einer Woche hatte er genug gesehen, die Indizienlage war eindeutig: Hier handelte es sich um Schwerverbrecher, um Kinderschänder, denen er, wenn schon nicht gänzlich das Handwerk legen, so doch wenigstens einen Denkzettel verpassen musste. Zusätzlich zu dem Schaden, den der Konzern an Andys eigener Gesundheit angerichtet hatte, kam die Erkenntnis, dass der Ernährungsbetrug System hatte, insbesondere das schamlose Zuckerattentat auf die Kinder regte ihn auf.

Eines lauen Samstagabends fuhr er mit dem Fahrrad zum Tatort und stellte es unter seiner Eiche ab. Seine Einsatzausrüstung bestand aus einer dunklen Jacke, einem Motorradhelm mit Gesichtsmaske, einer Plastiktüte für die Beute und natürlich der Pistole. Um seine Stimme zu verstellen, steckte er sich Papiertücher in die Backentaschen, was sein Sprachtimbre stark verzerrte. Als er sah, dass die Werbebeleuchtung ausgeschaltet wurde und kurz darauf das Personal herauskam und in die Autos stieg, überquerte er die Autobahn und versteckte sich hinter den Abfallcontainern des Lokals. Es dauerte nicht lange, bis die Geschäftsführerin mit den Müllsäcken durch die rückseitige Ausgangstür trat. Wie aus dem Nichts stand Andy vor ihr, die Waffe in der Hand, und forderte die Frau auf, ihn zum Tresor zu führen und ihm die Tageseinnahme auszuhändigen. Womit er nicht gerechnet hatte: Innen befand sich noch eine weitere Angestellte, die vor Schreck wie angewurzelt verharrte, wo sie gerade stand.

Andy verlangte von den Damen, ihre Handys auf den Kassentisch zu legen und forderte die junge Mitarbeiterin auf, in der Toilette zu verschwinden. Als er schließlich mit der Chefin allein war, bedeutete er ihr, das Büro zu betreten und dort den Tresor aufzusperren. Angesichts der Gefahr und des Schocks, den die Frau gerade durchmachte, befolgte sie seine Anweisungen. Mit zitternder Hand schloss sie den Safe auf, der ins untere Fach eines Schreibtischs integriert war. Während sie sich bückte und die Geldbündel in den Beutel stopfte, den Andy ihr zuvor in die Hand gedrückt hatte, wurde der von unerwarteter Seite abgelenkt. Ein Räuber tut gut daran, den Automatismus, der in dem Moment einsetzt, wo er seinen Überfall startet, in seinem Ablauf möglichst durch nichts stören zu lassen. Und doch passierte Andy genau dies in dem Augenblick, als das Verbrechen sich in der entscheidenden Phase befand: Vor sich sah er nämlich den wunderbar geformten Po der sich bückenden Frau, vulgo: Sein Blick blieb an ihrem von der engen Jeans zusätzlich betonten geilen Arsch hängen. Der Raub verlagerte sich für einen kritischen Augenblick in den Hintergrund und wurde von dem mächtigen erotischen Signal verdrängt. Als die junge Frau sich endlich aufrichtete, immer noch zitternd vor Angst, forderte Andy sie auf, sich noch einmal zu bücken.

»Tun Sie mir bitte nichts!«, flehte sie. »Ich habe die gesamte Tageseinnahme eingepackt. Der Tresor ist komplett leer.« Dabei streckte sie dem Räuber die Tasche mit dem Geld entgegen. Doch Andy rührte sie nicht an.

»Jetzt bücken Sie sich, verdammt nochmal! Ich tue Ihnen doch nichts. Will bloß Ihren schönen Arsch noch einmal bewundern!«

Von diesem für die Frau völlig überraschenden Kompliment verunsichert, tat sie schließlich wie ihr geheißen, wobei sie den maskierten Mann ängstlich im Seitenblick behielt. Der steckte die Pistole in die Jacke, trat einen Schritt näher an das ihm dargebotene Gesäß heran und umfasste diese unwiderstehlichen Pobacken mit beiden Händen. Sekunden vergingen, für die junge Frau eine Ewigkeit, für Andy ein Moment zärtlichster Lust.

»Sie haben aber wirklich einen geilen Arsch«, kommentierte er, ehe er von dem Objekt seiner Bewunderung abließ. »Und jetzt geben Sie das Geld her, ehe ich Ihnen noch einen Heiratsantrag mache«, spaßte der Räuber.

Erleichtert, weder vergewaltigt noch erschossen worden zu sein, reichte die Frau ihm die Beute. Anschließend schickte er sie zu ihrer Kollegin in die Damentoilette und drohte, sie zu erschießen, sollten sie vor Ablauf von zehn Minuten herauskommen und die Polizei verständigen.

»Was ist denn eigentlich drin in der Tasche?«, wollte er noch wissen, ehe sie in die Toilette verschwand.

»17.360 Euro. Hab's vor ner halben Stunde erst gezählt.«

»Und das Kleingeld?«

»Ist noch in der Kasse.«

»Wie viel?«

»Ungefähr dreihundert.«

»Dann steckt es euch ein, du und deine Kollegin. Den Bullen könnt ihr sagen, ich hätte alles mitgenommen«, schlug Andy vor.

»Ich weiß nicht …« zögerte sie, ehe sie die Tür zu den Toiletten hinter sich zuzog.

Ehe Andy das Restaurant mit den miserablen Speisen verließ, warf er einen raschen Blick in die Plastiktüte, und was er auf den ersten Blick sah, waren die wahrscheinlich zu je tausend Euro gezählten Bündel. Er verschwand durch den Ausgang, durch den er vor zehn Minuten zusammen mit der Geschäftsführerin hereingekommen war. Zwei Minuten später nutzte er eine Verkehrslücke, um unbemerkt die Autobahn zu überqueren. In der Nähe seiner Eiche hatte er eine Grube vorbereitet, in welche er die Kohle, die er zuvor in eine Plastikbox umgefüllt hatte, versenkte. Für die Plastiktüte, den Helm, die Haube und die Jacke war ebenfalls noch Platz. Dann deckte er das Loch mit Erde zu, streute Laub darüber und besprühte es mit Pfefferspray, um wilde Tiere vom Graben abzuhalten, Füchse etwa oder Wildschweine. Schließlich schob er sein Fahrrad bis zu einem Waldweg, ehe er bei schwacher Lampe davonradelte. Sollte er unterwegs von der Polizei angehalten werden, hätte er nichts Verdächtiges dabei. Zudem kannte er Schleichwege, die ihn sicher zu seinem sechs Kilometer entfernten Dorf führten, wo er gegen drei Uhr in der Früh eintraf. Von niemandem bemerkt stellte Andy sein Rad in die Garage und nahm sich vor, am nächsten Tag die Walderde von den Reifen zu entfernen. Dann legte er sich auf die Couch, hörte sich zur Senkung des Adrenalins noch ein Stück von *Metallica* an und schlief irgendwann zufrieden ein. Das letzte, an das er dachte, war dieser wunderbar geformte Popo.

Andy wachte früh auf, und das erste was er erledigte, war die gründliche Säuberung des Fahrrads mit dem Hochdruckreiniger. Sein Plan war, das Geld eine Woche lang im Waldversteck zu belassen, ehe er es ausgraben wollte. Und daran hielt er sich auch. Von Beruf war er Anstreicher, seit zwei Jahren von einer Zeitarbeitsfirma vermittelt. Pünktlich erschien er am Morgen auf der Baustelle, ein wenig unausgeschlafen zwar, aber der geglückte Coup hielt ihn wach und bei Laune. Sowohl im Radio als auch in der Lokalzeitung wurde von dem nächtlichen Überfall auf das beliebte Restaurant an der Autobahn berichtet, bei dem die Tageseinahmen inklusive des Münzgeldes gestohlen worden waren. Hier erfuhr er zum ersten Mal den Namen, der zu dem Hintern gehörte: Melanie Haas. Die Polizei ermittle, habe aber noch keine heiße Spur, hieß es. In einer Woche, so Andys Plan, wäre das erste Gras über die Sache gewachsen, dann würde er seine Beute in aller Ruhe ausgraben.

Die kriminaltechnisch erfahrene Leserin mag sich ebenso wie der Chronist fragen, wieso Andy eine Woche später im Gefängnishof mit mir spazieren ging. Wo hatte er den Fehler gemacht, was hatte er vergessen zu bedenken? Mit Melanies hinreißenden Arschbacken konnte es ja wohl nichts zu tun haben, schließlich war Andy in keiner INPOL-Datei als Gesäßfetischist registriert. Wir erinnern uns: Er hatte mich beim Hofgang in der JVA Diez gefragt, ob ich ihm beim Englischlernen helfen könne. Und er wollte mich mit »ideellen Werten« belohnen. So etwas kommt bei mir gut an, also sagte ich zu. Erste Lektion, Andy sollte übersetzen: *I eat shit, you ate shit, she'll eat shit, we've eaten shit, you had eaten shit, they will have eaten shit.* Machte er gut, der Andy, aber ehe ich mich an diesem Abend verabschiedete, hörte ich mir noch den Rest seiner Geschichte an.

Weil das Autobahn-Fastfood-Restaurant schon zwei Mal in den letzten drei Jahren überfallen worden war, hatte die Polizei der Geschäftsführerin geraten, ein mit einem Mini-GPS-Tracker gespicktes Geldbündel in den Tresor zu legen. So konnte man jederzeit über ein Handy nachverfolgen, wo das Geld mit dem Chip sich befand, sofern der Dieb den kleinen Spion nicht entdeckte und unschädlich machte. Dazu hätte Andy die Banderolen aufreißen und die Scheine durchblättern müssen, ehe er zu seinem Versteck ging. Mit dem Wissen, wo sich die Beute befand, hob die Kripo schon am Tag nach dem Überfall den Schatz aus der Grube und deckte anschließend wieder alles zu. Als sich Andy acht Tage später sicher fühlte, fuhr er nachts im Auto zu seiner Eiche. Kaum, dass er angefangen hatte zu buddeln, tauchten mit einem Mal 1000-Watt-Lampen den Wald in grelles Licht, und hinter den Scheinwerfern vernahm Andy die Worte, die kein Ganove gerne hört: Polizei! Sie sind verhaftet! Hände über den Kopf! Aufgrund des raffinierten Einsatzes technischer Mittel hatten sie Andy *in flagranti* beim Heben der Beute ertappt. Eine Polizeiobermeisterin legte ihm Handschellen an, und dann brachten sie ihn ohne Blaulicht und Sirene nach Koblenz auf die Karthause, einer der ältesten und ungemütlichsten Knäste im Land.

Freude kam erst auf, als die Zeugin Melanie Haas bei Gericht schildern sollte, wie genau sich der Raubüberfall zugetragen habe.

»Als Sie dem Angeklagten den Beutel mit dem Geld übergaben, wurden Sie dabei mit der Waffe bedroht, Frau Haas?«, fragte der Vorsitzende Richter.

»Keineswegs«, erklärte die Zeugin, die zum Termin in einem dunklen Kleid erschienen war. »Das war ja das Komische. Der Mann steckte die Pistole in die Tasche und forderte mich auf, mich noch einmal hinunter zum Tresor zu bücken.«

»Was wollte er denn noch? Sollten Sie nachsehen, ob Sie auch nichts vergessen hätten?«

»Nein, nein, das war es nicht«, quälte sich die Zeugin zu einer plausiblen Antwort, wobei für alle Anwesenden erkennbar wurde, wie sie leicht errötete. Da der Richter ihr Zeit ließ, die richtigen Worte zu finden, dauerte es eine kleine Weile, ehe sie weitersprach. »Dem Herrn Bach hat mein Popo gefallen«, sagte sie, indem sie verlegen zu Andy auf der Anklagebank hinüberschielte. »Den wollte er sich nochmal ansehen … Und streicheln.«

»Wie bitte?«, unterbrach der Vorsitzende die Zeugin. »Er hat Sie auch noch sexuell belästigt? Das wird ja immer doller. Was sagen Sie dazu, Herr Kollege«, wandte er sich an den Staatsanwalt.

»Dann hätten wir zusätzlich zum bewaffneten Raub einen weiteren Straftatbestand, sexuelle Belästigung«, erklärte der Anklagevertreter, der von der Entwicklung der Tatsachenermittlung ein wenig überrascht wirkte. »Wollen Sie die Anklage um sexuelle Belästigung erweitern, Frau Haas?«

»Nein, das möchte ich nicht. Der Herr Bach ist ja ansonsten recht rücksichtsvoll mit mir umgegangen …«

»Hat der Angeklagte Sie etwa aufgefordert, sich zu entblößen?«, unterbrach der Richter die Zeugin mit erhobenen Brauen.

»Um Gottes Willen, nein«, widersprach Melanie Haas vehement. »Er hat nur gesagt, dass ich …, naja, dass ich einen geilen Arsch hätte. Und den wollte er mal kurz streicheln.«

Richter Gutgesell wollte gerade anfangen zu poltern, als spontanes Gelächter aus dem Publikum – es saßen etwa zehn Zuhörer im Saal – ihn bremste und er selbst sich daraufhin ein Grinsen kaum verhehlen konnte. Nachdem sich das Lachen im Publikum ein wenig gelegt hatte, blickte der Richter wieder zu Frau Haas hinüber, der man inzwischen deutlich ansah, dass das Kompliment des Gangsters ihr nach wie vor ein wenig schmeichelte.

»Ich habe in all den Jahren als Vorsitzender dieser Strafkammer ja schon so einiges erlebt«, resümierte der Richter seine Verhandlungssouveränität. »Aber einen solchen Fall hatten wir hier noch nicht. Was sagen Sie dazu, Herr Kollege?«

»Dazu fällt mir ehrlich gesagt auch nichts ein«, schüttelte der Staatsanwalt den Kopf, ehe er das Wort wieder an die Zeugin richtete. »Sie wollen demnach keine sexuelle Belästigung geltend machen, Frau Haas?«

»Wie ich schon sagte, das möchte ich nicht. Als er mich mit vorgehaltener Pistole aufforderte, das Geld aus dem Safe zu holen, hatte ich furchtbare Angst. Als er aber dann die Pistole wegsteckte und meinen Hintern anfasste, da hat mich das doch sehr entspannt, muss ich sagen.« Und dann fügte sie noch hinzu: »Eigentlich hat er mich ja ganz freundlich behandelt.«

»Freundlich behandelt?«, wurde nun der Richter wieder giftig. »Der Mann hat gedroht, Sie und ihre Kollegin zu erschießen!«

»Aber wie die Polizei festgestellt hat, war es doch gar keine echte Pistole«, sagte Melanie ein wenig trotzig. Ob sie es offen gestand oder nicht, irgendwie hatte man den Eindruck, dass sie den »freundlichen Räuber« mochte.

Um die Sache zu Ende zu bringen, sei noch festgehalten, dass Andy Bach ein Geständnis ablegte. Als Motiv gab er an, in dem Lokal jahrelang schlecht gegessen zu haben, was er wie eine persönliche Beleidigung empfunden habe. Sich allerdings auf diese Diskussion einzulassen, dazu hatten weder der Richter noch der Staatsanwalt Lust. Andy wurde für bewaffneten Raub zur gesetzlich vorgeschriebenen Mindeststrafe verurteilt: fünf Jahre Haft.

Einmal die Woche setzten wir uns zusammen um der englischen Grammatik auf die Schliche zu kommen, eine Sprachlehre, die zwar nicht die schwierigste ist, die aber doch auch ihre Tücken hat. Andy lernte fleißig, am Ende kannte er die unregelmäßigen Verben besser als ich. Und dann, eines Tages zeigte er mir den Brief von Melanie. Sie hatte in dem Lokal mit den miserablen Burgern gekündigt, aber noch immer nicht vergessen, dass Andy sie bei dem Überfall so gut behandelt hatte, und vor allem nicht, dass er ihren geilen Arsch gelobt hatte. In besagtem Brief fragte Melanie, ob sie ihren persönlichen Räuber im Gefängnis einmal besuchen dürfe … Was für eine Geschichte! Leider haben Andy und ich uns aus den Augen verloren, nachdem ich ein paar Monate danach auf Bewährung entlassen wurde. Allzu gern hätte ich bei der Niederschrift dieser Erinnerung aus dem Bericht ein Märchen gemacht: Noch während Andy seine Strafe verbüßte, gestand Melanie ihm ihre Liebe, und als er entlassen wurde, da heirateten die beiden, und wenn sie nicht gestorben sind … Aber um bei der dokumentarischen Redlichkeit zu bleiben: Wie die Geschichte weiterging, *I have no idea*.

## Knastbrüder

Je nachdem wie hoch die Haftstrafe ausgefallen ist, liegt viel leere Zeit um den Gefangenen herum. Er kann sie totschlagen, sich also dem Schicksal ergeben und warten; er kann sie füllen, insbesondere wenn er das Privileg einer Einzelzelle genießt, indem er seinen Gedanken Raum gibt, tagträumt, entspannt, liest, Musik hört und dabei noch mehr liest. Landet er, wie viele Ersttäter, auf einer Mehrmannzelle, kann er die Zeit spielend verbringen, beim Schach, Durak oder Doppelkopf, bei Risiko, Skat oder Mau-Mau; und dabei zum Philosophen werden. Glaubt der Gefangene noch an eine Zukunft für sich, kann er malen oder musizieren, dichten oder eine Fremdsprache erlernen. Und, nicht zu vergessen, er kann gegen das Unrecht der Freiheitsberaubung, welches die Gesellschaft an ihm verübt, Widerstand leisten. Wird ihm die Zeit zur unerträglichen Qual, kann er ihr durch Suizid entkommen. Inzwischen gibt es eine moderne Form von Zeittotschlag: das Fernsehen. Um es mit Arthur Koestler zu sagen, der während des Spanischen Bürgerkriegs in Malaga ein Jahr in der Todeszelle verbrachte: Das Zeitproblem ist das wichtigste Daseinsproblem des Gefängnisinsassen …

Die meiste Zeit der mehr als zwanzig Jahre, die ich im Gefängnis verbrachte, war ich in einer Einzelzelle untergebracht. Für Menschen, denen der Knast als Schrecken, als Lebenskatastrophe erscheint, bedeutet die Vorstellung »in Einzelhaft« zu sitzen, zusätzlichen Stress, während eine große Mehrheit der Gefangenen die Einzelzelle als Privileg empfindet. Aber nicht immer wird einem eine Einzelzelle zugeteilt. Gerade zu Beginn, wenn Gefangene neu in einer Anstalt ankommen, erwartet sie eine Mehrmannzelle mit zwei-, drei- oder vierfacher Belegung. Mir erging es nicht anders. In Spanien musste ich einen Monat lang in einem Saal schlafen, in dem 36 Männer zusammengepfercht lebten. Da findet sich dann leicht eine Gruppe zum Kartenspielen, aber lesen kann man nur schwer in einem derartigen Umfeld … In Deutschland sperrte man mich zuweilen mit anderen Männern zusammen, sehr häufig auf Reisen an Orten, wo die Buslinie endete. Dort verbrachte man dann ein paar Tage in der Gesellschaft anderer Schelme und Spitzbuben, hörte sich deren Geschichten an, wurde aufgefordert die eigene zu erzählen. Eigenartigerweise sind es gerade diese Gespräche »auf Schub«, also während der Gefangenentransporte, unterwegs in der »Grünen Minna«, die mir in Erinnerung geblieben sind.

Justizvollzugsanstalt Mainz im Frühjahr 1990. Ich war zwangsverlegt worden, weil ich in der JVA Straubing angeblich Mithäftlinge aufgewiegelt hätte, Widerstand gegen die Obrigkeit zu leisten, eine Meuterei vorbereitet zu haben. Die Anstaltsleitung beschloss, mich nach acht Jahren in bayerischen Gefängnissen nach Diez an der Lahn zu verlegen. Am neunten Tag der Reise mit Übernachtungen in Nürnberg und Frankfurt, erreichte der Bus den alten Knast in der Mainzer Innenstadt. Dort wies mir ein Wärter eine Zelle zu, die mit sechs Doppelstockbetten ausgestattet war. Doch vorerst war ich der einzige Insasse. Ich suchte mir eines der oberen Betten aus, legte mich flach und begann zu lesen. Es dauerte nicht lange, und man schob einen weiteren Gefangenen in die Zelle: Ein junger Bursche aus dem Saarland, nicht sehr gesprächig, man war offenbar ruppig mit ihm umgegangen. Schließlich streckte er sich meinem Bett gegenüber auf der unteren Etage aus und schloss die Augen. Vielleicht weint er, dachte ich mir, aber da muss er wohl durch.

»Was hast du denn ausgefressen?«, erkundigte ich mich nach einer Weile, weil die Stille mir nicht behagte.

»Bin ohne Fahrkarte mit dem Zug gefahren«, gestand er.

»Erster Klasse?«, witzelte ich.

»Nein, zweiter«, sagte er, ohne meine Ironie verstanden zu haben.

»Deshalb wird man eingesperrt?«

»Es war nicht das erste Mal.«

»Das wievielte Mal denn?«

»Das dritte.«

»Und jetzt? Wie soll es weitergehen?«

»Keine Ahnung. Kennen Sie einen Rechtsanwalt?«

»Klar kenne ich einen Anwalt. Aber ich denke nicht, dass du einen brauchst. In ein paar Tagen kommst du vor den Richter, und ich schätze, der wird dich laufen lassen«, sagte ich. »Wie heißt du denn?«

»Hans.«

»Harry.« Ich hob die Hand zum Gruß.

Mit einem Mal knallte der Schlüssel ins Schloss, und die Tür flog auf. Zwei weitere Gefangene betraten den Raum und blickten sich um.

»Ei guck amol doo!«, rief der Ältere, ein Mann um die Fünfzig. »A schwazze Mamba. Den kannste heut noch fanasche, Gerhard …«

Die Männer warfen ihr Reisegepäck auf ein freies Bett, während ich überlegte, ob ich da gerade richtig gehört hatte. An ihrem Dialekt erkannte man sogleich, dass sie aus der Pfalz stammten. Und ihrem nassforschen Text nach handelte es sich um abgebrühte Knastveteranen. Gerhard, ein kleiner Dicker, warf einen neugierigen Blick auf Hans, der sich augenblicklich unter seine Decke verkroch.

Auf Transport von Knast zu Knast hat man es mit allen möglichen Leuten zu tun, Spaßvögel, Aggros, Psychos, Knastschwule, Betrüger. Vorsicht ist in jedem Fall ein guter Rat, ehe man einem von der Haft verbitterten Hofgangrowdy auf die Füße tritt. Keine Ahnung, woher ich die Courage nahm, die Worte kamen spontan und deutlich.

»Hier wird niemand vernascht!«, stellte ich klar. »Lasst bloß den Jungen in Ruhe!«

Der ältere Mann schien mich erst jetzt wahrzunehmen.

»Hast du hier auch was zu sagen, Freundchen? Hat dich einer um deine Meinung gefragt?«

»Musst du nicht«, entgegnete ich. »Meine Meinung sag ich wie es mir passt. Wer seid ihr denn überhaupt? Und was hast du mit dem kleinen Koffer vor? Ist das etwa ein Backgammon-Spiel?«, fragte ich, um der Kommunikation eine andere Richtung zu geben.

»Spielst du Backgammon?«, fragte er.

»Ich kenne die Regeln«, sagte ich.

»Dann steig mal von der Koje runter! Machen wir ein Spiel!« schlug der Mann vor.

Ich sprang vom Bett und setzte mich an den Tisch.

»Wie heißt du denn? Und wo kommt ihr her?«

»Ich bin de Philipp, un des iset Gerhardche. Dä kann blose wie en alt Hur.«

Philipp hatte sich ebenso schnell beruhigt wie zuvor aufgeregt. Er setzte sich mir gegenüber und begann, das Spiel aufzubauen. Gerhard war unterdessen dabei, sein Bett zu beziehen.

»Gehört dä Neescha bei dich?«, wollte er noch wissen, ehe die Würfel rollten.

»Der ›Neger‹, wie du dich ausdrückst, gehört zu uns. Er ist übrigens Deutscher und kommt aus dem Saarland. Also lasst ihn in Ruhe!«

»Jetzt reg dich ab. Alter! Dem Schwazze duut käner ebbes«, beschwichtigte er lachend.

»Ich wollte es bloß gesagt haben«, schloss ich das Thema ab.

Die Stimmung schien sich zu stabilisieren. Wir ordneten die Spielsteine an.

»Um wat gehtet dann?«, fragte Philipp.

»Wie meinen?«

»Na jo, um wat spielema? Ich schlaan vor, bis fünef Punkte. De Verlierer bezahlt en Koffer!«

Unter »Koffer« versteht man im Knast ein Päckchen Tabak, aber ich besaß keinen Koffer, denn als man mich vor einer Woche in Straubing in den Bus setzte, konnte ich nichts mitnehmen. Nichts an Klamotten, nichts zu rauchen und nichts zu essen. Aber ich hatte das Gefühl, diesen Philipp beim Backgammon schlagen zu können. Also stimmte ich zu, sollte ich verlieren, hätte ich ein Problem. Zur Not hätte mein Ehering dran glauben müssen.

Das erste Spiel entschied Philipp für sich. Während wir die Steine wieder in die Ausgangsposition setzten, erkundigte ich mich nach seiner Reiseroute. Er und Gerhard kamen aus der JVA Frankenthal und waren, wie ich, auf dem Weg nach Diez. Die zweite Partie gewann ich doppelt und am Ende siegte ich 5 : 4. Philipp erwies sich als guter Verlierer und zahlte mich aus.

Dies war der Beginn einer jahrelangen Freundschaft. Er hatte drei Jahre wegen Steuerbetrugs abzusitzen, mir blieben bis zur Entlassung noch zwei … Als wir ein paar Tage später in den Bus nach Diez kletterten, verabschiedeten wir uns von Hans, dem Schwarzfahrer. Was aus ihm wurde, wer weiß das schon. In Diez, dem Zuchthaus für die schweren Jungs, tauchte er jedenfalls nicht auf.

Nach einem knappen Jahr wurden Philipp und ich fast zeitgleich vom geschlossenen in den offenen Vollzug verlegt. Mich überraschte die Nachricht eines Morgens im Januar, als ein mir unbekannter Beamter die Tür meiner Zelle aufsperrte und fragte, ob ich Lust hätte, beim Schneeschippen vor der Anstalt zu helfen. Er habe vom Dienstleiter erfahren, dass ich bei der Konferenz am Vortag für »außenkommandotauglich« befunden worden sei. Das hieß, man hatte mir den Freigänger-Status zuerkannt.

»Ziehen Sie feste Schuhe an. Über Nacht sind dreißig Zentimeter Schnee gefallen«, riet er mir. »Und geben Sie Gas! In zehn Minuten hole ich Sie ab.«

Ich sprang aus dem Bett, putzte mir rasch die Zähne und kleidete mich an. Eine halbe Stunde später stand ich zusammen mit einem Dutzend weiterer Männer vor der Hauptpforte im Winter. Der zuständige Beamte, ein alter Knasthaudegen, teilte jedem eine Aufgabe zu. Mir schaffte er an, die Straße zur Beamtenwohnsiedlung freizuschaufeln, inklusive der Fußwege zu den drei Mietshäusern. Mit Schneeschippe und Besen machte ich mich auf den Weg. Am Ende der Straße angekommen, dort wo sie in einen Feldweg mündete, blieb ich stehen. Im Osten setzte sich die aufgehende Sonne langsam gegen den Frühnebel durch. Mir wurde bewusst, dass dies nach achteinhalb Jahren Fremdbestimmung das erste Mal war, dass man mir vertraute, allein und selbstverantwortlich außerhalb der Mauern zu agieren. Ich lehnte die Werkzeuge an einen Gartenzaun und zündete mir eine Kippe an. Entschlossen blies ich den Rauch in die Winterluft, dachte von Gefühlen überwältigt an die vergangenen Jahre hinter Gittern und warf einen Blick zurück auf das Gefängnis, von dem der französischen Knastpoet Jean Genet schrieb, es »biete dem Gefangenen das gleiche Gefühl von Sicherheit wie der königliche Palast dem Gast eines Königs«. Es seien »die beiden Gebäude, die mit dem stärksten Glauben errichtet wurden …«

Während ich diesem Gedanken nachhing, sah ich, wie ein kleiner Hund sich mit unbeholfenen Sprüngen durch den hohen Schnee kämpfte und zu mir her gehüpft kam. Ich bückte mich und kraulte ihm das Fell. Mir wurde bewusst, dass ich seit fast neun Jahren keinen Hund mehr gestreichelt hatte, das emotionale Erlebnis überwältigte mich schier. Schließlich wurde meine Aufmerksamkeit von der Frau eines Beamten abgelenkt.

»Wenn Sie mir den Weg freiräumen«, rief sie mir von der Haustür her zu, »koche ich Ihnen einen leckeren Bohnenkaffee.«

So ließ sich damals im Januar 1991 mein erster Tag »in Freiheit« an. Wenige Tage danach konnte ich ins Freigängerhaus umziehen. Bei Philipp dauerte es ein wenig länger, er tauchte Ende Februar draußen auf. Nach ein paar Tagen brachte ihm seine Frau den Carrera vorbei, mit dem wir im Frühjahr Ausfahrten in die nähere Umgebung machten.

Irgendwann im Mai begegnete uns Dr. Bandell, der Anstaltsleiter, der zu Fuß einen Kontrollgang um sein Gefängnis machte. Philipp hatte den Porsche gerade aus dem Parkplatz bugsiert, und der Wagen rollte mit sonorem Grollen die Straße hinauf, als er den Direktor erkannte. Den linken Arm lässig aus dem offenen Fenster hängend hielt er an und gab ein wenig Zwischengas.

»Tach Doktorchen«, richtete er das Wort an den Mann. »Hawwese Lust uff en Spritztürche?«

Dr. Bandell lachte gequält, lehnte dankend ab und setzte seinen Weg fort.

»Der Spruch kostet dich ein halbes Jahr«, kommentierte ich. Aber Philipp lachte bloß, dann gab er Gas und der Wagen schoss hinauf zur Limburger Straße. Tatsächlich musste er die drei Jahre komplett absitzen, Bewährung gab es für ihn nicht.

Ein weiterer Knastbruder aus späteren Diezer Jahren hieß Ruben Gonzales, ein Kolumbianer aus Medellín, seines Zeichens Kokainimporteur aus der zweiten oder dritten Reihe. Also nicht das, was man unter einem Drogenbaron versteht, aber auch kein kleiner Fisch. Ruben benötigte ab und zu meine Hilfe beim Verfassen von Anträgen oder beim Dolmetschen während der Arztbesuche.

Eines Tages rief mich der Abteilungsleiter Weiler zu sich ins Büro, der mich zwar für ein ausgekochtes Schlitzohr hielt, der aber wusste, dass er sich auf meine Verschwiegenheit verlassen konnte.

»Tach Herr Berger! Nehmen Sie bitte Platz!«, begann er ein wenig umständlich. »Sie kennen doch den Gefangenen Gonzales recht gut, stimmt's?«

»Was heißt recht gut, ich kenne ihn natürlich. Um was geht's denn?«

»Ich hatte heute Morgen ein Gespräch mit dem Anstaltsleiter ... Was ich Ihnen jetzt sage, muss unter uns bleiben, können Sie mir das versichern?«

»Solange es sich nicht um geplante Folter oder Betonspritzen handelt«, sagte ich und grinste dabei.

Herr Weiler überging diese Spitze und fuhr fort: »Dr. Bandell hatte gestern Besuch von einem Beamten des Bundeskriminalamts. Die haben von Interpol erfahren, dass es in Neapel Ermittlungen gegen einen Mafioso namens ..., tut mir leid, den Namen habe ich vergessen, Pozzi oder Gucci oder so ähnlich gibt.«

»Was hat das mit Ruben Gonzales zu tun?«

»Die Italiener hören diesen Gucci ab, muss wohl ein polizeibekannter Drogenhändler sein. Ihre Branche«, schmunzelte er.

Diesmal war ich es, der die Spitze überging.

»Weiter ...«

»Dort hat man festgestellt, dass der Gucci in letzter Zeit des Öfteren mit dem Gonzales telefoniert hat, das heißt, der Gonzales hat diesen Italiener schon mehrfach angerufen. Die beiden sind offenbar dabei, einen Kokaindeal einzufädeln.«

Weiler machte eine Pause und blickte mich an, ehe er fortfuhr: »Aus den Telefonaten geht hervor, dass Gonzales dem Gucci versprochen hat, mit einem Cousin in Kolumbien zu sprechen, um das Geschäft anzubahnen. Ich habe mir die Liste der von Gonzales geführten Gespräche kommen lassen und festgestellt, dass er tatsächlich in den letzten vier Wochen mehrfach sowohl mit Italien, als auch mit Kolumbien telefoniert hat.«

»Um welche Menge geht es denn bei diesem Deal?«, wollte ich wissen.

»Der Mann vom BKA sagte, um 20 Kilo.«

»Hoppla! Das bringt dem Gonzales einen Nachschlag von 10 Jahren ein«, stellte ich fest.

»Sie sagen es.«

»Und wie kann ich in der Sache behilflich sein?«

»Nun, der Alte möchte sich gern aus der Sache heraushalten. Das BKA verlangt, dass wir alle Gespräche abhören, die der Gonzales führt. Aber Dr. Bandell meint, das sei nicht die Aufgabe eines Gefängnisdirektors. Andererseits traut er sich nicht, den Kriminalern eine Absage zu erteilen«.

»Und wo komme ich ins Spiel?«

»Indem Sie den Gonzales warnen. Er soll ab sofort aufhören zu telefonieren. Dann müssen wir ihn nicht abhören und der Bandell kann dem BKA zusagen, dass er überwacht wird. Wenn der Kolumbianer dann am Ende gar nicht mehr telefoniert, ist das nicht Sache der Anstalt.«

»Nach der Devise: dumm gelaufen«, sagte ich.

Der Dienstleiter blickte mich an und schwieg beredt.

»Also gut, ich werde mit Ruben reden. Das wird ihm zwar nicht gefallen, aber wenn es stimmt, was das BKA dem Direktor mitgeteilt hat, dann steckt der Kerl schon mit dem Kopf in der Schlinge.«

»So ist es. Er kann froh sein, wenn die bisher in Italien aufgezeichneten Telefonate nicht schon für eine Anklage ausreichen. Er hat diesem Gucci gegenüber schon zugesagt, dass sein Cousin die 20 Kilo liefern kann. Das reicht vielen Staatsanwälten schon«, meinte Weiler.

Ich suchte Ruben noch am selben Tag auf und klärte ihn über seine missliche Lage auf. Ungläubig blickte er mich an und stieß während meines Berichtes immer wieder *»coño«* und *»caramba«* aus.

»Jetzt kennst du dich aus, *hermano*. Ab sofort telefonierst du nicht mehr! Überhaupt nicht mehr! Hast du das kapiert?«

Daran hielt sich der Kolumbianer. Als dann nach einer Woche, nach zwei Wochen, nach einem Monat das Bundeskriminalamt sich erkundigte, ob Ruben Gonzales telefoniert habe, konnte der Anstaltsleiter reinen Gewissens erklären, nein, Herr Gonzales hat seit Wochen nicht mehr angerufen … Was immer die Wiesbadener Fahnder sich angesichts dieser Entwicklung dachten, entzieht sich meiner Kenntnis. Der Gefängnisdirektor, der seinen Knast mit virtuosen Methoden sauber hielt, hatte sich meinen Respekt verdient. Und außerdem, das wird leicht vergessen, hat er dem Steuerzahler eine Menge Geld erspart, denn auch damals war ein Haftplatz schon teurer als ein Hotelzimmer im Hilton …

Zurück zum Freigängerhaus in Diez. Dort hatte sich seit ein paar Wochen ein Ludwigshafener Zuhälter eingeschmust, der zuvor drei Jahre im geschlossenen Vollzug »resozialisiert« worden war. Mir war er bis dahin nicht aufgefallen, gehörte er doch zu einer Kategorie Verbrecher, für die ich mich nie sonderlich interessierte. Meine Jungs waren die Räuber, die mit Courage das Schicksal herausforderten, und natürlich die Drogenschmuggler, denen ich mich berufsbedingt nahe fühlte: Japaner, Kolumbianer, Pakistaner. Der Rotlichtartist nannte sich Rikki. Er hatte mehrmals die Woche Besuch von diversen Damen, die ihm zur Erbauung seinen Pitbull mitbrachten, der in den letzten Jahren ohne sein Herrchen auskommen musste. Mit dem Köter spazierte er dann vor dem Knast auf und ab. Der Hund hatte nichts Eiligeres zu erledigen, als an den geparkten Autos der Gefangenen seine Duftmarke zu hinterlassen. Ein aus Trier stammender Sexualstraftäter, den Gerüchten nach ein Kindertraumatisierer, der in den drei Jahren Knast durch immer wieder aufgefrischte Ohrfeigen seitens der Mithäftlinge ein mürrisches Wesen entwickelt hatte, war schon mit Rikki aneinandergeraten, als er sich wegen des Hundes beschwerte.

Eines Tages klopfte Rikki an meiner Zimmertür.

»Ja bitte!«

»Tach Berger. Darf ich reinkommen?«

»Nur zu«, erwiderte ich kurz angebunden. »Was gibt's?«

»Der Philipp schickt mich. Der meint, ich soll dich mal fragen.«

»Was fragen?«

»Ei, ich habe übers Wochenende eins von meinen Mädchen hier. Die parkt da vorne vor dem Schwimmbad, vielleicht hast du ja den roten Camper schon gesehen ...«, fing er an.

»Hab ich nicht. Und weiter?«

»Wir kennen uns zwar nicht gut, aber ich weiß, du bist in Ordnung ...«

Während ich überlegte, ob ich auf die Schmeichelei des Zuhälters reagieren sollte, fuhr Rikki fort.

»Der Philipp hat gemeint, ich soll dich fragen, ob du dir von der Yvonne einen blasen lassen willst. Auf Kosten des Hauses. Die anderen Knackis müssen natürlich bezahlen.«

»Nett dass du fragst. Aber ich habe heute noch Ausgang und treffe eine Freundin aus Limburg. Da wäre es nicht angebracht, ich ließe mir vorher von deiner Yvonne die Batterie leersaugen«, entgegnete ich grinsend.

»Jetzt aber! Sieh es als Vorspeise für die Hauptmahlzeit an«, lachte der Ganove. »Kostet dich keinen Pfennig.«

»Wenn du der jungen Dame … Wie alt ist sie denn eigentlich, die Yvonne?«

»Keine Ahnung, jung jedenfalls.«

»Du weißt nicht mal wie alt das Mädchen ist?«

»Ehrlich gesagt, hat mich das nicht interessiert. Ich habe sie in Frankfurt vom Carlo übernommen. Da hat es mich mehr interessiert, was ich hinblättern musste«, sagte der resozialisierte Freigänger.

»Wie lange schafft sie denn schon an?«, wollte ich wissen.

»Keine Ahnung, aber mindestens zwei Jahre. So lang war sie jedenfalls in Frankfurt beim Carlo.«

»Versteht sie wenigstens ihr Handwerk?«

»Dafür kann ich garantieren. Kannst den Philipp fragen und den Fleschi und den …«

»Das reicht. Ich habe eine Idee, wie wir die Yvonne sinnvoller einsetzen könnten«, sagte ich. »Haste schon mal daran gedacht, den Leineweber zu fragen? Der erzählt doch immer, was für ein strammer Frauenflüsterer er ist. Mach dem das Angebot. Der hat noch Dienst bis um Zehn. Sitzt sich da unten bloß die Samenblase wund.«

Herr Leineweber war einer der Pfortenbeamten, die rund um die Uhr an der Eingangstür in ihrem Büro saßen und darauf achteten, dass alles mit rechten Dingen zuging. Eigentlich ein umgänglicher Mann, verheiratet zwar, aber nicht unbedingt bibelkonform.

»Spinnst du! Der zeigt mich am Ende noch wegen versuchter Bestechung an«, wehrte Rikki ab.

»Jetzt mach dir nicht gleich in die Hose, Alter. Der Leineweber zeigt niemand an. Zumindest dann nicht, wenn du ihm die Yvonne unter vier Augen schmackhaft machst.«

»Da wäre ich mir nicht so sicher. Und außerdem, warum sollte ich denn einem Wärter eine Gratisnummer anbieten?«

»Das kann ich dir sagen: Weil wir ihn dann in der Tasche hätten!« sagte ich. »Dann ginge es in Zukunft hier im Haus entspannter zu. Wenn du mal zu spät vom Ausgang kommst oder wenn mal wieder eine Wodkafete gefeiert wird … du verstehst, was ich meine.«

»Da hast du allerdings Recht«, gab Rikki zu. »Aber ich traue mich nicht, den zu fragen. Du kennst den Leineweber besser. Willst du nicht mit ihm reden?«

»Nicht meine Branche. Ich kann ihn höchstens fragen, ob er einen Joint rauchen will«, lachte ich. »Aber der Philipp könnte ihm das Angebot unterbreiten. Der versteht sich gut mit ihm.«

Philipp war einverstanden. Er hatte den Vorteil sofort erkannt, den ein erpressbarer Wärter mehr bedeutete. Ein Kollege hatte eine Woche zuvor eine teure Designer-Lederjacke für 50 Mark gekauft, die einer der Spitzbuben aus dem Kofferraum seines Mercedes vor dem Freigängerhaus verhökerte. Jedem war klar, dass es sich dabei um Diebesgut handelte. Von solchen Beamten drohte fortan keine Gefahr mehr, sie wurden über Nacht handzahm.

Am späten Nachmittag überkam mich dann doch noch die voyeuristische Neugier, und ich beschloss, mir diese Yvonne im roten Camper einmal anzusehen. Wie ich an der Pforte vorbeikam, fiel mir auf, dass sie nicht besetzt war. Das Telefon schellte. Als Spaziergänger getarnt, schlenderte ich an dem mobilen Puff vorbei, aber Yvonne war nirgends zu sehen. Auch von Rikki keine Spur. Auf dem Rückweg blieb ich noch einmal bei dem luxuriösen Wohnmobil stehen. Unter dem Aufbau knurrte Rikkis Hund, zum Glück war er angeleint. Gerade hatte ich mich entschlossen, zurück zum Haus zu gehen, als sich unvermittelt die Tür öffnete und, wen überrascht's, der Justizobersekretär Leineweber das Bordellchen verließ.

»Mensch Berger, was machen Sie denn hier?« Offenbar war ihm die Begegnung peinlich.

»Dasselbe wollte ich Sie gerade fragen.«

Ich vermute, er ging davon aus, dass auch ich ein Rendezvous mit Yvonne hatte.

»Vor zehn Minuten klingelte das Telefon in der Pforte«, sagte ich.

»Wenn es wichtig war, kann er ja nochmals anrufen«, meinte er. »Ich war auf einem Kontrollgang im Außenbereich.«

»Interessant. Sie haben wohl das Auto kontrolliert?«, schmunzelte ich.

Leineweber, der sichtlich keine Lust hatte, mit mir seine Dienstpflichten zu erörtern, machte sich zügigen Schrittes auf den Weg zur Pforte. Ich wollte ihm folgen, als ich Philipps Porsche um die Ecke biegen sah. Der Wagen kam zügig die Straße herunter und hielt neben mir an. Als erster stieg Rikki aus.

»Ist der Leineweber noch drin?«

»Wo, im Camper oder in der Dame?«, grinste ich. »Nein, der Leineweber ist gerade zurück an seinen Arbeitsplatz«.

Rikki öffnete die Wagentür und rief Yvonne heraus. Sie dachte wohl, ich sei der letzte Kunde des Tages, denn sie kam direkt auf mich zu und gab mir die Hand, nachdem Rikki mich vorgestellt hatte. Er hatte nicht zu viel versprochen, die junge Frau hatte Manieren. Unter dem übertriebenen Make-Up und dem aufdringlichen Parfum verbarg sich ein Mädchen mit einem hübschen Lächeln.

»Wie lief das mit dem Wärter?«, wollte Philipp wissen.

»Alles nach Plan. Ein problemloser Kunde«, sagte sie. »Willste mit reinkommen?«

Die Frage galt mir, und hätte ich ihrem Strizzi nicht schon abgesagt, möglicherweise hätte ich mich anders entschieden. Denn Yvonne war in der Tat eine attraktive Braut: kurze blonde Haare à la Patricia Kaas, tadellose Figur, wie man trotz des Jogginganzugs erkannte.

»Leider nein«, hörte ich mich sagen. »Ich treffe heute noch meine Freundin.«

»Dann vielleicht, wenn ich das nächste Mal komme«, sagte sie keck und warf Rikki dabei einen verliebten Blick zu.

»Kommt denn das Schätzchen jetzt öfter?«, erkundigte sich Philipp noch bei seinem Pfälzer Landsmann, ehe wir uns verabschiedeten.

»Warum eigentlich nicht. Zumal in den Puffs hier vor Ort keine arbeitet, die der Yvonne das Wasser reichen kann.«

Zwei Wochen danach kamen Eddi und Manu weit nach Mitternacht besoffen vom Ausgang zurück. Herr Leineweber hatte Nachtdienst. Die beiden Rückkehrer machten einen derartigen Lärm, als sie im ersten Stock durchs Fenster einstiegen, dass man es im ganzen Haus hörte. Zumal sie auch noch Sauflieder grölten. Der Beamte zog es vor, sich nicht einzumischen. Warum sollte er auch?

## Die Anwärterin

Eine der Möglichkeiten, die Jahre hinter Gittern sinnvoll zu nutzen, besteht darin, einen Volksschulabschluss zu machen oder, wie der Bankräuber und kriminelle Allrounder Rudi Hartmann, das Abitur. Über Jahre lernte er fleißig Mathe und Englisch und was sonst noch alles auf dem Lehrplan stand. Als es dann im April 1991 soweit war, sollte er im Rahmen einer »Ausführung« in Begleitung zweier Beamter von Diez nach Koblenz zur mündlichen Prüfung gefahren werden. Verantwortlich für die sichere Durchführung dieses Sondertransports war der Justizhauptsekretär Georg Fercher, den vergitterten Kleinbus steuerte sein Kollege Paul Maul, alte Knastprofis beide, mit mehr als 20 Dienstjahren auf dem Gewissen. Als Begleiterin hatte die Dienstleitung eine junge Frau eingeteilt, die erst seit zwei Wochen als Anwärterin in der Anstalt Dienst tat. Christine Liebling, so ihr Name, sollte lernen, wie derartige »Ausführungen« professionell und sicher durchgeführt werden. Dass Frauen in Männergefängnissen Dienst tun, war erst ab Beginn der neunziger Jahre eingeführt worden, Frau Liebling war eine der ersten, die sich beworben hatten. Die JVA Diez war somit nach der zweijährigen Ausbildung ihre erste Stelle. Zuvor hatte sie eine Lehre als Bäckereifachverkäuferin abgeschlossen, sich aber wegen der besseren Verdienstmöglichkeiten für die Laufbahn der Justizvollzugsbeamtin entschlossen, wo damals im mittleren Dienst, den sie anstrebte, bis zu 2.000 Mark im Monat verdient wurden.

Rudi Hartmann war ein angepasster Gefangener, bei dem nicht zu befürchten war, er könne den Termin in Koblenz zur Flucht nutzen. Daher hatte man sich auf diese personelle Kombi geeinigt. Die Abi-Prüfung sollte freitags um 10 Uhr stattfinden. Als Abfahrtstermin war 8 Uhr 30 anberaumt. Als Paul Maul, der Mann von der Fahrbereitschaft, in die Anstalt fuhr, um die Kollegen und den Gefangenen abzuholen, regnete es in Strömen. Im Gefängnis erfuhr er vom Fercher, dass sich die Abfahrt um eine halbe Stunde verzögerte. Er habe sowohl die Kollegin als auch die Schule in Koblenz über die dienstlich bedingte Verspätung informiert.

Frau Liebling wohnte in Montabaur, was an der Strecke lag. Fercher hatte ihr frühzeitig telefonisch mitgeteilt, sie möge an der

Bushaltestelle warten, man sei Punkt 9 Uhr vor Ort. Als das Dienstfahrzeug schließlich in Montabaur eintraf, war es 9 Uhr 15 und die Uniform der Beamtenanwärterin pitschnass. Man mag sich vorstellen, dass sich ihre Laune an diesem Morgen nicht gerade auf dem Zenit bewegte. Da vorne im Auto kein Platz mehr war, hieß Fercher sie hinten zu dem Gefangenen einsteigen, anstatt ihr den Platz im Führerhaus anzubieten und sich selbst nach hinten zu begeben.

»Können wir noch mal kurz bei mir zuhause vorbei, damit ich mir trockene Sachen anziehen kann. Ich wohne nicht weit von hier«, wandte sich die Frau an den Fahrer.

»Das kannste vergessen«, schnappte Fercher dazwischen. »Hättest halt nen Schirm mitnehmen sollen, bei dem Wetter.«

»Als ich aus dem Haus ging, hat es noch nicht so geschüttet«, entgegnete Christine Liebling.

»Wir sind eh schon zu spät dran. Ich will nicht schuld sein, wenn der Hartmann sein Abitur verpasst«, erklärte Fercher. »Da musst du jetzt wohl oder übel durch.«

Jetzt schaute die Frau erstmals zu dem Gefangenen hinüber, der ihr gegenüber auf der Sitzbank saß und in die englische Grammatik vertieft war. Es war dies das erste Mal, dass sie Rudi Hartmann begegnete. Sie fragte sich, ob es angebracht wäre, ihn zu begrüßen, ließ es aber dann bleiben. Vielleicht wollte sie den jungen Mann nicht in seiner Konzentration stören. Sie wusste ganz einfach noch nicht sehr viel über die Gepflogenheiten bei der Kommunikation zwischen Bediensteten und Gefangenen, die zwar beide aus derselben sozialen Klasse stammen, zwischen die der Gesetzgeber aber ein ungesundes künstliches Gefälle installiert hat. Dem Beamten und neuerdings der Beamtin wurde auf der Vollzugsschule beigebracht, dass Gefangene Verbrecher seien, hinterhältige, meist charakterlose Schurken, denen man am besten misstraue und deren Schicksal sie nichts angehe. Das damals schon seit 15 Jahren erprobte Konzept der Resozialisierung wurde seitens der Lehrer nicht wirklich als realistisches Ziel betrachtet, man legte in der Praxis mehr Augenmerk auf die Verwahrung und Sicherung der verurteilten Straftäter. Von der Würde des Menschen steht bis heute nichts in den Lehrtexten, und in den Referaten taucht der Begriff ebenfalls nicht auf. Die meisten Gefangenen ihrerseits verachteten die Knastwärter, die ihnen täglich aufs Neue die Freiheit nahmen, indem sie sie einsperrten, indem sie ihnen Anordnungen erteilten, die sie als willkürlich empfanden. So war die Kommunikation strukturell vergiftet, von heimlicher Verachtung und Heuchelei geprägt. Schleimer umgarnten naive Wärter und neuerdings Wärterinnen, gleichgültige Bedienstete führten inhaltsleere Smalltalks mit den Verbrechern. Differenzierte Betrachtungen im Gespräch kamen von beiden Seiten selten vor. Mit einem der Sozialarbeit ähnelnden Idealismus begannen viele Berufseinsteiger unter den Beamten ihre Arbeit im Knast, um sich nach relativ kurzer Zeit der »normativen Kraft des Faktischen« zu unterwerfen. Eigeninitiative wurde erstickt, persönliche Kontakte, intime gar zu den Häftlingen waren unerwünscht, letztere ein absolutes No-Go. Im Gefängnis gibt es eine Linie, die von niemandem überschritten werden darf, anderenfalls wird von Amts wegen eingeschritten. Eine weitere strukturelle Klippe ist die »charakterliche Eignung« der Bediensteten, die sich immer dann unter Beweis stellen muss, wenn dem kleinen Mann oder der kleinen Frau große Macht über Mitmenschen gegeben ist. Macht verführt, Macht korrumpiert, Macht isoliert, macht einsam. Wird sie einem kleinen Menschen verliehen, tritt zuweilen Sadismus hinzu.

Was den Hauptsekretär Fercher angeht, so war er von Anfang an dagegen, dass im Männervollzug Frauen Dienst tun, sozusagen ein Hardliner, dem es überhaupt nicht behagte, dass ihm die Dienstleitung diese »Göre« an die Seite gestellt hatte. Und das ließ Fercher seine Kollegin spüren.

»Was gibt es denn da hinten zu maulen?«, wandte er sich an Frau Liebling, ohne den Blick von der Straße zu wenden.

»Ich maule doch gar nicht«, entgegnete die Anwärterin.

»Lüg nicht! Ich hab im Spiegel genau gesehen, wie du die Lippen bewegt hast.«

Rudi Hartmann löste den Blick von der Grammatik und nahm die Schwingungen auf, die im Inneren des Fahrzeugs spürbar wurden. Als dann Schweigen alles sagte, vertiefte er sich wieder in das Lehrbuch. Paul Maul gab Gas, er wollte die Verspätung aufholen.

Als der Justiztransporter in die Stadt einfuhr, meldete sich Fercher wieder mit einer vermeintlichen Beobachtung.

»Du sollst auf den Gefangenen achtgeben und nicht den Kerlen hinterherschauen!«, blaffte er die Kollegin an.

»Ich habe doch keinen Kerlen nachgeschaut«, wehrte sich Frau Liebling, von der übergriffigen Anschuldigung ihres Kollegen überrumpelt.

»Erzähl mir doch nix! Ich hab's genau gesehen. Du bist doch schon ganz nass ...«

Dass ihre Klamotten nass waren, wusste die Frau selbst, aber Fercher hatte etwas Anderes sagen wollen, eine sexuell konnotierte Frechheit. So jedenfalls hatte sie es verstanden, und so hatte es auch Rudi Hartmann interpretiert.

»Jetzt lassen Sie endlich die Frau in Ruhe, Fercher! Derlei Beobachtungen können Sie daheim loswerden«, mischte er sich ein. Dann sah er, dass die junge Frau weinte. »Machen Sie sich nichts draus!«, riet er ihr. »Der Fercher ist so, und wir werden ihn auch nicht resozialisieren.«

»Misch dich da nicht ein, Hartmann. Die Anwärterin ist in der Ausbildung, und ich sehe, sie muss noch viel lernen.«

Als die Truppe endlich vor dem Gymnasium angekommen war, begleitete Fercher den Abiturienten in den Klassenraum, in dem die Prüfkommission schon auf ihn wartete. In einer Stunde sollte er wieder abgeholt werden. Draußen vor dem Portal, Frau Liebling hatte sich wieder ein wenig beruhigt, gab der Beamte ihr Anweisungen.

»Du wartest hier, bis der Gefangene rauskommt. Der Kollege und ich fahren das Auto parken und kommen in einer Stunde hierher zurück. Verstanden?«

»Hab ich. Wenn es aber wieder zu regnen anfängt, gehe ich in die Schule«, erwiderte sie.

Ohne weiter darauf einzugehen, bestieg Fercher den Bus, und Maul und er machten sich auf die Suche nach einem Lokal, wo zu früher Stunde schon Bier gezapft wurde.

Nach ziemlich genau einer Stunde erschien Rudi Hartmann auf der Freitreppe. Es regnete nicht, er hatte die Prüfung bestanden, Christine stand am verabredeten Punkt.

»Gratuliere Ihnen!«, sagte sie und gab Hartmann die Hand. »Stelle ich mir nicht einfach vor, aus der Haftsituation heraus das Abi zu machen.«

»Danke! Ist es auch nicht, habe in den letzten zwei Jahren täglich mehrere Stunden studiert.«

»Wie lange haben Sie denn noch, wann werden Sie entlassen?«

»Kurz vor Weihnachten«, sagte er. »Ich merke gerade, ich müsste mal auf die Toilette, ehe wir zurück nach Diez fahren.«

»Dann machen Sie schnell, die Kollegen müssen jeden Augenblick hier sein.«

Tatsächlich tauchten Fercher und Maul mit dem Auto vor der Schule auf, kurz nachdem Rudi Hartmann zum Pinkeln verschwunden war.

»Wo ist denn der Hartmann?«, wollte Fercher im vorwurfsvollen Unterton von der jungen Kollegin wissen, nachdem er ausgestiegen war.

»Zur Toilette.«

»Bist du total Panne! Ich hatte dir gesagt, du sollst auf den Gefangenen aufpassen, wenn er rauskommt. Was, wenn er abgehauen ist? Wer übernimmt dann die Verantwortung?«

»Der ist nicht abgehauen. Hätte er das tun wollen, wäre er nach der Prüfung schon verschwunden«, traute sie sich zu widersprechen.

»Du dumme Nuss! Was weißt denn du schon von den Absichten dieser Lumpen? Nichts weißt du, gar nichts. Ich trage hier die Verantwortung ...«

In diesem Moment kam Hartmann die Treppe herunter und unterbrach das Gespräch zwischen den Beamten.

»Auf geht's, habe die Sache hinter mir. Kann ich dir nur empfehlen, Fercher. Fürs Abi machen ist's nie zu spät!«, sagte er mit verdeckter Ironie.

»Freut mich für dich«, war alles was der Wärter dazu sagte. Er selbst hatte zwar bloß den Hauptschulabschluss, aber er hatte hier das Sagen.

Nachdem die Rückfahrt einigermaßen konfliktfrei verlaufen war, hauptsächlich deshalb, weil Rudi Hartmann sich angeregt mit der jungen Frau unterhielt, löste sich die Reisegesellschaft auf. Hartmann wurde auf seine Abteilung verbracht, wo ihn der Lehrer Herbst beglückwünschte. Fercher begab sich in sein Dienstzimmer, um den lästigen Bericht über die Ausführung zur Abi-Prüfung zu schreiben. Unter besondere Vorkommnisse notierte er: keine.

Die Anwärterin sah das anders. Sie suchte umgehend die neu installierte »Frauenbeauftragte« der Anstalt auf und beschwerte sich über den Hauptsekretär Fercher. Hätte der geahnt, was nun auf ihn zurollen sollte, er hätte sich den einen oder anderen Spruch unterwegs verkniffen. Die Sache nahm ihren Lauf, und wie in der Treibhausatmosphäre der Gefängnisse üblich, wurde sie unter Bediensteten wie Gefangenen kolportiert. Nach einer Woche landete der Fall, den die Frauenbeauftragte in Form einer Dienstaufsichtsbeschwerde abgefasst hatte, vor dem Anstaltsleiter Dr. Bandell, einem besonnenen Juristen, dem man nicht so leicht ein Alpha für ein Omega vormachen konnte. Er las die Beschwerde, holte die Frau Liebling in sein Büro und ließ sich von ihr noch einmal berichten, was unterwegs vorgefallen war. Zeitgleich tauchte der alarmierte Georg Fercher in Hartmanns Zelle auf.

»Hör zu, Hartmann«, begann er mit ungewohnter Dringlichkeit. »Du musst mir helfen!«

»Was ist passiert?«

»Die Schlampe, die uns letzte Woche nach Koblenz begleitet hat, hat sich beim Alten über mich beschwert. Du wirst wahrscheinlich heute noch als Zeuge befragt«, erklärte Fercher. »Wenn du sagst, du hättest von der angeblichen Beleidigung nichts mitbekommen, steht Aussage gegen Aussage. Also Hartmann, enttäusche mich nicht! Es soll nicht zu deinem Nachteil sein. Du weißt, ich habe in Vollzugsdingen ein gewichtiges Wort. Hartmann …«

»Wie hat sich denn dein Kollege Maul geäußert? Das könnte ja auch noch von Belang sein.«

»Der Paul steht auf meiner Seite. Der hat gesagt, er hätt nix mitbekommen.«

»Hat er das gesagt?« Hartmann genoss es, den Beamten zappeln zu lassen. Dann stand plötzlich einer der jungen Abteilungsbeamten in der Tür und forderte Rudi Hartmann auf, ihn zum Anstaltsleiter zu begleiten.

»Lass mich bitte nicht hängen, Hartmann. Wir hatten doch immer ein gutes Verhältnis«, flehte Fercher.

Das Büro des obersten Beamten des Diezer Gefängnisses war nicht so luxuriös ausgestattet, wie das von Tebartz-van Elst, dem späteren Bischof von Limburg, dennoch strahlte es etwas Repräsentatives aus. Als der Beamte den Gefangenen Hartmann hereinführte, saß Dr. Bandell in seinem lederbezogenen Chefsessel.

»Kommen Sie herein!«, sagte er mit der leicht näselnden Stimme, die ihn kennzeichnete. »Bitte nehmen Sie Platz, Herr Hartmann!«

Der Vorführbeamte verließ auf ein Zeichen des Direktors hin das Zimmer.

»Ihnen ist bekannt, um was es geht?«

»Ich kann's mir denken. Um die Ausführung letzte Woche«, mutmaßte Hartmann.

»So ist es. Mir liegt da die Beschwerde einer jungen Beamtenanwärterin vor. Die Kollegin wirft dem Herrn Fercher vor, sie unterwegs im Fahrzeug verbal sexuell belästigt zu haben. Haben Sie davon etwas mitbekommen? Schließlich saßen sie der Frau Liebling gegenüber.«

Da Hartmann scheinbar in seinen Erinnerungen gründelte, fuhr Dr. Bandell fort.

»Ihrer Aussage kommt eine hohe Bedeutung zu. Bisher steht Aussage gegen Aussage. Um Klarheit in die Sache zu bekommen, bitte ich um eine wahrheitsgemäße Auskunft.«

»Es gab da wohl einen kleinen Streit zwischen dem Fercher und der Frau. Es ging, wenn ich mich recht entsinne, darum, dass die Dame während sie auf uns wartete, nass geworden war«, erklärte Hartmann. »Von einer sexuellen Belästigung habe ich nichts mitbekommen.«

*Bref:* Hartmann entlastete den Fercher, Christine Liebling kündigte und wechselte zurück in die Bäckerei, in der sie bis vor zwei Jahren beschäftigt gewesen war. Mit welchem korrupten Entgegenkommen Fercher das Stillschweigen des Gefangenen belohnt hat, wollte Hartmann nicht sagen, als er mir diese beschämende Geschichte erzählte. Die Frauenbeauftragte der Anstalt musste schließlich erkennen, dass auch hier Recht haben noch lange nicht bedeutet, Recht zu bekommen. Insbesondere dann nicht, wenn man als Frau im Männerknast arbeitet.

## Romans Reise in die Karibik

Diese Geschichte unterscheidet sich von den übrigen dadurch, dass mir ihr Protagonist begegnete, lange bevor Gefängnistore sich öffneten und Zellentüren sich hinter uns schlossen. Das Abenteuer, welches mein Freund Roman mir viele Jahre später schilderte, trug sich in den achtziger Jahren zu, als ich längst in einem bayerischen Gefängnis saß und an einer Strategie feilte, wie ich die fünfzehn Jahre, zu denen man mich im Namen des Volkes verurteilt hatte, am energiesparendsten bewältigen könne. Als Roman mir von seiner Reise in die Karibik erzählte, hatten wir beide schon mehr als zehn Jahre hinter Gittern verbracht, er in Italien und Brasilien, ich in Spanien und Deutschland; beide wegen des Schmuggels illegaler Drogen, zu deren Transport und Verkauf uns eine »betäubungsmittelrechtliche Ausnahmegenehmigung« fehlte, wie später im Urteil formuliert.

Die Geschichte ereignete sich, als Roman gerade von einer Reise nach Kolumbien zurückgekehrt war, die wirtschaftlich nicht sehr ergiebig verlaufen war. Sprich: Das geschmuggelte Kokain war von minderer Qualität, was einen eher bescheidenen Erlös zur Folge hatte. Sein Münchener Freund Paul bot sich an, ein Folgeunternehmen zu finanzieren, wobei er selbst dafür sorgen wollte, dass die Qualität diesmal stimmte. Offenbar hatte er eine zuverlässige Connection. Der Plan war, dass Roman eine zweiwöchige »Urlaubsreise« nach San Andrés buchen sollte, während Paul sich in Bogotá um die Ware kümmern wollte. San Andrés ist eine zu Kolumbien gehörende Insel, die eher von Urlaubern als von Drogenschmugglern frequentiert wird. Sie liegt mehrere hundert Meilen nördlich des südamerikanischen Festlands, der Küste von Nicaragua vorgelagert, was zu einem jahrhundertelangen Streit zwischen den beiden Staaten führte. Die Freunde aus Europa hatten vereinbart, dass Paul zusammen mit seinem einheimischen Kontaktmann etwa eine Woche nach Romans Ankunft auf der Urlauberinsel auftauchen sollte. Die heiße Ware – es ging um ein Kilo Koks – würden die beiden mitbringen. Die Woche in der Warteschleife auf San Andrés verbrachte Roman abwechselnd auf dem Fahrrad, mit dem er die kleine Insel erkundete, sowie an einem der feinen Sandstrände, wo sich weißfleischige Touristen aus dem Norden ihre Sonnenbrände holten.

Der logistischen Planung fällt im internationalen Drogenschmuggel eine wichtige Rolle zu, seinerzeit mehr noch als heute, wo die Komplizen durch Mobiltelefone vernetzt sind. Verabredungen waren unbedingt einzuhalten, Pünktlichkeit war mehr als eine Tugend. Aber davon hielt Paul nicht allzu viel. Als er nach zwei Wochen noch immer nicht auf San Andrés eingetroffen war und auch keine Nachricht in Romans Hotel einging, blieb diesem keine andere Wahl, als seinen Rückflug nach Europa zu verschieben, was seiner guten Laune den letzten Sauerstoff nahm. Als Paul schließlich nach drei Wochen auf der Insel auftauchte, war die Stimmung im Keller. Roman fragte sich, ob es überhaupt Sinn machte, die Operation wie geplant weiterzuführen, oder ob er sie nicht lieber abbrechen sollte. Aber schließlich gelang es Paul, ihn zu versöhnen: Sein kolumbianischer Komplize Luis sei im Anflug, der Stoff, den er mitbrächte, sei von erstklassiger Qualität ... Roman, dessen Reisekasse aufgrund des verlängerten Aufenthaltes mit jedem weiteren Tag dahinschmolz, war ohnehin nicht in der Lage, Bedingungen zu stellen, also willigte er ein. Da Paul nicht sagen konnte, wann genau mit Luis zu rechnen wäre, gaben sie das teure Zimmer im Hotel Blue Turtle auf und mieteten ein preiswerteres Apartment im Inneren der Insel. Hier stellte Roman zu allem Überfluss fest, dass Pauls Frühstück aus zwei Flaschen Bier bestand, und was er den Tag über trank, ließ den Schluss zu, dass bei seinem Kumpel alle Diagnosekriterien der Alkoholsucht vorlagen. Was Romans Zuversicht nicht gerade festigte. Einer der Grundsätze bei der Auswahl von Komplizen bestand darin, keine Suchtkranken ins Team aufzunehmen, egal um welche Droge es sich handelte. Aber was blieb ihm übrig, nachdem er einmal auf San Andrés festsaß und sein Kontostand gegen Ebbe tendierte.

Eines Tages machte er Paul bei der Rückkehr vom Strand darauf aufmerksam, dass zwei schwarze Landcruiser vor dem Gebäude standen, in welchem ihr Apartment lag.

»Sieht verdächtig nach Bullen aus«, stellte Roman fest. »Die warten hoffentlich nicht auf uns?«

»Kann ich mir nicht vorstellen«, erwiderte Paul. »Es sei denn, Luis ist mit der Ware angekommen und die haben ihn hopsgenommen.«

»Was nicht unbedingt für deinen Kollegen spricht ...«

Dann beobachteten sie, wie zwei Männer in Handschellen zu einem der Autos geführt wurden.

»Scheinbar sind wir nicht die einzigen im Haus, die was zu verbergen haben«, spekulierte Paul. »Ob die auch uns schon im Visier haben?«

»Jedenfalls sollten wir zusehen, dass wir die Sache schnell hinter uns bringen. Ich schlage vor, du rufst deinen Kumpel in Medellín an und machst ihm Dampf.«

»Wir haben vereinbart, dass ich nur im Notfall anrufen soll«, entgegnete Paul. »Die Nummer, die Luis mir gegeben hat, ist die seiner Eltern, er selbst hat keinen eigenen Anschluss.«

»Na prima!«, war alles was Roman dazu einfiel. Inzwischen bereute er längst, sich auf die miserabel organisierte Reise eingelassen zu haben.

Schließlich nahmen die beiden sich ein Herz und gingen ins Gebäude. Ein Beamter ließ sich im Treppenhaus ihre Ausweise zeigen, dann bezog er wieder Stellung vor der Wohnung im Erdgeschoss, die offenbar gerade durchsucht wurde. Am Tag danach war aus der Zeitung zu erfahren, dass dort zwei Amerikaner mit 40 Kilo Kokain verhaftet worden seien.

Luis, der tags darauf endlich in San Andrés eintraf, brachte gute und schlechte Nachrichten mit. Die gute war, dass er ein Kilo von passabler Qualität aufgetrieben hatte; die beiden Schlechten: Der Stoff war teurer als kalkuliert, und er musste in Medellín übernommen und bezahlt werden, da der Lieferant auf fremdem Terrain keinen so heiklen Deal abwickeln wollte. Für Roman bedeutete das, er musste seine Partner aufs Festland begleiten, dort in ein paar Tagen das Kokain übernehmen, wieder zurück nach San Andrés fliegen, um von da aus die Charterreise nach Europa anzutreten.

Medellín wurde zu der Zeit, als Roman dort landete, als eine der gefährlichsten Städte der Welt angesehen. In wie weit das zutrifft, ist schwer zu beurteilen, fest steht allerdings, dass der berüchtigte Pablo Escobar dort lebte und von dort aus sein Kokain-Imperium steuerte. Jeder kleine Drogenschmuggler, der in der Stadt aufschlug, um sich dort zu verproviantieren, tat gut daran, sich den Rücken freizuhalten und tunlichst nicht mit Escobars Interessen zu kollidieren. In Kolumbien, insbesondere in Medellín, konnte man schnell und anonym sterben: Leblos im Hotelbett gefunden werden, ebenso tot aus einem Taxi fallen oder von einem vorbeifahrenden Moped auf offener Straße erschossen werden. Luis versicherte seinen europäischen Komplizen, sie hätten nichts zu befürchten, denn erstens lebe er in der Stadt und zweitens kam die Ware von einem Mann, der sie seinerseits von der Firma Escobar bezog.

Es dauerte zwei Tage, ehe Luis das Kilo beschafft hatte, es kam angeblich direkt aus dem Labor. Die Wartezeit vertrieben sich Paul und Roman damit, die Stadt zu besichtigen. Medellín liegt auf einer Höhe von 1.500 Metern, eingebettet in einen riesigen Talkessel, umgeben von den Bergen der Provinz Antioquia. Das Klima ist trotz der Nähe zum Äquator durch die Höhe bedingt angenehm, Medellín wird auch als »die Stadt des ewigen Frühlings bezeichnet«, was an den vielen exotischen Blumen liegt, die dort das ganze Jahr über blühen. Geprägt wird das Straßenbild von den Skulpturen Fernando Boteros, einem schon damals bekannten Maler und Bildhauer, sowie von den legendär schönen Frauen der Gegend, was einen Spaziergang durch die Parkanlagen zur Augenweide werden lässt. So jedenfalls erlebte es Roman, der sich wie üblich bei derartigen Reisen, unauffällig bewegte.

Nach zwei Tagen tauchte Luis endlich auf. Er hatte nicht bloß das Kokain (es handelte sich tatsächlich um erstklassige Ware) dabei, sondern er brachte auch gleich einen Attaché-Koffer mit, in dessen Wände der Stoff eingebaut wurde. Und damit die Sache professionell gefertigt würde, hatte er einen Schuster beauftragt, den Kunstlederbezug anschließend mit Nadel und Faden wieder so zu vernähen, dass beim Zoll niemand Verdacht schöpfte. Nach einer Woche in Medellín ging Roman an Bord einer Maschine nach San Andrés, wo in einigen Tagen sein Flug nach Europa starten sollte. Als er sich von Luis und Paul verabschiedete, war im Flughafengebäude als Hintergrundmusik das Lied »Winds of Change« zu hören, was Roman als gutes Omen interpretierte: Ein Wechsel zum Besseren hin würde ihm guttun. Der Flug dauerte knapp drei Stunden. Da sie das Apartment auf der Insel vor einer Woche gekündigt hatten, checkte er in ein kleines Hotel ein, das ganz in der Nähe des Flughafens lag. Zwei Tage später präsentierte er sich pünktlich zum Abflug nach München. Er reihte sich in die Schlange vor dem Schalter der Fluggesellschaft ein, um den Koffer aufzugeben. Das Köfferchen mit dem Versteck gedachte er, als Handgepäck mit an Bord zu nehmen.

Wie jeder Schmuggler, sah er sich genau in der Abflughalle um. Sollte er verraten worden sein und hatte man ihm eine Falle gestellt, so gab es vielleicht Anhaltspunkte, dies zu erkennen und die Operation im letzten Augenblick abzubrechen. Tatsächlich gab es einen Grund zur Verunsicherung: Hatte er bei seinen bisherigen Reisen nach San Andrés noch keine Drogenspürhunde gesehen, so entdeckte er diesmal zwei Zöllner, die einen Schäferhund an der Leine hielten. Er beschloss, sie im Auge zu behalten, denn noch stand er weit hinten in der Schlange, und diese kroch nur langsam voran. Je weiter er in Richtung Kontrolle vorrückte, umso deutlicher beschlich ihn der Verdacht, dass die beiden Uniformierten ihn beobachteten. Als einer der Männer ihm schließlich mit der Hand bedeutete, mitzukommen, folgte ihm Roman wie in Trance. Den Hund, der eigenartigerweise keine Reaktion zeigte, übergab der Mann seinem Kollegen, dann forderte er Roman auf, ihn zum Gepäckschalter zu begleiten und seinen Koffer einzuchecken. Dass mein Freund sich darauf keinen Reim machen konnte, war nachvollziehbar: Nimmt der Zoll einen Verdächtigen mit zur Durchsuchung, so wird man nicht zuvor dessen (verdächtiges) Gepäck aufgeben. Nachdem der Koffer eingecheckt war, forderte der Kolumbianer den Fluggast auf, ihm in ein Büro zu folgen, wo er gezielt das Köfferchen inspizierte, in welchem das Kokain steckte. Mit einem speziellen Werkzeug perforierte er das Kunstleder und wurde beim zweiten Stich fündig. Der fragende Blick, den er Roman zuwarf, dürfte mit »Ist es das, was ich denke, das es ist?« übersetzt werden können. Ohne eine Antwort abzuwarten, fragte er den überführten Reisenden, wie es um dessen Barschaft bestellt sei, wie viel Geld er in der Tasche habe. Von der Situation überrumpelt und vom Adrenalin gesteuert holte Roman sein ganzes verbliebenes Vermögen aus der Tasche und präsentierte dem

Beamten 600 Dollar. Kommentarlos drückte dieser Roman den Koks-Koffer in die Hand, auch sein Geld durfte er vorerst behalten. Lediglich den Reisepass behielt der Mann vom Zoll, dann sagte er »Vamonos!«

Vor dem Flughafengebäude bestiegen sie einen zivilen PKW mit Chauffeur, der sie ins Zentrum der Insel brachte, wo sie vor einem Wohnblock anhielten. Während der Fahrer im Wagen blieb und wartete, folgte Roman dem Zöllner in den ersten Stock. Er klopfte an die Tür eines Apartments, verständigte sich flüsternd mit einer Person hinter der Tür und kurz darauf wurden die beiden Ankömmlinge eingelassen. Im Inneren der kleinen Wohnung befanden sich ein Mann und eine Frau. Die Dame kletterte gerade unbekleidet aus dem Bett und verschwand im Bad, tauchte aber kurz darauf in Zoll-Uniform wieder auf. Roman hatte keine Zeit sie kennenzulernen, denn die junge Frau nahm sein Köfferchen und verschwand zusammen mit dem Kollegen, der ihn hierhergebracht hatte. Der Mann, mit dem Roman nun allein im Apartment zurückblieb, war scheinbar der Chef der korrupten Bande. Inzwischen dämmerte es ihm nämlich, dass das, was hier vor sich ging, mit einer regulären Zollkontrolle nichts zu tun hatte. Diesen Eindruck versuchte der Boss auch gar nicht erst zu wecken. Ohne Umschweife fragte er den »Kunden« nach Bargeld. Als er einsehen musste, dass bei dem gescheiterten Schmuggler außer den zuvor schon gezeigten 600 Dollar kein Vermögen zu holen war, und dieser auch über keine Kreditkarte verfügte, verständigte er sich per Walkie-Talkie mit seinen Komplizen. Diese hatten inzwischen herausgefunden, dass sich etwa ein Kilogramm Kokain in dem kleinen Koffer befand, welches vor Ort für ein paar Tausend Dollar veräußert werden konnte.

Die Unterhaltung zwischen dem Zöllner und seinem Opfer begann sich schließlich zu entspannen. Hätte Roman, so erfuhr er bei einem Glas Cognac, über die Summe von 3.000 Dollar verfügt, sie hätten ihn mitsamt seiner illegalen Ware an Bord des Fliegers gehen lassen. In die Maschine nach Europa ließen sie ihn dennoch einsteigen, allerdings ohne das Kokain. Den unterbezahlten Beamten ging es einzig und allein darum, ihre Kasse ein wenig aufzubessern, daran, einen Drogenschmuggler dingfest zu machen, hatten sie kein Interesse. Und an den Erfolg des von den US-Amerikanern schon vor Jahren erklärten »War on Drugs« glaubte hier ohnehin keiner mehr.

Nachdem das Geschäftliche zwischen den Männern geklärt war, meldete sich sein Kollege via Sprechfunk. Es werde langsam Zeit, den Deutschen zum Flieger zu bringen, in einer halben Stunde sei der Abflug angekündigt. Und so kam es, dass Roman sich kurz darauf von dem beamteten Erpresser verabschiedete, vor dem Haus auf den Sozius eines Mopeds kletterte und von dem Zöllner, der ihn eine Stunde zuvor am Flughafen als Schmuggler identifiziert hatte, zurückgefahren wurde. Ehe er ohne Handgepäck die Treppe nahm, drückte der Kolumbianer ihm noch seinen Pass und 50 Dollar in die Hand.

»Buen viaje!«, war das letzte Wort, welches Roman hörte, ehe er kurz darauf erleichtert in den Sessel der Boeing sank. Es fiel ihm nicht leicht, das Gefühl zu bestimmen, welches er empfand, als die Maschine endlich abhob. Er hatte zwar seinen Anteil an dem Profit verspielt, der ihm bei erfolgreicher Landung in München zugestanden hätte, andererseits, hätte es sich bei der Zöllner-Bande um rechtschaffene Beamte gehandelt, wäre er für drei bis vier Jahre in einem kolumbianischen Gefängnis verschwunden. So waren wir uns am Ende einig, als Roman sie mir erzählte, dass es sich trotz aller Widrigkeit um eine Geschichte mit Happyend handelte.

## Postskriptum

Bewusst habe ich mich bei den hier nacherzählten Episoden aus dem gesetzwidrigen Leben, der polizeilichen Ermittlung und dem Strafvollzug weitgehend mit kritischen Anmerkungen zurückgehalten. Allzu offenkundig wird aus den Geschichten heraus klar, wo es hakt im Getriebe. Immer habe ich mich bemüht, zu verstehen, weshalb Menschen so krankhafte, fanatische oder übermütige Dinge tun. Den meisten ging es darum, sich zu bereichern, nicht wenigen, um ihre Sucht zu finanzieren, andere agierten aus Feigheit und Angst. Die Mehrheit der Gewalttäter handelte im Affekt, sehr oft unter dem Einfluss von Alkohol. Den sogenannten Sexualstraftaten liegen komplexe Motive zugrunde, deren Ursachen von Laien schwer zu benennen sind. Mir fiel auf, dass diese Taten so sehr schambesetzt sind, dass nur wenige Täter sie eingestanden. Vergewaltiger behaupteten oft, der Sex sei einvernehmlich erfolgt. Schwer zu beweisen, wenn die Frau Anzeige erstattet hatte. Aus soziologischer Perspektive betrachtet fällt auf, dass die wenigsten verurteilten Straftäter ihre Taten im moralischen Sinne bereuen, wenngleich sie bereit waren, die Verantwortung zu über- und die Strafe in Kauf zu nehmen. Wohlgemerkt: Strafe als Schicksal, nicht als Buße! Räuber, insbesondere Bankräuber, sind Abenteurer, denen nichts ferner liegt als ihre Überfälle zu bereuen. Ähnlich sieht es bei Drogendealern aus. Echte Reue fand ich gelegentlich bei Mördern und Totschlägern, die im Affekt getötet hatten. Aber bei Einbrechern, Betrügern, Zuhältern, Dieben und Dealern suchte ich sie vergebens. Der YouTuber Maximilian Pollux, in seiner Jugend ein krimineller Tausendsassa, stellte im SWR-Nachtcafé klar, dass er sein Verhalten nicht »wegen« des Gefängnisses, sondern »trotz« des Gefängnisses geändert habe. Stellt sich die Frage, ob es nicht langsam Zeit wird, das marode und untaugliche Gefängnissystem durch effizientere Konfliktregelungsmodelle zu ersetzen. Ich meine: ja, unbedingt. Nicht zuletzt wegen der hohen Rückfallzahlen und den Verwüstungen an den Seelen aller Beteiligten. Statt Wärter und Schließerinnen braucht es Psychologen und Sozialarbeiterinnen, Therapeutinnen und Streetworker.

Und noch ein Gedanke, der es dem kleinen Delinquenten schwer macht, Reue zu empfinden: Wo immer man nach Oben blickt, findet man Habgier und Korruption, Nötigung und Ausbeutung, Klassenjustiz und Nepotismus, Behördenwillkür und strukturellen Rassismus: unverfolgt und unbestraft. Von all den Richtern, Staatsanwälten und Zöllnern, die ich während meiner kriminellen Karriere durch Anwälte habe bestechen lassen, ist keiner im Knast gelandet; und gegen die Polizisten, die sich bei der Verhaftung unser Bargeld in die Tasche gesteckt haben, wurde nie einer angeklagt. Wer will es da dem Kleinkriminellen verdenken, wenn er sich ob seiner Taten wenig Gedanken macht? Der Dramaturg und bekennende Verbrecher Jean Genet – »Tagebuch des Diebes«* – sieht die Sache so:

»In den Gefängnissen kann jeder Verbrecher von einer starken Organisation träumen, einer Zuflucht gegen Eure Welt und Eure Moral: Doch es ist nur eine Träumerei. Das Gefängnis ist die Festung, die ideale Höhle, der Unterschlupf der Banditen, woran die Kräfte der Welt zerschellen.«



* Jean Genet, TAGEBUCH DES DIEBES, Dt. von Gerhard Hock, Werke in Einzelbänden Bd. V, S. 106, Merlin Verlag, Gifkendorf 2001

Hubertus Becker, Jahrgang 1951, am Niederrhein geboren, auf dem Hunsrück groß geworden, verbrachte als Erwachsener viele Jahre in Spanien, Amerika, Indonesien, China und im deutschen Gefängnis, wo er mit dem Schreiben begann. Zwei seiner Erzählungen wurden mit dem Ingeborg-Drewitz-Literaturpreis ausgezeichnet. Heute lebt und schreibt Becker in Görlitz.

www.globalenomaden.de

## Hubertus Becker: Globale Nomaden

Hubertus Becker hat als Mitglied einer internationalen Bande von Schmugglern aufgeschrieben, wie es ihm und seinen Komplizen während der siebziger Jahre gelang die Märkte in den Metropolen Europas und Amerikas mit Haschisch, Kokain und Opiaten zu versorgen. Die weitgehend dokumentarische Roman-Reihe führt die Leser in Weltgegenden, in denen die Menschen andere Probleme zu bewältigen haben als im saturierten Europa.

Fast nebenbei scheint dabei das Porträt einer Zeit durch, wo Phänomene wie die Hippiekultur auf Ibiza, Goa, Bali und Hawaii, das Leben mit dem Outlaws Motorrad-Club in Florida sowie das Ambiente einer Opiumhöhle im indischen Bombay beschrieben werden.

Globale Nomaden **Süden:** Drogenschmuggel übers Mittelmeer
978-3-89801-429-8

Globale Nomaden **Westen:** Aufbruch zu neuen Ufern
978-3-89801-430-4

Globale Nomaden **Osten:** Heikle Geschäfte in Asien
978-3-89801-431-1

Globale Nomaden **Norden:** Am Ende steht Verrat
978-3-89801-432-8